大阪大学外国語学部　世界の言語シリーズ 17

アラビア語 別冊

〔文字編・文法表・語彙集〕

依田　純和

大阪大学出版会

はじめに

本書は『大阪大学外国語学部　世界の言語シリーズ17　アラビア語』の別冊である。文法、練習問題、索引からなる本編が400ページを超えるものとなってしまったため、「文字編」「文法表」「語彙集」を別冊とした。それぞれ以下のように利用されたい。

「文字編」

この部分は既に文字を習得している方には不要だが、特にハムザの書き方や綴字上の特殊例なども記されているので必要に応じて参照されたい。また、アラビア語を含むセム語に共通した「語根」と「語形パターン」についてここを熟読することをお勧めする。

「文法表」

動詞活用表・名詞類の格変化・代名詞類を一覧表にした。

アラビア語の動詞には19種類の語形があり（☞本編10.1)、本教材ではこのうち現代文でよく用いられる13種類(「基本形」・「派生形第II～X型, QI, QII, QIV」)を扱っている。文法表30～31ページでは強動詞の基本形・派生形の語形（代表形（能動態完了形３男単)・能動態未完了形（３男単)・命令形（男単)・能動分詞・受動態完了形（３男単)・同未完了形（３男単)・受動分詞・動名詞）を、32～35ページでは弱動詞・重子音動詞の各派生形の語形をまとめた。

これらの表、とりわけ30～31ページの表はアラビア語動詞運用の基礎となるもので、学習者はこれを完全に暗記する必要がある。定評のある辞書は語根によって見出し語が示されており、また最も普及しているアラビア語—英語辞典であるH. Wehr, *A Dictionary of Modern Written Arabic (Arabic English)* ed. J.M. Cowan では派生形動詞はII III IVのようにローマ数字でしか示されていないので、学習が進み辞書を使う必要が生じた時、テキスト中に現れた動詞が第何形かを特定できないと意味を知ることができない。また、分詞や動名詞などは文法知識があれば意味を特定できるので、いちいち辞書にあたる手間が省けるという利点もある。

弱動詞・重子音動詞の習得は初学者にとっては最大の難関事であるが、幸い

なことにアラビア語の動詞体系は他のセム諸語と比較するとはるかに整然としており、いわゆる不規則動詞（例えば英語の to go に対する過去形 went のように、その語形が予測できないようなもの）がほとんどない。この点アラビア語の弱動詞・重子音動詞の語形・活用は、完全に予測可能である。弱動詞や重子音動詞の語幹は基本形・派生形とも同じパターンなので、まず32〜35ページの基本形の表を記憶すべきである。

36〜114ページには強動詞・弱動詞・重子音動詞の基本形と派生形の活用を掲載した。本編各課の単語集、別冊の語彙集に掲載した動詞に付いている分類番号（I-0, V-2, QIなど）と対照できるようになっている。

「語彙集」

本編で現れる単語をアルファベット順に収録した。文法にかかわる語は本編の該当箇所を指示してあるので、参照されたい。

なお、分詞・動名詞は派生元となった動詞の形を示しているが、本編に現れていない動詞は見出し語としていない。

目　次

第 0 課　文字編————————————————————————————— 2

　0.0　アラビア文字を書く際の注意　2

　0.1　アルファベット　3

　0.2　文字の読み方　7

　0.3　語根と語形パターン　25

文法表————————————————————————————————————— 29

　動詞　30

　　基本形・派生形の語形　30

　　　強動詞　30

　　　頭弱動詞・間弱動詞　32

　　　末弱動詞・重子音動詞　34

　　（強動詞活用表）

　　　強動詞（基本形）：فَعَلَ [動：I-1]　36

　　　強動詞（派生形第II型）：فَعَّلَ [動：II-1]　38

　　　強動詞（派生形第III型）：فَاعَلَ [動：III-1]　40

　　　強動詞（派生形第IV型）：أَفْعَلَ [動：IV-1]　42

　　　強動詞（派生形第V型）：تَفَعَّلَ [動：V-1]　44

　　　強動詞（派生形第VI型）：تَفَاعَلَ [動：VI-1]　46

　　　強動詞（派生形第VII型）：اِنْفَعَلَ [動：VII-1]　48

　　　強動詞（派生形第VIII型）：اِفْتَعَلَ [動：VIII-1]　50

　　　強動詞（派生形第IX型）：اِفْعَلَّ [動：IX-1]　52

　　　強動詞（派生形第X型）：اِسْتَفْعَلَ [動：X-1]　54

　　　強動詞（4語根動詞基本形）：فَعْلَمَ [動：QI]　56

　　　強動詞（4語根動詞第II型）：تَفَعْلَمَ [動：QII]　58

　　　強動詞（4語根動詞第IV型）：اِفْعَلَمَّ [動：QIV]　60

（頭弱動詞活用表）

頭弱動詞（基本形）：وَصَفَ [動：I-1] 描写する　　62

頭弱動詞（第IV型）：أَوْجَدَ [動：IV-1] 見つける　　64

頭弱動詞（派生形第X型）：اِسْتَوْقَفَ [動：X-1] 止める　　66

（間動詞活用表）

間弱動詞1（基本形）：زَارَ [動：I-2 (u/ū)] 訪問する　　68

間弱動詞1（基本形）：بَاعَ [動：I-2 (i/ī)] 売る　　70

間弱動詞1（基本形）：خَافَ [動：I-2 (i/ā)] 恐れる　　72

間弱動詞2（派生形第IV型）：أَصَابَ [動：IV-2] 負傷させる　　74

間弱動詞2（派生形第VII型）：اِنْحَازَ [動：VII-2] 肩を持つ　　76

間弱動詞2（派生形第VIII型）：اِخْتَارَ [動：VIII-2] 選ぶ　　78

間弱動詞2（派生形第X型）：اِسْتَشَارَ [動：X-2] 相談する　　80

（末弱動詞活用表）

末弱動詞1（基本形）：دَعَا [動：I-3 (ū)] 呼ぶ　　82

末弱動詞1（基本形）：رَمَى [動：I-3 (ī)] 投げる　　84

末弱動詞1（基本形）：نَسِيَ [動：I-3 (ā)] 忘れる　　86

末弱動詞2（派生形第II型）：سَمَّى [動：II-3] 名づける　　88

末弱動詞2（派生形第III型）：لَاقَى [動：III-3] 会う　　90

末弱動詞2（派生形第IV型）：أَلْقَى [動：IV-3] 投げる　　92

末弱動詞2（派生形第V型）：تَلَقَّى [動：V-3] 受け取る　　94

末弱動詞2（派生形第VI型）：تَلاقَى [動：VI-3] 出会う　　96

末弱動詞2（派生形第VII型）：اِنْحَنَى [動：VII-3] 傾く・曲がる　　98

末弱動詞2（派生形第VIII型）：اِلْتَقَى [動：VIII-3] 会う　　100

末弱動詞2（派生形第X型）：اِسْتَغْنَى [動：X-3] 必要としない　　102

重子音動詞1（基本形）：مَسَّ [動：I-G (a)] 触る　　104

重子音動詞2（派生形第IV型）：أَحَبَّ [動：IV-G] 愛する　　106

重子音動詞2（派生形第VII型）：اِنْضَمَّ [動：VII-G] 含まれる　　108

重子音動詞2（派生形第VIII型）：اِرْتَدَّ [動：VIII-G] 引き下がる　　110

重子音動詞2（派生形第X型）：اِسْتَرَدَّ [動：X-G] 取り返す　　112

特殊動詞1：否定辞لَيْسَ・特殊動詞2：رَأَى 見る　　114

名詞　　116

代名詞類　　118

前置詞＋接尾代名詞　　119

語彙集 ———————————————————— 121

凡　例

CD　音声あり
☞　～を見よ。（1以降ではじまるものは本編『世界の言語シリーズ　17　アラビア語』）

⇧　（同じ課の中で）上記～を見よ。
⇩　（同じ課の中で）下記～を見よ。
《......⬅》 アラビア語の語順を日本語で説明する際、アラビア語のように右から左へ読むことを示す。
※　下の注を見よ。
[ضَمِير ٱلشَّأْن] 角カッコ内はアラブ文法で用いられる用語（格母音・タンウィーンは省略した）。
～　または（どちらの形を使ってもよい・どちらかの形が用いられる）。

C　任意の子音
I　動詞基本形
II ～ X　動詞派生形第II型～第X型
ᴺ タンウィーン（☞ 0.2.4）
Q　4語根動詞
V　任意の母音（上記動詞派生形第V型と混同せぬよう注意せよ）
1　1人称
2　2人称
3　3人称
完　完了形
感　感嘆詞
疑　疑問詞
形　形容詞
個　個別名詞（☞28.1）
数　数詞
受分　受動分詞（☞ 15.1）
集　集合名詞（☞ 28.1）
女　女性形
接　接続詞
接代　接尾代名詞
双　双数形（☞ 2.2）
代　代名詞
単　単数形
男　男性形
男女　男性名詞としても女性名詞としても扱われる語（☞ 2.1.4）
動　動詞
動名　動名詞
能分　能動分詞（☞ 15.1）
比最　比較最上級（☞ 18.2）
副　副詞
複　複数形
未接　未完了形接続法（☞ 14.1）
未直　未完了形直説法（☞ 11.1）
未要　未完了形要求法（☞ 12.1）
命　命令形（☞ 17.1）
名共　人を表す名詞で、男性形と女性形の区別のある語（☞ 1.2.5）
名女　女性名詞
名男　男性名詞

ه モノゴトを表す対格名詞・対格形容詞類
ه ヒトを表す対格名詞

文字の表記、発音記号について

①アラビア文字に対する発音記号はイタリック体（*kassara, rajulu*ᴺ‿*i*‿*staqbaltu-hu* など）で示す。
②1文字からなる語、定冠詞、接尾代名詞などはハイフンを使ってつなげて書く：*ʾa-ʾanta, ʾal-waṣl, ḥālu-ka*など。
③本編第1課のみ例文、会話文などに発音記号を付けた。

世界の言語シリーズ　17

アラビア語 別冊

〔文字編・文法表・語彙集〕

0 文字編

0.0 アラビア文字を書く際の注意

①アラビア文字は右から左に向けて書く。

②原則として１語を構成する文字はつなげて書かれる。

③アラビア文字は単語の中の位置（語頭・語中・語末）に応じて形を変える。
ⓐ大部分の文字には語頭・語中で使う「連結形」と語末で使う「独立形」の２つの形がある。

ⓑ右ページアルファベット表の文字番号1, 8, 9, 10, 11, 27の文字は全ての位置で「独立形」が用いられる。

ⓒ文字番号18, 19, 26の文字には「連結形」「独立形」に加えて「語中形」「語末形」の４つの形が、28の文字には「連結形」「語末形」「独立形」の３つの形があり、単語の位置によって使い分ける（詳細は個々に説明する）。

ⓓ文字を単独で書く場合には独立形を使う。

④母音を表す独立した文字は存在しない。母音を表記する場合は補助記号を用いる（⇩ 0.2.2, 0.2.4）。

以下では主に「文字を読むこと」を目的として説明を進める。

0.1 アルファベット

CD 1

0.1.1 アルファベット表

カタカナで読み方を示すが、正確な発音を表すものではなく、あくまでも参考として利用されたい。

文字番号	独立形	語末形	語中形	連結形	音価 / [IPA]	名　称
1	ا					アリフ ʾalif
2	ب			بـ	*b* / [b]	バー bāʾ
3	ت			تـ	*t* / [t]	ター tāʾ
4	ث			ثـ	*ṯ* / [θ]	サー ṯāʾ
5	ج			جـ	*j* / [ʒ, ʤ]	ジーム jīm
6	ح			حـ	*ḥ* / [ħ]	ハー ḥāʾ
7	خ			خـ	*ḫ* / [ḫ]	ハー ḫāʾ
8	د				*d* / [d]	ダール dāl
9	ذ				*ḏ* / [ð]	ザール ḏāl
10	ر				*r* / [r]	ラー rāʾ
11	ز				*z* / [z]	ザーイ zāy
12	س			سـ	*s* / [s]	スィーン sīn
13	ش			شـ	*š* / [ʃ]	シーン šīn
14	ص			صـ	*ṣ* / [s̴]	サード ṣād
15	ض			ضـ	*ḍ* / [đ]	ダード ḍād
16	ط			ط	*ṭ* / [ŧ]	ター ṭāʾ
17	ظ			ظ	*ẓ* / [ð̴]	ザー ẓāʾ
18	ع	ـع	ـعـ	عـ	*ʿ* / [ʕ]	アイン ʿayn
19	غ	ـغ	ـغـ	غـ	*ġ* / [ɣ]	ガイン ġayn
20	ف			فـ	*f* / [f]	ファー fāʾ

文字番号	独立形	語末形	語中形	連結形	音価 / [IPA]	名　称
21	ق			قـ	*q* / [q]	カーフ qāf
22	ك			كـ	*k* / [k]	カーフ kāf
23	ل			لـ	*l* / [l]	ラーム lām
24	م			مـ	*m* / [m]	ミーム mīm
25	ن			نـ	*n* / [n]	ヌーン nūn
26	ه	ـه	ـهـ	هـ	*h* / [h]	ハー hāʾ
27	و				*w* / [w]	ワーウ wāw
28	ي	ـي		يـ	*y* / [j]	ヤー yāʾ
※(29)	ء				ʾ / [ʔ]	ハムザ hamzah
※(30)	ة	ـة			*t* / [t]	ター･マルブータ tāʾ marbūṭah
※(31)	ى	ـى			*ā, an*	アリフ･マクスーラ ʾalif maqṣūrah

※(29), (30), (31) は本来アルファベット表に含まれない。これらの詳細について(29)は 0.2.9.3、(30) は 0.2.9.1、(31) は 0.2.9.2 を見よ。

0.1.2 発音の概要（数字はアルファベット表の数字に対応）

2	ب	*b*	日本語の「バ行」の子音とほぼ同様。
3	ت	*t*	日本語の「タ・テ・ト」の子音とほぼ同様（「チ・ツ」の子音とは異なる）。
4	ث	*ṯ*	英語の thank you の th の音と同様（上の歯の下に舌を置き、歯と舌の隙間から息を出す音）。
5	ج	*j*	日本語の「ジャ行」の子音とほぼ同様（フランス語の j による音でもよい）。
6	ح	*ḥ*	かじかんだ手を温める時に吐く「ハーッ」という音、または400メートルを全速力で走った直後の呼気がこの音に近い。

7	خ	*ḫ*	舌の中ほどより後ろの部分を軟口蓋に接近させ、その隙間から摩擦を伴った息を出して得られる。いびきのような音、または喉にささった魚の骨を吐き出すために出す音。
8	د	*d*	日本語の「ダ・デ・ド」の子音とほぼ同様。
9	ذ	*ḏ*	英語の that の th の音と同様（上の歯の下に舌を置き、歯と下の隙間から声を伴った息を出す音）。
10	ر	*r*	日本語の「ラ行」の音とほぼ同様。無理に巻き舌にする必要はない。
11	ز	*z*	日本語の「ザ行」の子音とほぼ同様。ただし日本語では単語の始めの「ザ行」の音は [dz] なので、「阿波座」の「ざ」のように語中に現れる「ザ行」の子音を使うこと。
12	س	*s*	日本語の「サ・ス・セ・ソ」の子音とほぼ同様。「シ」の子音とは異なる。
13	ش	*š*	日本語の「シャ行」の子音とほぼ同様。
14	ص	*ṣ*	s を発音する際に舌全体に力を入れて下あごに押し付けるようにして出す音。*sa* は日本語の「サ」とほぼ同じだが、*ṣa* は「ソ」に近い非常にこもった音なる。以下にも *ḍ, ṭ, ẓ* が同様に発音する子音で、このような子音を「強勢音」と呼ぶ。
15	ض	*ḍ*	*d* の強勢音で、*ṣ* と同じ要領で発音するこもった音。
16	ط	*ṭ*	*t* の強勢音で *ṣ* と同じ要領で出すこもった音。
17	ظ	*ẓ*	*z* ではなく *ḏ* の強勢音（上歯の下に舌を置く）。
18	ع	*ʿ*	喉仏のあたりを緊張させ、空気の通り道を狭めたところを、声帯を振動させながら息を出すと得られる音。「アー」と言いながら喉仏のあたりに自分の手を強く押し付けると「アー」が大変苦しそうな音色になる。これが *ʿ* の音である。「イー」「ウー」で同様の手続きを踏むとそれぞれ *ʿī, ʿū* が得られる。この時の音色をよく覚えて一々手を使わなくても発音できるよう十分練習されたい。
19	غ	*ġ*	*ḫ* の有声音。うがいをする時の音に近い。
20	ف	*f*	英語などの f と同様の子音。

21	ق	q	口蓋垂（＝のどひこ）に舌の付け根のあたりを接触させると空気の流れが止まる。接触部を開放して一気に息が流れ出る時の音。日本語の「カ行」の子音をもっと喉の奥の方から出す音。
22	ك	k	日本語の「カ行」の子音とほぼ同様。
23	ل	l	①舌先を上の歯の裏に付ける。②肺から声を伴った空気を出す。③舌先を歯の裏から離すと同時に「ア」という。これが la の音である。r は舌先が上の前歯の付け根で震える音であるのに対し、l は震えることはなく、前歯の付け根に接触した舌の両側の隙間から息がもれ出る音である。
24	م	m	日本語の「マ行」の子音とほぼ同様。
25	ن	n	日本語の「ナ行」の子音とほぼ同様。
26	ه	h	日本語の「ハ・ヘ・ホ」の子音とほぼ同様（「ヒ・フ」の子音とは異なる）。
27	و	w	日本語の「ワ」の子音とほぼ同様。
28	ي	y	日本語の「ヤ行」の子音とほぼ同様。
(29)	ء	ʾ	「ア・イ・ウ・エ・オ」とそれぞれの音をはっきり区切り、出来るだけ早く発音する。その時の区切れの音がハムザが表す音（＝声門破裂音ʾ）である。例えば saʾala は「サーラ」ではなく「サ・アラ」のように読まれる。

アラビア文字は上下に伸びる線が用いられるので、初めのうちは基準となる線を引き、以下のようなバランスで書くように注意せよ。

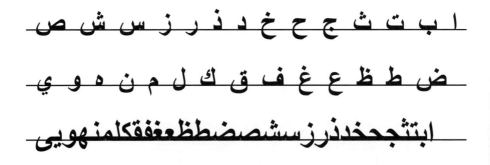

0.2 文字の読み方

0.2.1 2つの形がある文字（1）

次の16文字には「独立形」と「連結形」の2つの形がある。「独立形」は単語の最後（語末）に、「連結形」はそれ以外の位置で用いられる（左列の数字は「0.1.1 アルファベット表」の文字番号）。

	独立形	連結形	音価	名称		独立形	連結形	音価	名称
2	ب	ﺑ	b	バー bāʾ	14	ص	ﺻ	$ṣ$	サード ṣād
3	ت	ﺗ	t	ター tāʾ	15	ض	ﺿ	$ḍ$	ダード ḍād
4	ث	ﺛ	$ṯ$	サー ṯāʾ	20	ف	ﻓ	f	ファー fāʾ
5	ج	ﺟ	j	ジーム jīm	21	ق	ﻗ	q	カーフ qāf
6	ح	ﺣ	$ḥ$	ハー ḥāʾ	22	ك	ﻛ	k	カーフ kāf
7	خ	ﺧ	$ḫ$	ハー ḫāʾ	23	ل	ﻟ	l	ラーム lām
12	س	ﺳ	s	スィーン sīn	24	م	ﻣ	m	ミーム mīm
13	ش	ﺷ	$š$	シーン šīn	25	ن	ﻧ	n	ヌーン nūn

次の語を観察しよう。

كلب

この語は右から「22 カーフ kāf ك」「23 ラーム lām ل」「2 バー bāʾ ب」（《ب ل ك ←》）の3文字からなっている。上に述べたように語末では「独立形」が、それ以外では「連結形」が用いられるので、右端の ﻛ と2番目の ﻟ はそれぞれ「ك」と「ل」の「連結形」で、語末（左端）の文字は「ب」の「独立形」で書かれている。

【練習1】 次の語を構成する文字を特定せよ（解答は **【練習2】**）。

1. بنت　2. تحسن　3. ثلج　4. جنب　5. حمض　6. خمس　7. سلم　8. شمس
9. صبح　10. ضحك　11. كتب　12. قلب　13. لبستم　14. بقر　15. مفكر
16. نكت　17. مثلث　18. لحف　19. نقلق　20. كسبن　21. تبن　22. فخر

【練習2】 次の文字を右から左につなげて書け（解答は **【練習1】**）。

1. ب ن ت　2. ت ح س ن　3. ث ل ج　4. ج ن ب　5. ح م ض　6. خ م س
7. س ل م　8. ش م س　9. ص ب ح　10. ض ح ك　11. ك ت ب　12. ق ل ب
13. ل ب س ت م　14. ب ق ر　15. م ف ك ر　16. ن ك ت　17. م ث ل ث
18. ل ح ف　19. ن ق ل ق　20. ك س ب ن　21. ت ب ن　22. ف خ ر

0.2.2 補助記号(1)　（____ は任意の文字）

	記号	音価	名称		記号		名称
1	ـَـ	*a*	ファトハ fatḥah	4	ـْـ	無母音	スクーン sukūn
2	ـِـ	*i*	カスラ kasrah	5	ـّـ	重子音	シャッダ šaddah
3	ـُـ	*u*	ダンマ ḍammah				

①母音記号（1～3）

アラビア語には *a, i, u* の３つの短母音があり（*a, i* は日本語の「ア」「イ」とほぼ同様、*u* は日本語の「ウ」よりもっと唇を丸めて出す）、子音に続く母音を次の補助記号によって表示することができる。カスラは文字の下に書かれる。

كَتَبَ *kataba*　حَمُضَ *ḥamuḍa*　ضَحِكَ *ḍaḥika*

②無母音記号：スクーン（sukūn）ـْـ　(4)

この記号が付くと母音がないことを示す。

تَبْنِ *tabni*　كَسَبْنَ *kasabna*　نَكْتُبْ *naktub*

③重子音記号：シャッダ（šaddah）ـّـ　(5)

同一の子音が重なることを示す。

كَسَّرَ *kassara*　خَصَّ *ḫaṣṣa*

なお、カスラがシャッダに付くときは、جَنِّبْ（文字の下）またはجَنِّبْ（シャッダの下）の２通りの書き方がある（いずれも*jannib*と読む）。

CD 2

【練習3】 次の語を読め（解答は**【練習4】**）。

1. بَنَتْ 2. بَنَّتْ 3. بَنَتَّ 4. تُحْسِنُ 5. تَحَسَّنَ 6. تَخْتَصُّ 7. فَكَّرَ 8. لَسْتُنَّ
9. لَكُمْ 10. تَثْلُجُ 11. شَمْسُ 12. نَبْقَ 13. كَلْبُكَ 14. شَبَكْنَ 15. نُجَنِّبُكَ
16. صَفَّقَ 17. تُحْتَمَلُ 18. نَضْحَكْ 19. حَبَّبْتَ 20. حَبَبْنَ

【練習4】 次の語をアラビア文字に書き換えよ（解答は**【練習3】**）。

1. *banat* 2. *bannat* 3. *banatta* 4. *tuḥsinu* 5. *taḥassana* 6. *taḫtaṣṣu* 7. *fakkara*
8. *lastunna* 9. *lakum* 10. *taṯluju* 11. *šamsu* 12. *nabqa* 13. *kalbuka* 14. *šabakna*
15. *nujannibuka* 16. *ṣaffaqa* 17. *tuḥtamalu* 18. *naḍḥak* 19. *ḥabbabta* 20. *ḥababna*

0.2.3 1つの形しかない文字（1）

次の文字（文字番号1, 8, 9, 10, 11, 27）には「独立形」しかなく、単語のどの位置でもこの形が用いられる。**語頭・語中では次に来る文字（左側の文字）と連結しない**点に注意せよ。

	独立形	音価	名称		独立形	音価	名称
1	※ا		アリフ ʾalif	10	ر	*r*	ラー rāʾ
8	د	*d*	ダール dāl	11	ز	*z*	ザーイ zāy
9	ذ	*ḏ*	ザール ḏāl	27	※و	*w*	ワーウ wāw

※アリフ（ʾalif ا）についての詳細は ⇩ 0.2.5.1、ワーウ（wāw و）については ⇩ 0.2.5.2。

وَرَدَ *warada* كَوْثَرُ *kawṯaru* صَدَّرَ *ṣaddara* مُتَلَذِّذُ *mutalaḏḏiḏu* تُنْزِلْ *tunzil*

【練習5】 次の語を構成する文字を特定せよ（解答は**【練習6】**）。

1. دبك 2. مذنب 3. رجلك 4. كرزكم 5. ولدك 6. دلو 7. تذكرت
8. ضربتم 9. لذلك 10. ثوم

【練習6】次の文字を右から左につなげて書け（解答は【練習5】）。

1. د ب ك　2. م ذ ن ب　3. ر ج ل ك　4. ك ر ز ك م　5. و ل د ك　6. د ل و
7. ت ذ ك ر ت　8. ض ر ب ت م　9. ل ذ ل ك　10. ث و م

CD 3

【練習7】次の語を読め（解答は【練習8】）。

1. دَبَكَ　2. مُذْنِبُ　3. رِجْلُكَ　4. كَرَزُكُمْ　5. وَلَدُكَ　6. دَلْوِ　7. تَذَكَّرْتُ　8. ضَرَبْتُمْ
9. ※لِذٰلِكَ　10. ثَوْرُ

※ ذ についている ـٰ（短剣アリフ ʾalif ḫanjariyyah）は長母音 $\bar{a}$ を表す（⇩ 0.2.10①）。

【練習8】次の語をアラビア文字に書き換えよ（解答は【練習7】）。

1. *dabaka*　2. *mu*ḏ*nibu*　3. *rijluka*　4. *karazukum*　5. *waladuka*　6. *dalwi*　7. *ta*ḏ*akkartu*
8. *ḍarabtum*　9. *liḏālika*　10. *ṯawru*

0.2.4　補助記号（2）

	独立形	音価	名称
1	ـً	a^N	タンウィーン・ファトハ tanwīn fatḥah
2	ـٍ	i^N	タンウィーン・カスラ tanwīn kasrah
3	ـٌ	u^N	タンウィーン・ダンマ tanwīn ḍammah

これらは名詞・形容詞類の語末にのみ現れる「*n* の音を添加した短母音 *-an, -in, -un*」を表す補助記号である。この語末の *n* を「タンウィーン [اَلتَّنْوِين]（☞ 4.1.1）」と呼ぶ。ن で表記される *n* と同じ音ではあるが、ن の文字では表されないので、本教材でローマ字表記する際には ^{N}（大文字*N*の上付き文字）ように表記し、*n* と区別する。

بِنْتٌ *bintu*^{N}　بِجَنْبٍ *bijanbi*^{N}　ثَلْجًا *ṯalja*^{N}※

※タンウィーン・ファトハが付く時、ثَلْجًا のように語末にアリフが付け加えられることがある。このアリフは発音に関与しない（⇩ 0.2.5.1.1③, ☞ 5.1.3.1②）。

CD 4

【練習9】 次の語を読め（解答は **【練習10】**）。

1. وَصْلٌ 2. مُذْنِبٌ 3. رِجْلٍ 4. كَرَزًا 5. وَلَدٌ 6. دَلْوًا 7. تَزَوُّجٍ 8. ثَوْرٌ
9. زُوَّرٌ 10. ضَرَرًا

【練習10】 次の語をアラビア文字に書き換えよ（解答は **【練習9】**）。

1. *waṣlu*^{N} 2. *muḏnibu*^{N} 3. *rijli*^{N} 4. *karaza*^{N} 5. *waladu*^{N} 6. *dalwa*^{N} 7. *tazawwuji*^{N}
8. *ṯawru*^{N} 9. *zuwwaru*^{N} 10. *ḍarara*^{N}

0.2.5 アリフ（ʾalif ا）とワーウ（wāw و）

0.2.5.1 アリフ（ʾalif ا）

0.2.5.1.1 アリフという文字はそれ自体は特定の音を表さず、次のような機能を持つ。

①ハムザ ء（アルファベット表 (29) – 声門閉鎖音 ʾ を示す記号）の支え。ここでは語頭で用いられる例（*ʾa-*, *ʾi-*, *ʾu-*）を説明する（これ以外のケースについてはまとめてハムザの項（⇩ 0.2.9.3）で説明する）。

ⓐハムザは、それに続く母音が *a* または *u* の時はハムザはアリフの上に（*ʾa* = أَ, *ʾu* = أُ）、*i* の時はアリフの下に（*ʾi* = إِ）書かれる。

أَبٌ *ʾabu*^{N}　أُخْرِجُ *ʾuḫriju*　إِذَنْ *ʾiḏan*

ⓑこのハムザを書かないアリフが語頭に現れることもあるが、声門閉鎖音自体は存在する（⇩ 0.2.9.3.2）。

اَلْبِنْتُ *ʾalbintu*　اِحْتَرَمَ *ʾiḥtarama*　اُكْتُبْ *ʾuktub*

②長母音 *ā* を表す（語中および語末）

كِتَابٌ *kitābu*^{N}　زَارَتْ *zārat*　كَتَبَا *katabā*

③習慣的に書くが、発音に関与しないアリフ

ⓐ名詞・形容詞の語末で母音 *-a*^{N} と共に現れるアリフ（⇧ 0.2.4, ☞ 5.1.3.1②）。

كِتَابًا *kitāba*^{N}　وَلَدًا *walada*^{N}

ⓑ動詞・否定辞 لَيْسَ の３人称男性複数形の活用語尾末のアリフ（ـُوا -ū ـَوْا -aw）（☞ 6.1.2, 9.1.1, 12.1.1, 14.1.1, 17.1.1）。

لَيْسُوا *laysbū* كَتَبُوا *katabū* بَنَوْا *banaw* يَضْرِبُوا *yaḍribū* اِضْرِبُوا *ʾiḍribū*

ⓒ100の位の数詞（☞ 19.3）。

数詞「100」は、発音に関与しないアリフを含む مِائَةٌ とアリフを含まない مِئَةٌ のような表記がある（発音はどちらも *miʾatu*[N]）。200～900までの数詞も同様である。

0.2.5.1.2 その他アリフに関する綴り上の注意

①ラーム（lām ل）の後に続くアリフの表記

ラーム（lām ل）の後にアリフが続く時は لا のようにはせず、次のような合字が用いられる。この合字を「ラーム・アリフ（lām ʾalif）」と呼ぶ。

لا	語頭：لَا *lā*, لَابِسٌ *lābisu*[N], لِأَنَّ *liʾanna* 語中で ل の直前の文字が ا د ذ ر ز و（⇧ 0.2.3）の時： وِلَادَتُكَ *wilādatuka*, دَلَالٌ *dalālu*[N], اَلْأَبُ *ʾalʾabu*
ـلا	上記以外：بِلَادٌ *bilādu*[N] جَلَالٌ *jalālu*[N] نَمْلَأُ *namlaʾu*

語末のタンウィーン・ファトハ（tanwīn fatḥah）にもこの合字が用いられる。

رَجُلًا *rajula*[N] جَلَالًا *jalāla*[N]

② آ [ʾā] マッダ（maddah）

アリフの上に波型の記号（これを「マッダ（maddah）」と呼ぶ）が書かれた آ は常に *ʾā* と読む。

آكُلُ *ʾākulu* مَلْآنُ *malʾānu* بَدَآ *badaʾā*

★アラビア語では通常アリフを２つ連続して書かないので、أا *ʾā* または أأ *ʾaʾ* のような組み合わせが生じた時には آ と書かれる（ただしマッダの付いたアリフに更にシャッダを付けることができないので سَأَّالٌ *saʾʾālu*[N] のような語も見られる）。

CD 5

【練習11】 次の語を読め（解答は**【練習12】**）。

1. بَنَاتٌ 2. أَدْرَاجٌ 3. رِجَالًا 4. زُرْنَا 5. أَرُزٌّ 6. أُسْتَاذًا 7. آدَمُ 8. آلَامٌ 9. كِلَا
10. اَلْآنَ 11. أَرْآمٌ 12. اَلْآلَاتُ

【練習12】 次の語をアラビア文字に書き換えよ（解答は**【練習11】**）。

1. *banātu*[N] 2. *ʾadrāju*[N] 3. *rijāla*[N] 4. *zurnā* 5. *ʾaruzzu* 6. *ʾustāḏa*[N] 7. *ʾādamu*
8. *ʾālāmu*[N] 9. *kilā* 10. *ʾalʾāna* 11. *ʾarʾāmu*[N] 12. *ʾalʾālātu*

0.2.5.2 ワーウ（wāw و）

ワーウ（wāw و）は①原則として子音 *w* を表すが、②語中・語末で直前の母音が *u* の時は長母音 *ū* を表す。

①子音 *w*：وَلَدٌ *waladu*[N] أَوَّلُ *ʾawwalu* صَوْمٌ *ṣawmu*[N] لَوْ *law*

②長母音 *ū*：أَبُوكَ *ʾabūka* ضَرَبُوكُمْ *ḍarabūkum* ذُو *ḏū*

次の語の ـُو は短母音 *u* で発音される。

أُولَائِكَ *ʾulāʾika* あれら（指示代名詞） أُولُو *ʾulū* 持ち主（複）

CD 6

【練習13】 次の語を読め（解答は**【練習14】**）。

1. دُرُوسٌ 2. أَزُورُ 3. اُسْكُتُوا 4. اِضْرِبُونَا 5. رُدُودًا 6. دَارُوا 7. أَوَّلُونَ
8. وَاجَدُوا 9. وِلَايَاتٌ 10. اِجْلِسُوا 11. رَمَوْا 12. زُوَّارٌ

【練習14】 次の語をアラビア文字に書き換えよ（解答は**【練習13】**）。

1. *durūsu*[N] 2. *ʾazūru* 3. *ʾuskutū* 4. *ʾiḍribūnā* 5. *rudūda*[N] 6. *dārū* 7. *ʾawwalūna*
8. *wājadū* 9. *wilāyātu*[N] 10. *ʾijlisū* 11. *ramaw* 12. *zuwwāru*[N]

0.2.6 1つの形しかない文字（2）

次の2文字も 0.2.3 の6文字と同様「独立形」のみがあり、単語のどの位置にあっても同じ形が用いられる。注意すべきは0.2.3の文字とは異なり、**語頭・語中で次に来る文字（左側の文字）と連結する。**

	独立形	音価	名称		独立形	音価	名称
16	ط	ṭ	ター ṭāʾ	17	ظ	ẓ	ザー ẓāʾ

【練習15】 次の語を読め（解答は【練習16】）。

1. تَطَرُّدٍ 2. حُظُوظٌ 3. حَطَّطْنَاكُمْ 4. وَظُلْمًا 5. ضُبَّاطٌ 6. أَلْحَاظٌ 7. طَلَبًا

8. ظَنَنْتُ 9. نَطْبُخُ 10. نَظَّمْتُمْ

【練習16】 次の語をアラビア文字に書き換えよ（解答は【練習15】）。

1. taṭarrudi^N 2. ḥuẓūẓu^N 3. ḥaṭṭaṭnākum 4. waẓulma^N 5. ḍubbāṭu^N 6. ʾalḥāẓu^N

7. ṭalaba^N 8. ẓanantu 9. naṭbuḫu 10. naẓẓamtum

0.2.7　3つの形がある文字

これは「ヤー（yāʾ ي）」のみで、「独立形」「語末形」「連結形」の3つの形がある。

	独立形	語末形	連結形	音価	名称
28	ي	ـي	ـيـ	y	ヤー yāʾ

それぞれ次のように使い分けられる。

①連結形

ⓐ語頭で：يَدٌ yadu^N

ⓑ語中で：ٱلْبَيْتُ ʾalbaytu　زِيرٌ zīru^N

②語末形

語末で ا و ز ر ذ د （⇧ 0.2.3）以外の文字の後：قَلْبِي qalbī

③独立形

ⓐ単独で書かれる時

ⓑ語末で ا د ذ ر ز و の後：يَدَيَّ *yadayya*

ヤー（yāʾ ي）は①原則として子音 *y* を表すが、②語中・語末で直前の母音が *i* の時は長母音 *ī* を表す。

① اَلْبَيْتُ *ʾalbaytu* يَدٌ *yadu*ᴺ كَيْ *kay* يَدَيَّ *yadayya*

② تُشِيرُ *tušīru* بَيْتِي *baytī* زِيرٌ *zīru*ᴺ

CD 8

【練習17】 次の語を読め（解答は **【練習18】**）。

1. فِيكُمْ 2. مُفِيدِيَّ 3. تَمْيِيزٌ 4. أَيْسَرُ 5. يُرِي 6. قَوِيٌّ 7. يُيَيِّي 8. بَيْتًا
9. قَانُونِيًّا 10. يَاقُوتٌ 11. فَقِيرَيَّ 12. سِيَاقٌ

【練習18】 次の語の文字列をアラビア文字に書き換えよ（解答は **【練習17】**）。

1. *fīkum* 2. *mufīdiyya* 3. *tamyīzu*ᴺ 4. *ʾaysaru* 5. *yurī* 6. *qawiyyu*ᴺ 7. *yuyayyī*
8. *bayta*ᴺ 9. *qānūniyya*ᴺ 10. *yāqūtu*ᴺ 11. *faqrīrayya* 12. *siyāqu*ᴺ

0.2.8 4つの形がある文字

次の3文字には「独立形」「語末形」「語中形」「連結形」の4つの形がある。

	独立形	語末形	語中形	連結形	音価	名称
18	ع	ـع	ـعـ	عـ	*ʿ*	アイン ʿayn
19	غ	ـغ	ـغـ	غـ	*ġ*	カーフ ġayn
26	ه	ـه	ـهـ	هـ	*h*	ハー hāʾ

それぞれ次のように使い分けられる。

①連結形

ⓐ語頭：غَرْبٌ *ġarbu*[N]

ⓑ語中で ا د ذ ر ز و の後：بَاعَتْ *bāᶜat*　صَاغَتْ *ṣāġat*　شَاهَدَ *šāhada*

②語中形

語中で ا د ذ ر ز و 以外の文字の後：تَعْرِفُ *taᶜrifu*　اَلْمَغْرِبُ *ᵓalmaġribu*　شَهْرٌ *šahru*[N]

③語末形

語末で ا د ذ ر ز و 以外の文字の後：تَابَعَ *tābaᶜa*　بَلَغَ *balaġa*　كُلُّهُ *kulluhu*

④独立形

ⓐ単独で書かれる時

ⓑ語末で ا د ذ ر ز و（⇧ 0.2.3）の後：شَارِعٌ *šāriᶜu*[N]　صَاغَ *ṣāġa*　طَاهٍ *ṭāhi*[N]

★外来語で語末が「長母音＋ ـه」の語で、ـه 自体は発音されないものがある。この時、直前の長母音はアクセントを負う。

بُوجِيه *bujī́*　دُكْتُورَاه *doktṓrā́*

CD 9

【練習19】 次の語を読め（解答は **【練習20】**）。

1. عَرَبِيٌّ　2. شَاعِرٌ　3. يُوَدِّعُونَ　4. بَعْدَ　5. جَعَلَ　6. مُنِعَ　7. مَمْنُوعٌ　8. غَابَتْ

9. شُغْلٌ　10. يَصُوغُ　11. رَغْمَ　12. مَبْلَغٌ　13. بَغْدَادُ　14. هِنْدِيٌّ　15. قَاهِرٌ

16. شَهْرٌ　17. شَاهَدَ　18. ضَرَبَهُ　19. قَتَلَهُمْ　20. طَاهٍ　21. ضَرَبُوهُ　22. ظَهَرَ

23. يُقَهْقِهُ　24. مَقَاهِيهِ　25. يُشْبِهُهَا

【練習20】 次の語をアラビア文字に書き換えよ（解答は **【練習19】**）。

1. *ᶜarabiyyu*[N]　2. *šāᶜiru*[N]　3. *yuwaddiᶜūna*　4. *baᶜda*　5. *jaᶜala*　6. *muniᶜa*

7. *mamnūᶜu*[N]　8. *ġābat*　9. *šuġlu*[N]　10. *yaṣūġu*　11. *raġma*　12. *mablaġu*[N]

13. *baġdādu*　14. *hindiyyu*[N]　15. *qāhiru*[N]　16. *šahru*[N]　17. *šāhada*　18. *ḍarabahu*

19. *qatalahum*　20. *ṭāhi*[N]　21. *ḍarabūhu*　22. *ẓahara*　23. *yuqahqihu*　24. *maqāhīhi*

25. *yušbihuhā*

0.2.9 特殊な文字

0.2.9.1 ター・マルブータ（tāʾ marbūṭah ة）（アルファベット表 (30)）

独立形	語末形	音価	名称
ة	ـة	*t* / [t]	ター・マルブータ tāʾ marbūṭah

ハー（hāʾ ه）の上に点を２つ付けたもの。名詞・形容詞の語末にのみ現れる。「独立形」は直前の文字が ا ر ذ ز و（⇧ 0.2.3）の時に用いられる。

مَدْرَسَةٌ *madrasatu*N　سَيَّارَةٍ *sayyāratu*N　※مُدَّةً *muddata*N

※ター・マルブータにタンウィーン・ファトハ（⇧ 0.2.4）が付く時には語末にアリフを加えない（☞ 5.1.3.1①）。

0.2.9.2 アリフ・マクスーラ（ʾalif maqṣūrah ى）（アルファベット表 (31)）

独立形	連結形	音価	名称
ى	ـى	*ā, an*	アリフ・マクスーラ ʾalif maqṣūrah

ヤー（yāʾ ي）の２つの点がないもの。語末にのみ現れる。単語によって -*ā* と発音される場合と、-*a*N と発音される場合とがある。

ذِكْرَى *dikrā*　يَرَى *yarā*　مَعْنًى *maʿna*N

【練習21】次の語を読め。

1. كُبْرَى　2. ظَمْأَى　3. مَكْتَبَةٌ　4. إِرَادَةً　5. كَسْرَى　6. جِهَةٌ　7. مَقْهًى　8. مِقْلَاةٌ
9. مُسْتَشْفًى　10. وَرْدَةٍ

CD 10

【解答】

1. *kubrā*　2. *ẓamʾā*　3. *maktabatu*N　4. *ʾirādata*N　5. *kasrā*　6. *jihatu*N　7. *maqha*N
8. *miqlātu*N　9. *mustašfa*N　10. *wardati*N

0.2.9.3 ハムザ（hamzah ء）（アルファベット表 (29)）

0.2.9.3.1 ハムザは声門閉鎖音（IPA [ʔ]、本教材ではʾで転写する）を示す。

独立した音素だが文字ではなく記号で表示される。単語内での位置（語頭・語中・語末）によって表示の仕方が異なる。

0.2.9.3.1.1　語頭

ا の上または下に書かれる（⇑ 0.2.5.1.1①）。

أَبٌ ᵓabu^N　أُخْرِجُ ᵓuḫriju　إِذَنْ ᵓiḏan

★語頭の ا に ハムザが付かない場合もある（⇓ 0.2.9.3.2）

0.2.9.3.1.2　語中

語中のハムザは ا و ـﻨـ ـﻨـ（ـﻨـ ـﻨـ は ﻴ の2つの点のないもの）を「台」として أ ؤ ئ のように、または単独で ء のように書かれる。この書き分けはハムザの前後の母音によって決まる。

①まず、母音には階層があり「$i > u > a >$ 無母音（＝子音）」の順で（母音の長さは無関係に）優先度が高い。

②上記の母音とハムザの台には次のような関連がある。

i － ئ(ـئـ)

u － ؤ

a － أ

③ここでハムザの前後の母音を観察する。例えば سُئِلَ suᵓila という語ではハムザの前は u、後は i である。i は u よりも優先度が高いので、ハムザは i と関連した ئ で書かれる。このように、ハムザは、その前後の母音の優先度の高い方に関連した台の上に書かれる。

ئ：بِيئَةٌ bīᵓatu^N ($ī > a$)　أَصْدِقَائِكَ ᵓaṣdiqāᵓika ($ā < i$)　[1] تَقْرَئِينَ taqraᵓīna ($a < ī$)

سُوئِلَ sūᵓila ($ū < i$)　أَسْئِلَةٌ ᵓasᵓilatu^N （無母音 $< i$）　يَجِئْنَ yajiᵓna （$i >$ 無母音）

ؤ：سُؤَالٌ suᵓālu^N ($u > a$)　بُؤْسٌ buᵓsu^N （$u >$ 無母音）　أَصْدِقَاؤُكَ ᵓaṣdiqāᵓuka ($ā < u$)

[2] تَقْرَؤُونَ taqraᵓūna ($a < ū$)　[3] مَسْؤُولٌ masᵓūlu^N （無母音 $< ū$）

أ：رَأْسٌ raᵓsu^N （$a >$ 無母音）

⑴ この語はもともと أ で終わる語に ī を含む語尾（ـِينَ, ـِي など）が付いたもので、語尾を付ける前の أ をそのままにして書かれることがある：تَقْرَأِينَ taqraʾīna（⇩ 0.2.9.3.1.3①）。
⑵ この語はもともと أ で終わる語に ū を含む語尾（ـُوا, ـُونَ など）が付いたもので、語尾を付ける前の أ をそのままにして書かれることがある：تَقْرَأُونَ taqraʾūna（⇩ 0.2.9.3.1.3①）。また、コーランなどではハムザが単独で書かれることがある：تَقْرَءُونَ。
⑶ مَسْئُولٌ と書かれることもある。

④ハムザの前後が同じ音色の母音の時はその母音と関連した台の上にハムザを書く。

تَجِيئِينَ *tajīʾīna*（*ī* = *ī*）　رُؤُوسٌ *ruʾūsun*（*u* = *ū*）　سَأَلَ *saʾala*（*a* = *a*）

★ただし次の場合に注意せよ。
ⓐハムザの前が長母音 *ā*、後ろが短母音 *a* の時（= ***āʾa***）はハムザは単独で（台無し）書かれる。

سَاءَلَ *sāʾala*　أَصْدِقَاءَكَ *ʾaṣdiqāʾaka*

ⓑハムザの前が短母音 *a*、後ろが長母音 *ā* の時（= ***aʾā***）はハムザはアリフの上に書かれるマッダ（maddah）（⇧ 0.2.5.1.2②）に含まれる。

بَدَآ *badaʾā*

0.2.9.3.1.3　語末

語末のハムザは أ إ ؤ ئ ء のいずれかのように書かれ（この時ハムザには短母音が付くか無母音）、その書き分けは次の原則による。

①ハムザの直前が短母音の時、その母音に関連する文字を支えとする。

يَقْرَأُ *yaqraʾu*　يَقْرَأَ *yaqraʾa*　يَقْرَأْ *yaqraʾ*　قُرِئَ *quriʾa*　جَرُؤَ *jaruʾa*
خَطَأٌ *ḫaṭaʾu*^{N}　⑴خَطَإٍ *ḫaṭaʾi*^{N}　⑵خَطَأً *ḫaṭaʾa*^{N}　شَاطِئٌ *šāṭiʾu*^{N}　تَنَبُّؤٌ *tanabbuʾu*^{N}

⑴ ハムザの後の母音が *i* の時にはハムザはアリフの下に書かれる。
⑵ 語末のアリフにハムザが付いた語にタンウィーン・ファトハ（⇧ 0.2.4）が付く時には語末にアリフを加えない（☞ 5.1.3.1①）。

②ハムザの直前が長母音の時、および無母音の時、ハムザは単独で書かれる。

ハムザの直前が長母音：جَاءَ *jāʾa*　أَصْدِقَاءُ *ʾaṣdiqāʾu*　جِيءَ *jīʾa*　سُوءٌ *sūʾu*^{N}

ハムザの直前が無母音：ظِمْءٌ *ẓim*ʾ*u*^{N} ضَوْءٌ *ḍaw*ʾ*u*^{N} شَيْءٌ *šay*ʾ*u*^{N}

単独のハムザで終わる名詞・形容詞の語尾に -*a*^{N}（タンウィーン・ファトハ）（⇧ 0.2.4）による ا を付ける時、ハムザは次のように書かれる（☞ 5.1.3.1②）。

ⓐハムザの直前の文字が د ذ ر ز و の時は ءًا とする。

بَدْءًا *bad*ʾ*a*^{N} بُرْءًا *bur*ʾ*a*^{N} جُزْءًا *juz*ʾ*a*^{N} ضَوْءًا *ḍaw*ʾ*a*^{N} سُوءًا *sū*ʾ*a*^{N}

ⓑハムザの直前の文字が د ذ ر ز و 以外の時は ـئًا とする。

ظِمْئًا *ẓim*ʾ*a*^{N} عِبْئًا ʿ*ib*ʾ*a*^{N} كَفْئًا *kaf*ʾ*a*^{N} شَيْئًا *šay*ʾ*a*^{N} بَرِيئًا *barī*ʾ*a*^{N}

ⓒハムザの直前の文字がアリフの語は、語末にアリフを加えない。

مَاءً *mā*ʾ*a*^{N}（✖ مَاءًا） بِنَاءً *binā*ʾ*a*^{N}（✖ بِنَاءًا）

0.2.9.3.2 語頭で表示されないハムザ(＝ハムザトゥルワスル hamzat ʾal-waṣl)

0.2.9.3.2.1 以下の語は語頭に声門閉鎖音があるにもかかわらず ا にハムザを付けずに اَ *ʾa* اِ *ʾi* اُ *ʾu* のように表記する。このようなハムザをハムザトゥルワスル（hamzat ʾal-waṣl）と呼ぶ。

①定冠詞：اَلْـــ *ʾal-*（☞ 4.3）

②関係詞：اَلَّذِي *ʾallaḏī*, اَلَّتِي *ʾallatī* など（☞ 13.1.3）

③動詞派生形第I, VII, VIII, IX, X, QIV型の命令形：اُكْتُبْ *ʾuktub* 書け اِذْهَبْ *ʾiḏhab* 行け اِنْصَرِفْ *ʾinṣarif* 立ち去れ（☞ 17.1.1②, 24.2.1）など

④派生形動詞第VII, VIII, IX, X, QIV型の完了形・動名詞（次の例は第VII型）

ⓐ完了形：اِنْصَرَفَ *ʾinṣarafa* 彼は立ち去った（☞ 10.1.2）

ⓑ動名詞：اِنْصِرَافٌ *ʾinṣirāfu*^{N} 立ち去ること（☞ 15.2）

⑤次の名詞：اِبْنٌ *ʾibnu*^{N} 息子 اِبْنَةٌ *ʾibnatu*^{N} 娘 اِمْرُءٌ *ʾimruʾu*^{N} 男 اِمْرَأَةٌ *ʾimraʾatu*^{N} 女 اِثْنَانِ *ʾiṯnāni* 2（男） اِثْنَتَانِ *ʾiṯnatāni* 2（女） اِسْتٌ *ʾistu*^{N} 尻 اِسْمٌ *ʾismu*^{N} 名

★「ハムザトゥルワスル（hamzat ᵓal-waṣl）」に対し、أَ ᵓa إِ ᵓi أُ ᵓu のように常に書かれるハムザを「ハムザトゥルカトゥウ（hamzat ᵓal-qaṭᶜ）」と呼ぶ。

★★実際の印刷物ではハムザトゥルワスルのアリフにハムザ記号が付いているなど両者の区別が厳密でないことも多い。

0.2.9.3.2.2 ハムザトゥルワスル（hamzat ᵓal-waṣl）の特徴

ハムザトゥルワスル（hamzat ᵓal-waṣl）で始まる語は、その直前に単語がある時ハムザとそれに続く母音（ᵓa-, ᵓi-, ᵓu-）が脱落する。表記上も اَ ᵓa اِ ᵓi اُ ᵓu を ٱ に変える。このアリフの上の ـٰ の記号をワスラ（waṣla）と呼び、無音であることを示す。例えば اِنْصَرَفَ *ᵓinṣarafa* の直前に ثُمَّ *ṯumma* という語がある時、次のようになる。

ثُمَّ + اِنْصَرَفَ *ṯumma* + *ᵓinṣarafa* = ثُمَّ ٱنْصَرَفَ *ṯumma‿nṣarafa*（*ᵓinṣarafa* の *ᵓi* が脱落）

同様に

وَ + اُكْتُبْ *wa* + *ᵓuktub* = وَٱكْتُبْ *wa‿ktub*

★実際に音読する場合は、これらの語をつなげて読むことが前提となる。間に休止を置く場合は、*ṯumma*－休止－*nṣarafa* のようにせず *ṯumma*－休止－*ᵓinṣarafa* のように読む。

0.2.9.3.2.3 直前の語の語末音によって次の点に注意せよ。

以下の例で ٱلْـ で始まる語があるが、これは定冠詞である。定冠詞は名詞・形容詞につなげて書かれるので、ローマ字転写でも定冠詞とそれに続く語はハイフンで結ぶ。

①直前の語が長母音で終わる時は、短母音化する。

كَمَا + اِتَّفَقْنَا *kamā* + *ᵓittafaqnā* = كَمَا ٱتَّفَقْنَا *kama‿ttafaqnā*（✖ *kamā‿ttafaqnā*）

فِي + اَلْبَيْتِ *fī* + *ᵓal-bayti* = فِي ٱلْبَيْتِ *fi‿l-bayti*（✖ *fī‿l-bayti*）

②直前の語がスクーン（sukūn）（⇧ 0.2.2②）で終わる時は補助母音 *i* が挿入される（補助母音は下付き文字で表す）。

قَدْ + اِنْطَلَقَ *qad* + *ᵓinṭalaqa* = قَدِ ٱنْطَلَقَ *qad‿$_i$‿nṭalaqa*

لَيْسَتْ + اَلْجَرِيدَةُ *laysat* + *ᵓal-jarīdatu* = لَيْسَتِ ٱلْجَرِيدَةُ *laysat‿$_i$‿l-jarīdatu*

اِسْتِقْبَالُ + اَلْـ ʾal + ʾistiqbālu = اَلِاسْتِقْبَالُ ʾal‿i‿stiqbālu※

※２文字目のラーム（lām ل）に付いたカスラは補助母音 *i* 。

③直前の語がタンウィーンで終わる時は、*N* の後に補助母音 *i* が挿入される。ただしこの補助母音は表記されない。

بِنْتٌ ٱسْمُهَا *bintu*[N]*‿i‿smuhā*

مُحَمَّدٌ ٱلْمُجْتَهِدُ *muḥammadu*[N]*‿i‿l-mujtahidu*

④補助母音は通常 *i* だが、*a* または *u* になることがある。

ⓐ補助母音 *a*

(i) 前置詞 مِنْ 「〜から」の後に定冠詞 اَلْـ が来る時。

اَلْكِتَابِ + مِنْ *min* + *ʾal-kitābi* = مِنَ الْكِتَابِ *min‿a‿l-kitābi*

(ii) 接尾人称代名詞 ـِي *-ī* 私の（☞ 7.2）、ـنِي *-nī* 私を（☞ 9.1.4.1①）の時は *-ī* が *-iy* になり、補助母音が *a* 挿入される。

اَلْقَدِيمُ + بَيْتِي *baytī* + *ʾal-qadīmu* = بَيْتِيَ ٱلْقَدِيمُ *baytiy‿a‿l-qadīmu*

اَلْمُدَرِّسُ + سَاعَدَنِي *sāʿada-nī* + *ʾal-mudarrisu* = سَاعَدَنِيَ ٱلْمُدَرِّسُ *sāʿadaniy‿a‿l-mudarrisu*

ⓑ補助母音 *u*

ハムザトゥルワスルの直前の語が次のような時。

(i) 独立人称代名詞 هُمْ *hum* 彼らは、أَنْتُمْ *ʾantum* 貴男方は（☞ 3.1.2①）

اَلْمُلُوكُ + هُمْ *hum* + *ʾal-mulūku* = هُمُ الْمُلُوكُ *hum‿u‿l-mulūku*

(ii) 接尾人称代名詞 ـهُمْ *-hum* 彼らの・を　ـكُمْ *-kum* 貴男方の・を（☞ 7.2.1）

※اَلسَّلَامُ + عَلَيْكُمْ *ʿalay-kum* + *ʾas-salāmu* = عَلَيْكُمُ ٱلسَّلَامُ *ʿalay-kum‿u‿s-salāmu*

※ اَلسَّلَامُ は *ʾal-salāmu* ではなく *ʾas-salāmu* と読む（☞ 4.3.2）。

接尾人称代名詞 ـهُمْ *-hum* は文脈によって ـهِمْ *-him* となることがあるが（☞ 7.2.4.2）、この時 *-m* に付く補助母音は *i* または *u*。

بِكِتَابِـهِمْ + اَلْجَدِيدِ *bi-kitābi-him* + *ʾal-jadīdi* =
بِكِتَابِـهِمُ ٱلْجَدِيدِ *bi-kitābi-him‿u‿l-jadīdi* / بِكِتَابِـهِمِ ٱلْجَدِيدِ *bi-kitābi-him‿i‿l-jadīdi*

(iii) 動詞完了形活用語尾 ـتُمْ *-tum*（2男複）(☞ 9.1)
كَتَبْتُمْ + اَلْمَقَالَةَ *katabtum* + *ʾal-maqālata* = كَتَبْتُمُ ٱلْمَقَالَةَ *katabtum‿u‿l-maqālata*

(iv) 動詞完了形活用語尾 ـَوْا *-aw*（末弱動詞・3男複）(☞ 22.1.1.1)
رَمَوْا + اَلْحَجَرَ *ramaw* + *ʾal-ḥajara* > رَمَوُا ٱلْحَجَرَ *ramaw‿u‿l-ḥajara*

(v) 複数語尾 ـَوْنَ *-awna* で終わる語のムダーフ形（☞ 7.2.3③）
مُصْطَفَوْنَ *muṣṭafawna*（ムダーフ形 مُصْطَفَوْ *muṣṭafaw*）
مُصْطَفَوْ + اَللّٰهِ *muṣṭafaw* + *ʾallāhi* = مُصْطَفَوُ ٱللّٰهِ *muṣṭafaw‿u‿llāhi*

(vi) ハムザトゥルワスルの母音が *u* の時。ただしこの場合は *i* も可。
قَدْ + اُخْتُطِفَ *qad* + *ʾuḫtuṭifa* = قَدُ ٱخْتُطِفَ *qad‿u‿ḫtuṭifa* (قَدِ ٱخْتُطِفَ *qad‿i‿ḫtuṭifa*)
وَلَدٌ + اُخْتُطِفَ *waladu*^{N} + *ʾuḫtuṭifa* = وَلَدٌ ٱخْتُطِفَ *waladu*^{N}*‿u‿ḫtuṭifa* (*waladu*^{N}*‿i‿ḫtuṭifa*)

【練習22】 次の句を読め。

CD 11

1. فِي ٱلْبَيْتِ 2. عَلَى ٱلْمَكْتَبِ 3. قَدِ ٱسْتَقْبَلَ 4. رَجُلٌ ٱسْتَقْبَلْتُهُ 5. قَرَأْتُ ٱلْكِتَابَ
6. ضَرَبْتِ ٱلطَّالِبَ 7. ضَرَبَنِيَ ٱلْمُدَرِّسُ 8. عَلَى ٱلطَّاوِلَةِ 9. بِنْتًا ٱخْتَطَفُوهَا
10. بِٱلْحَقِّ (بِ※ + ٱلْحَقِّ) 11. وَٱلْغُرْفَةُ ٱلْوَاسِعَةُ (وَ※ + ٱلْغُرْفَةُ) 12. فَٱمْتَنَعَ (فَ※ + ٱمْتَنَعَ) 13. لِٱنْصِرَافِهَا (لِ※ + ٱنْصِرَافِهَا) 14. مُحَمَّدٌ ٱلْعَظِيمُ

※ بِ, وَ, فَ, لِ（それぞれ前置詞）のように1文字から成る語は後続の語につなげて書かれる（⇩ 0.2.10⑤）。

【解答】

1. *fi‿l-bayti* 2. *ʿala‿l-maktabi* 3. *qad‿i‿staqbala* 4. *rajulu*^{N}*‿i‿staqbaltu-hu*
5. *qaraʾtu‿l-kitāba* 6. *ḍarabti‿ṭ-ṭāliba* 7. *ḍaraba-niy‿a‿l-mudarrisu*
8. *ʿala‿ṭ-ṭāwilati* 9. *binta*^{N}*‿i‿ḫtaṭafūha* 10. *bi‿l-ḥaqqi* 11. *wa‿l-ġurfatu‿l-wāsiʿatu*
12. *fa‿mtanaʿa* 13. *li‿nṣirāfi-hā* 14. *muḥammadu*^{N}*‿i‿l-ʿaẓīmu*

0.2.10　その他注意すべき綴字

① ـــٰـــ 短剣アリフ（ʾalif ḫanjariyyah）

少数の特定の語にのみ現れ長母音 *ā* を表わす。

　هٰذَا *hāḏā*,　ذٰلِكَ *ḏālika*

② ٱللّٰهُ *ʾallāhu*「神」

「神」は ٱللّٰهُ のように書く。前置詞 لِ が付く時は لِلّٰهِ *lillāhi* と書かれる。

③ بِسْمِ *bismi*

　بِسْمِ ٱللّٰهِ *bismi llāhi*　　神の御名において

この表現では بِٱسْمِ ではなく بِسْمِ と書かれる。

④ لِلْ *lil-*

前置詞 لِ ＋定冠詞 اَلْ（☞ 4.3）の組み合わせは لال ではなく لِلْ *lil-* と書く。

　كِتَابٌ + اَلْ + لِ = لِلْكِتَابِ *lil-kitābi*

名詞・形容詞が ل で始まる場合、形式的には ل が3つ連なることになるが、実際には ل は2つのみ書かれる。

　لَغَةٌ + اَلْ + لِ = لِلّلُّغَةِ* = لِلُّغَةِ *lil-luġati*

なお、母音記号等が表記されない場合、ل で始まる語に前置詞 لِ が付く場合、定冠詞が付いているかどうか判然としないので文脈によって判断する。

　للغة = ⓐ لِلُغَةٍ *li-luġati*[N]（定冠詞なし）　ⓑ لِلُّغَةِ *lil-luġati*（定冠詞あり）

⑤ 1文字からなる単語

アラビア語には次のような1文字からなる単語が存在する。

أَ *ʾa* [疑] ～か？（Yes-No 疑問文を作る疑問詞）　بِ *bi* [前] ～で　تَ *ta* [前] ～にかけて　سَ *sa* [副]（未来を表す辞詞）　فَ *fa* [接] それで　كَ *ka* [前] ～のように　لِ *li* [前] ～のために　لَ *la* [副]（強意の副詞）　وَ *wa* [接] そして・[前] ～にかけて

これらの語は後続の語につなげて書かれる。

ذٰلِكَ + بِ = بِذٰلِكَ *bi-ḏālika*
أَنْتَ + فَ = فَأَنْتَ *fa-ʾanta*
أَنْتَ + وَ = وَأَنْتَ *wa-ʾanta*

★アラビア語のテクストで بال で始まる語は、多くの場合「前置詞 بِ ＋定冠詞 ال」の組み合わせなので *bil-* と読む。

بِالْقَلَمِ *bi-l-qalami*

⑥動詞完了形１・２人称の活用語尾 تَ のシャッダ

第３根素（⇩ 0.3.1）が ت, د, ض, ط の動詞は、完了形１・２人称の活用接尾辞 تَ が付く時、これらの子音が تَ と同化しシャッダで表記することがある。

سَاعَدْتَ *sāʿadta* = سَاعَتَّ *sāʿatta*

0.3 語根と語形パターン

0.3.1 語根

次の語を観察して共通点を見つけよう。

كَتَبَ [**K**a**T**a**B**-a]　書く
كِتَابٌ [**K**i**T**ā**B**-u^{N}]　本
مَكْتَبٌ [ma**KT**a**B**-u^{N}]　事務所
مَكْتَبَةٌ [ma**KT**a**B**-atu^{N}]　図書館・書店
كَاتِبٌ [**K**ā**T**i**B**-u^{N}]　作家

これらの語には次のような共通点がある。

①いずれも「書く」ことに関係する単語である（「本」は「書かれたもの」、「事務所」は「書く場所」、「図書館・書店」は「本（書かれたもの）がある場所」、「作家」は「書く人」)。

②それぞれの語には **K-T-B** という子音の連なりが含まれている。
この**K-T-B**のような子音の連なりをアラビア語では「語根 [اَلْجَذْرُ]」と呼ぶ。アラビア語の名詞類や動詞はこの語根を基礎にして成り立っている。上の例の**K-T-B**という語根は「書」という抽象概念を表わしているのでこの語根を持った語は「書」に関連した意味を持っている。

今後必要な場合には「語根」をルート記号を用いて √ *k-t-b*（または √ ك ت ب）のようにして示す。語根は多くの場合３つの子音から構成されており（このような語根を「３子音語根 [اَلْجَذْرُ ٱلثُّلَاثِيُّ]」と呼ぶ)、それぞれの子音を「根素」と呼ぶ。この語根 √ *k-t-b* を例にとると、*k* を第１根素、*t* を第２根素、*b* を第３根素と呼ぶことにする。また、４つの根素で構成される「４子音語根 [اَلْجَذْرُ ٱلرُّبَاعِيُّ]」も存在する。

تَرْجَمَ [**TaRJaM**-a] 翻訳する
تَرْجَمَةٌ [**TaRJaM**-at-u^{N}] 翻訳
مُتَرْجِمٌ [mu**TaRJiM**-u^{N}] 翻訳家

語根＝√ *t-r-j-m*（*m* は「第４根素」）

なお、動詞は必ず３子音語根または４子音語根で構成されており、前者を「３語根動詞」、後者を「４語根動詞」と呼ぶ。一方、名詞類に関しては２語根的なものも見受けられるし、また外来語でアラビア語の語形になっていないものは語根の概念を持たない。

0.3.2 語形パターン

次の語を観察して共通点を見つけよう。

كَبِيرٌ [k**A**b**Ī**r-u^{N}] 大きい（語根＝√ *k-b-r*「大」）
طَوِيلٌ [ṭ**A**w**Ī**l-u^{N}] 長い（語根＝√ *ṭ-w-l*「長」）
بَعِيدٌ [b**A**^{c}**Ī**d-u^{N}] 遠い（語根＝√ *b-^{c}-d*「遠」）
قَرِيبٌ [q**A**r**Ī**b-u^{N}] 近い（語根＝√ *q-r-b*「近」）

これらの語ではそれぞれの根素が「□**A**□**Ī**□-u^{N}」という枠組みの□に入る構造になっている。このような枠組みを本教材では「語形 [اَلْوَزْنُ]」と呼ぶ。アラビ

ア語の動詞と多くの名詞類は「語根」と「語形」の組み合わせによって成り立っている。この語形の中には特別な意味をになうものもあり、例えばこの□**A**□**Ī**□-u^N は語根の意味を反映した「形容詞」を作る語形である。

同様に

مَطْبَخٌ [**MA**ṭb**A**ḫ-u^N] 台所（語根＝√ *ṭ-b-ḫ*「調理」）
مَصْنَعٌ [**MA**ṣn**A**ᶜ-u^N] 工場（語根＝√ *ṣ-n-ᶜ*「造」）
مَكْتَبٌ [**MA**kt**A**b-u^N] 事務所（語根＝√ *k-t-b*「書」）
مَلْعَبٌ [**MA**lᶜ**A**b-u^N] 競技場（語根＝√ *l-ᶜ-b*「遊」）

これらの例は「**MA**□□**A**□-u^N」という語形による名詞で、いずれも語根の意味を反映させた「〜する場所」という意味を持つ。

0.3.3　語根と語形パターンの表し方

ここまでは語形を「ローマ字と□」の組み合わせで説明したが、アラブ文法では語根と語形をアラビア文字で表現する方法があり、第1根素をف、第2根素をع、第3根素をل で代表させる。例えば上に挙げた形容詞は「فَعِيلٌ」、場所を表す名詞は「مَفْعَلٌ」のように表す。

★第4根素は、本編ではアラブ文法の伝統に従い ل で代表させたが、以下の文法表では活用をわかりやすくするため م に替えた。

0.3.4　弱子音

本教材では و, ي の2つを「弱子音 [اَلْحَرْفُ ٱلْعِلَّةِ]」と呼ぶ。語根に و, ي を含む語は、これらの子音が現れなかったり別の文字で現れることが多いなど、不規則な動きをする。

語　根	語　形	
	فَاعِلٌ※	مَفْعَلٌ
√ *k-t-b*「書」	كَاتِبٌ 作家	مَكْتَبٌ 事務所
√ *z-w-r*（*w* が弱子音）「訪」	زَائِرٌ 訪問者（✖ زَاوِرٌ）	مَزَارٌ 訪れる場所（✖ مَزْوَرٌ）
√ *b-n-y*（*y* が弱子音）「建」	بَانٍ 建てる人（✖ بَانِيٌ）	مَبْنًى 建物（✖ مَبْنَيٌ）

※فَاعِلٌ は「〜する人」を表す語形

語根 √ *k-t-b* には弱子音が含まれていないので語形パターンに根素を当てはめるだけで正しい語形を得ることができる。一方、弱子音を含む語根 √ *z-w-r* √ *b-n-y* はそれぞれの根素を語形パターンに当てはめても正しい語形を得ない。例えば語根 √ *z-w-r* を مَفْعَلٌ の語形パターンに当てはめると مَزْوَرٌ になるはずだが、実際には مَزَارٌ（*wa* が *ā* に置き換わっている）となる。

0.3.5　重子音

√ *m-d-d*, √ *ẓ-n-n* のように第２根素と第３根素が同一の子音からなる語根を「重子音語根」と呼ぶ。詳細は ☞ 24。

文 法 表

動詞
基本形・派生形の語形
強動詞

		I	II	III	IV	V	VI
能動態	完了形	فعلَ(1)	فَعَّلَ	فَاعَلَ	أَفْعَلَ	تَفَعَّلَ	تَفَاعَلَ
	未完了形	يَفْعلُ(1)	يُفَعِّلُ	يُفَاعِلُ	يُفْعِلُ	يَتَفَعَّلُ	يَتَفَاعَلُ
	命令形	افْعلْ(1)	فَعِّلْ	فَاعِلْ	أَفْعِلْ	تَفَعَّلْ	تَفَاعَلْ
	分詞	فَاعِلٌ	مُفَعِّلٌ	مُفَاعِلٌ	مُفْعِلٌ	مُتَفَعِّلٌ	مُتَفَاعِلٌ
受動態	完了形	فُعِلَ	فُعِّلَ	فُوعِلَ	أُفْعِلَ	تُفُعِّلَ	تُفُوعِلَ
	未完了形	يُفْعَلُ	يُفَعَّلُ	يُفَاعَلُ	يُفْعَلُ	يُتَفَعَّلُ	يُتَفَاعَلُ
	分詞	مَفْعُولٌ	مُفَعَّلٌ	مُفَاعَلٌ	مُفْعَلٌ	مُتَفَعَّلٌ	مُتَفَاعَلٌ
動名詞		(2)	تَفْعِيلٌ	مُفَاعَلَةٌ فِعَالٌ	إِفْعَالٌ	تَفَعُّلٌ	تَفَاعُلٌ

(1)基本形（第I型）動詞能動態の語幹母音は動詞によって異なるのでこの表では母音記号を付けない。

(2)基本形動詞の動名詞は動詞によって異なる。

(3)この文法表では４語根動詞の第４根素を م で示した。

VII	VIII	IX	X	QI[3]	QII[3]	QIV[3]
اِنْفَعَلَ	اِفْتَعَلَ	اِفْعَلَّ	اِسْتَفْعَلَ	فَعْلَمَ	تَفَعْلَمَ	اِفْعَلَمَّ
يَنْفَعِلُ	يَفْتَعِلُ	يَفْعَلُّ	يَسْتَفْعِلُ	يُفَعْلِمُ	يَتَفَعْلَمُ	يَفْعَلِمُّ
اِنْفَعِلْ	اِفْتَعِلْ	اِفْعَلِلْ	اِسْتَفْعِلْ	فَعْلِمْ	تَفَعْلَمْ	اِفْعَلْمِمْ
مُنْفَعِلٌ	مُفْتَعِلٌ	مُفْعَلٌّ	مُسْتَفْعِلٌ	مُفَعْلِمٌ	مُتَفَعْلِمٌ	مُفْعَلِمٌّ
أُنْفُعِلَ	أُفْتُعِلَ		أُسْتُفْعِلَ	فُعْلِمَ	تُفُعْلِمَ	أُفْعُلِمَّ
يُنْفَعَلُ	يُفْتَعَلُ		يُسْتَفْعَلُ	يُفَعْلَمُ	يُتَفَعْلَمُ	يُفْعَلَمُّ
مُنْفَعَلٌ	مُفْتَعَلٌ		مُسْتَفْعَلٌ	مُفَعْلَمٌ	مُتَفَعْلَمٌ	مُفْعَلَمٌّ
اِنْفِعَالٌ	اِفْتِعَالٌ	اِفْعِلَالٌ	اِسْتِفْعَالٌ	فَعْلَمَةٌ	تَفَعْلُمٌ	اِفْعِلْمَامٌ

頭弱動詞・間弱動詞

			I	II	III	IV
頭弱動詞	能動態	完了	وَصَفَ	強動詞と して扱う※	強動詞と して扱う	أَوْجَدَ
		未完了	يَصِفُ			يُوجِدُ
		命令形	صِفْ			أَوْجِدْ
		分詞	وَاصِفٌ			مُوجِدٌ
	受動態	完了	وُصِفَ			أُوجِدَ
		未完了	يُوصَفُ			يُوجَدُ
		分詞	مَوْصُوفٌ			مُوجَدٌ
	動名詞		وَصْفٌ			إِيجَادٌ
間弱動詞	能動態	完了	زَارَ	強動詞と して扱う	強動詞と して扱う	أَرَادَ
		未完了	يَزُورُ			يُرِيدُ
		命令形	زُرْ			أَرِدْ
		分詞	زَائِرٌ			مُرِيدٌ
	受動態	完了	زِيرَ			أُرِيدَ
		未完了	يُزَارُ			يُرَادُ
		分詞	مَزُورٌ			مُرَادٌ
	動名詞		زِيَارَةٌ			إِرَادَةٌ

※例えば √d-w-r という間弱語根の第II型動詞は دَوَّرَ となる。この形は強動詞と同じ فَعَّلَ とい
う語形であり、弱子音による影響はない。

V	VI	VII	VIII	IX	X
強動詞として扱う	強動詞として扱う	強動詞として扱う	اِتَّصَلَ	なし	اِسْتَوْقَفَ
			يَتَّصِلُ		يَسْتَوْقِفُ
			اِتَّصِلْ		اِسْتَوْقِفْ
			مُتَّصِلٌ		مُسْتَوْقِفٌ
			اُتُّصِلَ		اُسْتُوقِفَ
			يُتَّصَلُ		يُسْتَوْقَفُ
			مُتَّصَلٌ		مُسْتَوْقَفٌ
			اِتِّصَالٌ		اِسْتِيقَافٌ
強動詞として扱う	強動詞として扱う	اِنْحَازَ	اِخْتَارَ	なし	اِسْتَقَامَ
		يَنْحَازُ	يَخْتَارُ		يَسْتَقِيمُ
		اِنْحَزْ	اِخْتَرْ		اِسْتَقِمْ
		مُنْحَازٌ	مُخْتَارٌ		مُسْتَقِيمٌ
		اُنْحِيزَ	اُخْتِيرَ		اُسْتُقِيمَ
		يُنْحَازُ	يُخْتَارُ		يُسْتَقَامُ
		مُنْحَازٌ	مُخْتَارٌ		مُسْتَقَامٌ
		اِنْحِيَازٌ	اِخْتِيَارٌ		اِسْتِقَامَةٌ

末弱動詞・重子音動詞

			I	II	III	IV
末弱動詞	能動態	完了	دَعَا	سَمَّى	نَادَى	أَجْرَى
		未完了	يَدْعُو	يُسَمِّي	يُنَادِي	يُجْرِي
		命令形	اُدْعُ	سَمِّ	نَادِ	أَجْرِ
		分詞	دَاعٍ	مُسَمٍّ	مُنَادٍ	مُجْرٍ
	受動態	完了	دُعِيَ	سُمِّيَ	نُودِيَ	أُجْرِيَ
		未完了	يُدْعَى	يُسَمَّى	يُنَادَى	يُجْرَى
		分詞	مُدْعًى	مُسَمًّى	مُنَادًى	مُجْرًى
	動名詞		دُعَاءٌ	تَسْمِيَةٌ	مُنَادَاةٌ	إِجْرَاءٌ
重子音動詞	能動態	完了	شَدَّ	強動詞として扱う	本教材では扱わない	أَصَرَّ
		未完了	يَشِدُّ			يُصِرُّ
		命令形	اِشْدِدْ			أَصْرِرْ
		分詞	شَادٌّ			مُصِرٌّ
	受動態	完了	شِدَّ			أُصِرَّ
		未完了	يُشَدُّ			يُصَرُّ
		分詞	مَشْدُودٌ			مُصَرٌّ
	動名詞		شَدٌّ			إِصْرَارٌ

V	VI	VII	VIII	IX	X
تَـمَنَّى	تَلَاقَى	اِنْحَنَى	اِشْتَرَى	なし	اِسْتَغْنَى
يَتَمَنَّى	يَتَلَاقَى	يَنْحَنِي	يَشْتَرِي		يَسْتَغْنِي
تَمَنَّ	تَلَاقَ	اِنْحَنِ	اِشْتَرِ		اِسْتَغْنِ
مُتَمَنٍّ	مُتَلَاقٍ	مُنْحَنٍ	مُشْتَرٍ		مُسْتَغْنٍ
تُمُنِّيَ	تُلُوقِيَ	اُنْحُنِيَ	اُشْتُرِيَ		اُسْتُغْنِيَ
يُتَمَنَّى	يُتَلَاقَى	يُنْحَنَى	يُشْتَرَى		يُسْتَغْنَى
مُتَمَنًّى	مُتَلَاقًى	مُنْحَنًى	مُشْتَرًى		مُسْتَغْنًى
تَـمَنٍّ	تَلَاقٍ	اِنْحِنَاءٌ	اِشْتِرَاءٌ		اِسْتِغْنَاءٌ
強動詞として扱う	本教材では扱わない	اِنْضَمَّ	اِرْتَدَّ	なし	اِسْتَرَدَّ
		يَنْضَمُّ	يَرْتَدُّ		يَسْتَرِدُّ
		اِنْضَمِمْ	اِرْتَدِدْ		اِسْتَرْدِدْ
		مُنْضَمٌّ	مُرْتَدٌّ		مُسْتَرِدٌّ
		اُنْضُمَّ	اُرْتُدَّ		اُسْتُرِدّ
		يُنْضَمُّ	يُرْتَدُّ		يُسْتَرَدُّ
		مُنْضَمٌّ	مُرْتَدٌّ		مُسْتَرَدٌّ
		اِنْضِمَامٌ	اِرْتِدَادٌ		اِسْتِرْدَادٌ

活用表

⑴強動詞は３語根動詞はف ع لを、４語根動詞はف ع ل م使って活用を示した。

⑵弱動詞・重子音動詞は実際の動詞で活用を示したが、受動態が実際には使われないものもある。

強動詞（基本形）：فَعَلَ [動：I-1]

語幹母音は動詞によって異なるので下表では示していない。

	能動態					
	完了形			未完了形直説法		
	単	双	複	単	双	複
3男	فعلَ	فعلَا	فعلُوا	يَفْعلُ	يَفْعلَانِ	يَفْعلُونَ
3女	فعلَتْ	فعلَتَا	فعلْنَ	تَفْعلُ	تَفْعلَانِ	يَفْعلْنَ
2男	فعلْتَ	فعلْتُمَا	فعلْتُمْ	تَفْعلُ	تَفْعلَانِ	تَفْعلُونَ
2女	فعلْتِ		فعلْتُنَّ	تَفْعلِينَ		تَفْعلْنَ
1	فعلْتُ	فعلْنَا		أَفْعلُ	نَفْعلُ	
	接続法			要求法		
3男	يَفْعلَ	يَفْعلَا	يَفْعلُوا	يَفْعلْ	يَفْعلَا	يَفْعلُوا
3女	تَفْعلَ	تَفْعلَا	يَفْعلْنَ	تَفْعلْ	تَفْعلَا	يَفْعلْنَ
2男	تَفْعلَ	تَفْعلَا	تَفْعلُوا	تَفْعلْ	تَفْعلَا	تَفْعلُوا
2女	تَفْعلِي		تَفْعلْنَ	تَفْعلِي		تَفْعلْنَ
1	أَفْعلَ	نَفْعلَ		أَفْعلْ	نَفْعلْ	
	命令形			能動分詞	受動分詞	動名詞
男	افْعلْ	افْعلَا	افْعلُوا			
女	افْعلِي		افْعلْنَ	فَاعِلٌ	مَفْعُولٌ	

<table>
<tr><td colspan="6">受動態</td></tr>
<tr><td colspan="3">完了形</td><td colspan="3">未完了形直説法</td></tr>
<tr><td>単</td><td>双</td><td>複</td><td>単</td><td>双</td><td>複</td></tr>
<tr><td>فُعِلَ</td><td>فُعِلَا</td><td>فُعِلُوا</td><td>يُفْعَلُ</td><td>يُفْعَلَانِ</td><td>يُفْعَلُونَ</td></tr>
<tr><td>فُعِلَتْ</td><td>فُعِلَتَا</td><td>فُعِلْنَ</td><td>تُفْعَلُ</td><td>تُفْعَلَانِ</td><td>يُفْعَلْنَ</td></tr>
<tr><td>فُعِلْتَ</td><td rowspan="2">فُعِلْتُمَا</td><td>فُعِلْتُمْ</td><td>تُفْعَلُ</td><td rowspan="2">تُفْعَلَانِ</td><td>تُفْعَلُونَ</td></tr>
<tr><td>فُعِلْتِ</td><td>فُعِلْتُنَّ</td><td>تُفْعَلِينَ</td><td>تُفْعَلْنَ</td></tr>
<tr><td>فُعِلْتُ</td><td colspan="2">فُعِلْنَا</td><td>أُفْعَلُ</td><td colspan="2">نُفْعَلُ</td></tr>
<tr><td colspan="3">接続法</td><td colspan="3">要求法</td></tr>
<tr><td>يُفْعَلَ</td><td>يُفْعَلَا</td><td>يُفْعَلُوا</td><td>يُفْعَلْ</td><td>يُفْعَلَا</td><td>يُفْعَلُوا</td></tr>
<tr><td>تُفْعَلَ</td><td>تُفْعَلَا</td><td>يُفْعَلْنَ</td><td>تُفْعَلْ</td><td>تُفْعَلَا</td><td>يُفْعَلْنَ</td></tr>
<tr><td>تُفْعَلَ</td><td rowspan="2">تُفْعَلَا</td><td>تُفْعَلُوا</td><td>تُفْعَلْ</td><td rowspan="2">تُفْعَلَا</td><td>تُفْعَلُوا</td></tr>
<tr><td>تُفْعَلِي</td><td>تُفْعَلْنَ</td><td>تُفْعَلِي</td><td>تُفْعَلْنَ</td></tr>
<tr><td>أُفْعَلَ</td><td colspan="2">نُفْعَلَ</td><td>أُفْعَلْ</td><td colspan="2">نُفْعَلْ</td></tr>
</table>

強動詞（派生形第II型）：فَعَّلَ [動：II‑1]

	能動態					
	完了形			未完了形直説法		
	単	双	複	単	双	複
3男	فَعَّلَ	فَعَّلَا	فَعَّلُوا	يُفَعِّلُ	يُفَعِّلَانِ	يُفَعِّلُونَ
3女	فَعَّلَتْ	فَعَّلَتَا	فَعَّلْنَ	تُفَعِّلُ	تُفَعِّلَانِ	يُفَعِّلْنَ
2男	فَعَّلْتَ	فَعَّلْتُمَا	فَعَّلْتُمْ	تُفَعِّلُ	تُفَعِّلَانِ	تُفَعِّلُونَ
2女	فَعَّلْتِ		فَعَّلْتُنَّ	تُفَعِّلِينَ		تُفَعِّلْنَ
1	فَعَّلْتُ	فَعَّلْنَا		أُفَعِّلُ	نُفَعِّلُ	

	接続法			要求法		
3男	يُفَعِّلَ	يُفَعِّلَا	يُفَعِّلُوا	يُفَعِّلْ	يُفَعِّلَا	يُفَعِّلُوا
3女	تُفَعِّلَ	تُفَعِّلَا	يُفَعِّلْنَ	تُفَعِّلْ	تُفَعِّلَا	يُفَعِّلْنَ
2男	تُفَعِّلَ	تُفَعِّلَا	تُفَعِّلُوا	تُفَعِّلْ	تُفَعِّلَا	تُفَعِّلُوا
2女	تُفَعِّلِي		تُفَعِّلْنَ	تُفَعِّلِي		تُفَعِّلْنَ
1	أُفَعِّلَ	نُفَعِّلَ		أُفَعِّلْ	نُفَعِّلْ	

	命令形			能動分詞	受動分詞	動名詞
男	فَعِّلْ	فَعِّلَا	فَعِّلُوا			
女	فَعِّلِي		فَعِّلْنَ	مُفَعِّلٌ	مُفَعَّلٌ	تَفْعِيلٌ

<table>
<tr><th colspan="6">受動態</th></tr>
<tr><th colspan="3">完了形</th><th colspan="3">未完了形直説法</th></tr>
<tr><th>単</th><th>双</th><th>複</th><th>単</th><th>双</th><th>複</th></tr>
<tr><td>فُعِّلَ</td><td>فُعِّلَا</td><td>فُعِّلُوا</td><td>يُفَعَّلُ</td><td>يُفَعَّلَانِ</td><td>يُفَعَّلُونَ</td></tr>
<tr><td>فُعِّلَتْ</td><td>فُعِّلَتَا</td><td>فُعِّلْنَ</td><td>تُفَعَّلُ</td><td>تُفَعَّلَانِ</td><td>يُفَعَّلْنَ</td></tr>
<tr><td>فُعِّلْتَ</td><td rowspan="2">فُعِّلْتُمَا</td><td>فُعِّلْتُمْ</td><td>تُفَعَّلُ</td><td rowspan="2">تُفَعَّلَانِ</td><td>تُفَعَّلُونَ</td></tr>
<tr><td>فُعِّلْتِ</td><td>فُعِّلْتُنَّ</td><td>تُفَعَّلِينَ</td><td>تُفَعَّلْنَ</td></tr>
<tr><td>فُعِّلْتُ</td><td colspan="2">فُعِّلْنَا</td><td>أُفَعَّلُ</td><td colspan="2">نُفَعَّلُ</td></tr>
<tr><th colspan="3">接続法</th><th colspan="3">要求法</th></tr>
<tr><td>يُفَعَّلَ</td><td>يُفَعَّلَا</td><td>يُفَعَّلُوا</td><td>يُفَعَّلْ</td><td>يُفَعَّلَا</td><td>يُفَعَّلُوا</td></tr>
<tr><td>تُفَعَّلَ</td><td>تُفَعَّلَا</td><td>يُفَعَّلْنَ</td><td>تُفَعَّلْ</td><td>تُفَعَّلَا</td><td>يُفَعَّلْنَ</td></tr>
<tr><td>تُفَعَّلَ</td><td rowspan="2">تُفَعَّلَا</td><td>تُفَعَّلُوا</td><td>تُفَعَّلْ</td><td rowspan="2">تُفَعَّلَا</td><td>تُفَعَّلُوا</td></tr>
<tr><td>تُفَعَّلِي</td><td>تُفَعَّلْنَ</td><td>تُفَعَّلِي</td><td>تُفَعَّلْنَ</td></tr>
<tr><td>أُفَعَّلَ</td><td colspan="2">نُفَعَّلَ</td><td>أُفَعَّلْ</td><td colspan="2">نُفَعَّلْ</td></tr>
</table>

強動詞（派生形第III型）：فَاعَلَ ［動：III-1］

	能動態					
	完了形			未完了形直説法		
	単	双	複	単	双	複
3男	فَاعَلَ	فَاعَلَا	فَاعَلُوا	يُفَاعِلُ	يُفَاعِلَانِ	يُفَاعِلُونَ
3女	فَاعَلَتْ	فَاعَلَتَا	فَاعَلْنَ	تُفَاعِلُ	تُفَاعِلَانِ	يُفَاعِلْنَ
2男	فَاعَلْتَ	فَاعَلْتُمَا	فَاعَلْتُمْ	تُفَاعِلُ	تُفَاعِلَانِ	تُفَاعِلُونَ
2女	فَاعَلْتِ		فَاعَلْتُنَّ	تُفَاعِلِينَ		تُفَاعِلْنَ
1	فَاعَلْتُ	فَاعَلْنَا		أُفَاعِلُ	نُفَاعِلُ	

	接続法			要求法		
3男	يُفَاعِلَ	يُفَاعِلَا	يُفَاعِلُوا	يُفَاعِلْ	يُفَاعِلَا	يُفَاعِلُوا
3女	تُفَاعِلَ	تُفَاعِلَا	يُفَاعِلْنَ	تُفَاعِلْ	تُفَاعِلَا	يُفَاعِلْنَ
2男	تُفَاعِلَ	تُفَاعِلَا	تُفَاعِلُوا	تُفَاعِلْ	تُفَاعِلَا	تُفَاعِلُوا
2女	تُفَاعِلِي		تُفَاعِلْنَ	تُفَاعِلِي		تُفَاعِلْنَ
1	أُفَاعِلَ	نُفَاعِلَ		أُفَاعِلْ	نُفَاعِلْ	

	命令形			能動分詞	受動分詞	動名詞
男	فَاعِلْ	فَاعِلَا	فَاعِلُوا			
女	فَاعِلِي		فَاعِلْنَ	مُفَاعِلٌ	مُفَاعَلٌ	مُفَاعَلَةٌ فِعَالٌ

受動態					
完了形			未完了形直説法		
単	双	複	単	双	複
فُوعِلَ	فُوعِلَا	فُوعِلُوا	يُفَاعَلُ	يُفَاعَلَانِ	يُفَاعَلُونَ
فُوعِلَتْ	فُوعِلَتَا	فُوعِلْنَ	تُفَاعَلُ	تُفَاعَلَانِ	يُفَاعَلْنَ
فُوعِلْتَ	فُوعِلْتُمَا	فُوعِلْتُمْ	تُفَاعَلُ	تُفَاعَلَانِ	تُفَاعَلُونَ
فُوعِلْتِ		فُوعِلْتُنَّ	تُفَاعَلِينَ		تُفَاعَلْنَ
فُوعِلْتُ	فُوعِلْنَا		أُفَاعَلُ	نُفَاعَلُ	
接続法			要求法		
يُفَاعَلَ	يُفَاعَلَا	يُفَاعَلُوا	يُفَاعَلْ	يُفَاعَلَا	يُفَاعَلُوا
تُفَاعَلَ	تُفَاعَلَا	يُفَاعَلْنَ	تُفَاعَلْ	تُفَاعَلَا	يُفَاعَلْنَ
تُفَاعَلَ	تُفَاعَلَا	تُفَاعَلُوا	تُفَاعَلْ	تُفَاعَلَا	تُفَاعَلُوا
تُفَاعَلِي		تُفَاعَلْنَ	تُفَاعَلِي		تُفَاعَلْنَ
أُفَاعَلَ	نُفَاعَلَ		أُفَاعَلْ	نُفَاعَلْ	

強動詞（派生形第IV型）：أَفْعَلَ [動：IV-1]

	能動態					
	完了形			未完了形直説法		
	単	双	複	単	双	複
3男	أَفْعَلَ	أَفْعَلَا	أَفْعَلُوا	يُفْعِلُ	يُفْعِلَانِ	يُفْعِلُونَ
3女	أَفْعَلَتْ	أَفْعَلَتَا	أَفْعَلْنَ	تُفْعِلُ	تُفْعِلَانِ	يُفْعِلْنَ
2男	أَفْعَلْتَ	أَفْعَلْتُمَا	أَفْعَلْتُمْ	تُفْعِلُ	تُفْعِلَانِ	تُفْعِلُونَ
2女	أَفْعَلْتِ		أَفْعَلْتُنَّ	تُفْعِلِينَ		تُفْعِلْنَ
1	أَفْعَلْتُ	أَفْعَلْنَا		أُفْعِلُ	نُفْعِلُ	
	接続法			要求法		
3男	يُفْعِلَ	يُفْعِلَا	يُفْعِلُوا	يُفْعِلْ	يُفْعِلَا	يُفْعِلُوا
3女	تُفْعِلَ	تُفْعِلَا	يُفْعِلْنَ	تُفْعِلْ	تُفْعِلَا	يُفْعِلْنَ
2男	تُفْعِلَ	تُفْعِلَا	تُفْعِلُوا	تُفْعِلْ	تُفْعِلَا	تُفْعِلُوا
2女	تُفْعِلِي		تُفْعِلْنَ	تُفْعِلِي		تُفْعِلْنَ
1	أُفْعِلَ	نُفْعِلَ		أُفْعِلْ	نُفْعِلْ	
	命令形			能動分詞	受動分詞	動名詞
男	أَفْعِلْ	أَفْعِلَا	أَفْعِلُوا			
女	أَفْعِلِي		أَفْعِلْنَ	مُفْعِلٌ	مُفْعَلٌ	إِفْعَالٌ

42

受動態					
完了形			未完了形直説法		
単	双	複	単	双	複
أُفْعِلَ	أُفْعِلَا	أُفْعِلُوا	يُفْعَلُ	يُفْعَلَانِ	يُفْعَلُونَ
أُفْعِلَتْ	أُفْعِلَتَا	أُفْعِلْنَ	تُفْعَلُ	تُفْعَلَانِ	يُفْعَلْنَ
أُفْعِلْتَ	أُفْعِلْتُمَا	أُفْعِلْتُمْ	تُفْعَلُ	تُفْعَلَانِ	تُفْعَلُونَ
أُفْعِلْتِ		أُفْعِلْتُنَّ	تُفْعَلِين		تُفْعَلْنَ
أُفْعِلْتُ	أُفْعِلْنَا		أُفْعَلُ	نُفْعَلُ	
接続法			要求法		
يُفْعَلَ	يُفْعَلَا	يُفْعَلُوا	يُفْعَلْ	يُفْعَلَا	يُفْعَلُوا
تُفْعَلَ	تُفْعَلَا	يُفْعَلْنَ	تُفْعَلْ	تُفْعَلَا	يُفْعَلْنَ
تُفْعَلَ	تُفْعَلَا	تُفْعَلُوا	تُفْعَلْ	تُفْعَلَا	تُفْعَلُوا
تُفْعَلِي		تُفْعَلْنَ	تُفْعَلِي		تُفْعَلْنَ
أُفْعَلَ	نُفْعَلَ		أُفْعَلْ	نُفْعَلْ	

強動詞（派生形第V型）：تَفَعَّلَ [動：V-1]

	能動態					
	完了形			未完了形直説法		
	単	双	複	単	双	複
3男	تَفَعَّلَ	تَفَعَّلَا	تَفَعَّلُوا	يَتَفَعَّلُ	يَتَفَعَّلَانِ	يَتَفَعَّلُونَ
3女	تَفَعَّلَتْ	تَفَعَّلَتَا	تَفَعَّلْنَ	تَتَفَعَّلُ	تَتَفَعَّلَانِ	يَتَفَعَّلْنَ
2男	تَفَعَّلْتَ	تَفَعَّلْتُمَا	تَفَعَّلْتُمْ	تَتَفَعَّلُ	تَتَفَعَّلَانِ	تَتَفَعَّلُونَ
2女	تَفَعَّلْتِ		تَفَعَّلْتُنَّ	تَتَفَعَّلِينَ		تَتَفَعَّلْنَ
1	تَفَعَّلْتُ	تَفَعَّلْنَا		أَتَفَعَّلُ	نَتَفَعَّلُ	

	接続法			要求法		
3男	يَتَفَعَّلَ	يَتَفَعَّلَا	يَتَفَعَّلُوا	يَتَفَعَّلْ	يَتَفَعَّلَا	يَتَفَعَّلُوا
3女	تَتَفَعَّلَ	تَتَفَعَّلَا	يَتَفَعَّلْنَ	تَتَفَعَّلْ	تَتَفَعَّلَا	يَتَفَعَّلْنَ
2男	تَتَفَعَّلَ	تَتَفَعَّلَا	تَتَفَعَّلُوا	تَتَفَعَّلْ	تَتَفَعَّلَا	تَتَفَعَّلُوا
2女	تَتَفَعَّلِي		تَتَفَعَّلْنَ	تَتَفَعَّلِي		تَتَفَعَّلْنَ
1	أَتَفَعَّلَ	نَتَفَعَّلَ		أَتَفَعَّلْ	نَتَفَعَّلْ	

	命令形			能動分詞	受動分詞	動名詞
男	تَفَعَّلْ	تَفَعَّلَا	تَفَعَّلُوا			
女	تَفَعَّلِي		تَفَعَّلْنَ	مُتَفَعِّلٌ	مُتَفَعَّلٌ	تَفَعُّلٌ

受動態					
完了形			未完了形直説法		
単	双	複	単	双	複
تُفُعِّلَ	تُفُعِّلَا	تُفُعِّلُوا	يُتَفَعَّلُ	يُتَفَعَّلَانِ	يُتَفَعَّلُونَ
تُفُعِّلَتْ	تُفُعِّلَتَا	تُفُعِّلْنَ	تُتَفَعَّلُ	تُتَفَعَّلَانِ	يُتَفَعَّلْنَ
تُفُعِّلْتَ	تُفُعِّلْتُمَا	تُفُعِّلْتُمْ	تُتَفَعَّلُ	تُتَفَعَّلَانِ	تُتَفَعَّلُونَ
تُفُعِّلْتِ		تُفُعِّلْتُنَّ	تُتَفَعَّلِينَ		تُتَفَعَّلْنَ
تُفُعِّلْتُ	تُفُعِّلْنَا		أُتَفَعَّلُ	نُتَفَعَّلُ	

接続法			要求法		
يُتَفَعَّلَ	يُتَفَعَّلَا	يُتَفَعَّلُوا	يُتَفَعَّلْ	يُتَفَعَّلَا	يُتَفَعَّلُوا
تُتَفَعَّلَ	تُتَفَعَّلَا	يُتَفَعَّلْنَ	تُتَفَعَّلْ	تُتَفَعَّلَا	يُتَفَعَّلْنَ
تُتَفَعَّلَ	تُتَفَعَّلَا	تُتَفَعَّلُوا	تُتَفَعَّلْ	تُتَفَعَّلَا	تُتَفَعَّلُوا
تُتَفَعَّلِي		تُتَفَعَّلْنَ	تُتَفَعَّلِي		تُتَفَعَّلْنَ
أُتَفَعَّلَ	نُتَفَعَّلَ		أُتَفَعَّلْ	نُتَفَعَّلْ	

強動詞（派生形第Ⅵ型）： تَفَاعَلَ [動：Ⅵ-1]

	能動態					
	完了形			未完了形直説法		
	単	双	複	単	双	複
3男	تَفَاعَلَ	تَفَاعَلَا	تَفَاعَلُوا	يَتَفَاعَلُ	يَتَفَاعَلَانِ	يَتَفَاعَلُونَ
3女	تَفَاعَلَتْ	تَفَاعَلَتَا	تَفَاعَلْنَ	تَتَفَاعَلُ	تَتَفَاعَلَانِ	يَتَفَاعَلْنَ
2男	تَفَاعَلْتَ	تَفَاعَلْتُمَا	تَفَاعَلْتُمْ	تَتَفَاعَلُ	تَتَفَاعَلَانِ	تَتَفَاعَلُونَ
2女	تَفَاعَلْتِ		تَفَاعَلْتُنَّ	تَتَفَاعَلِينَ		تَتَفَاعَلْنَ
1	تَفَاعَلْتُ	تَفَاعَلْنَا		أَتَفَاعَلُ	نَتَفَاعَلُ	

	接続法			要求法		
3男	يَتَفَاعَلَ	يَتَفَاعَلَا	يَتَفَاعَلُوا	يَتَفَاعَلْ	يَتَفَاعَلَا	يَتَفَاعَلُوا
3女	تَتَفَاعَلَ	تَتَفَاعَلَا	يَتَفَاعَلْنَ	تَتَفَاعَلْ	تَتَفَاعَلَا	يَتَفَاعَلْنَ
2男	تَتَفَاعَلَ	تَتَفَاعَلَا	تَتَفَاعَلُوا	تَتَفَاعَلْ	تَتَفَاعَلَا	تَتَفَاعَلُوا
2女	تَتَفَاعَلِي		تَتَفَاعَلْنَ	تَتَفَاعَلِي		تَتَفَاعَلْنَ
1	أَتَفَاعَلَ	نَتَفَاعَلَ		أَتَفَاعَلْ	نَتَفَاعَلْ	

	命令形			能動分詞	受動分詞	動名詞
男	تَفَاعَلْ	تَفَاعَلَا	تَفَاعَلُوا			
女	تَفَاعَلِي		تَفَاعَلْنَ	مُتَفَاعِلٌ	مُتَفَاعَلٌ	تَفَاعُلٌ

46

受動態					
完了形			未完了形直説法		
単	双	複	単	双	複
تُفُوعِلَ	تُفُوعِلَا	تُفُوعِلُوا	يُتَفَاعَلُ	يُتَفَاعَلَانِ	يُتَفَاعَلُونَ
تُفُوعِلَتْ	تُفُوعِلَتَا	تُفُوعِلْنَ	تُتَفَاعَلُ	تُتَفَاعَلَانِ	يُتَفَاعَلْنَ
تُفُوعِلْتَ	تُفُوعِلْتُمَا	تُفُوعِلْتُمْ	تُتَفَاعَلُ	تُتَفَاعَلَانِ	تُتَفَاعَلُونَ
تُفُوعِلْتِ		تُفُوعِلْتُنَّ	تُتَفَاعَلِينَ		تُتَفَاعَلْنَ
تُفُوعِلْتُ	تُفُوعِلْنَا		أُتَفَاعَلُ	نُتَفَاعَلُ	
接続法			要求法		
يُتَفَاعَلَ	يُتَفَاعَلَا	يُتَفَاعَلُوا	يُتَفَاعَلْ	يُتَفَاعَلَا	يُتَفَاعَلُوا
تُتَفَاعَلَ	تُتَفَاعَلَا	يُتَفَاعَلْنَ	تُتَفَاعَلْ	تُتَفَاعَلَا	يُتَفَاعَلْنَ
تُتَفَاعَلَ	تُتَفَاعَلَا	تُتَفَاعَلُوا	تُتَفَاعَلْ	تُتَفَاعَلَا	تُتَفَاعَلُوا
تُتَفَاعَلِي		تُتَفَاعَلْنَ	تُتَفَاعَلِي		تُتَفَاعَلْنَ
أُتَفَاعَلَ	نُتَفَاعَلَ		أُتَفَاعَلْ	نُتَفَاعَلْ	

強動詞（派生形第VII型）： اِنْفَعَلَ [動：VII-1]

	能動態					
	完了形			未完了形直説法		
	単	双	複	単	双	複
3男	اِنْفَعَلَ	اِنْفَعَلَا	اِنْفَعَلُوا	يَنْفَعِلُ	يَنْفَعِلَانِ	يَنْفَعِلُونَ
3女	اِنْفَعَلَتْ	اِنْفَعَلَتَا	اِنْفَعَلْنَ	تَنْفَعِلُ	تَنْفَعِلَانِ	يَنْفَعِلْنَ
2男	اِنْفَعَلْتَ	اِنْفَعَلْتُمَا	اِنْفَعَلْتُمْ	تَنْفَعِلُ	تَنْفَعِلَانِ	تَنْفَعِلُونَ
2女	اِنْفَعَلْتِ		اِنْفَعَلْتُنَّ	تَنْفَعِلِينَ		تَنْفَعِلْنَ
1	اِنْفَعَلْتُ	اِنْفَعَلْنَا		أَنْفَعِلُ	نَنْفَعِلُ	

	接続法			要求法		
3男	يَنْفَعِلَ	يَنْفَعِلَا	يَنْفَعِلُوا	يَنْفَعِلْ	يَنْفَعِلَا	يَنْفَعِلُوا
3女	تَنْفَعِلَ	تَنْفَعِلَا	يَنْفَعِلْنَ	تَنْفَعِلْ	تَنْفَعِلَا	يَنْفَعِلْنَ
2男	تَنْفَعِلَ	تَنْفَعِلَا	تَنْفَعِلُوا	تَنْفَعِلْ	تَنْفَعِلَا	تَنْفَعِلُوا
2女	تَنْفَعِلِي		تَنْفَعِلْنَ	تَنْفَعِلِي		تَنْفَعِلْنَ
1	أَنْفَعِلَ	نَنْفَعِلَ		أَنْفَعِلْ	نَنْفَعِلْ	

	命令形			能動分詞	受動分詞	動名詞
男	اِنْفَعِلْ	اِنْفَعِلَا	اِنْفَعِلُوا	مُنْفَعِلٌ	مُنْفَعَلٌ	اِنْفِعَالٌ
女	اِنْفَعِلِي		اِنْفَعِلْنَ			

<table>
<tr><th colspan="6">受動態</th></tr>
<tr><th colspan="3">完了形</th><th colspan="3">未完了形直説法</th></tr>
<tr><th>単</th><th>双</th><th>複</th><th>単</th><th>双</th><th>複</th></tr>
<tr><td>اُنْفُعِلَ</td><td>اُنْفُعِلَا</td><td>اُنْفُعِلُوا</td><td>يُنْفَعَلُ</td><td>يُنْفَعَلَانِ</td><td>يُنْفَعَلُونَ</td></tr>
<tr><td>اُنْفُعِلَتْ</td><td>اُنْفُعِلَتَا</td><td>اُنْفُعِلْنَ</td><td>تُنْفَعَلُ</td><td>تُنْفَعَلَانِ</td><td>يُنْفَعَلْنَ</td></tr>
<tr><td>اُنْفُعِلْتَ</td><td rowspan="2">اُنْفُعِلْتُمَا</td><td>اُنْفُعِلْتُمْ</td><td>تُنْفَعَلُ</td><td rowspan="2">تُنْفَعَلَانِ</td><td>تُنْفَعَلُونَ</td></tr>
<tr><td>اُنْفُعِلْتَ</td><td>اُنْفُعِلْتُنَّ</td><td>تُنْفَعَلِينَ</td><td>تُنْفَعَلْنَ</td></tr>
<tr><td>اُنْفُعِلْتِ</td><td colspan="2">اُنْفُعِلْنَا</td><td>أُنْفَعَلُ</td><td colspan="2">نُنْفَعَلُ</td></tr>
<tr><th colspan="3">接続法</th><th colspan="3">要求法</th></tr>
<tr><td>يُنْفَعَلَ</td><td>يُنْفَعَلَا</td><td>يُنْفَعَلُوا</td><td>يُنْفَعَلْ</td><td>يُنْفَعَلَا</td><td>يُنْفَعَلُوا</td></tr>
<tr><td>تُنْفَعَلَ</td><td>تُنْفَعَلَا</td><td>يُنْفَعَلْنَ</td><td>تُنْفَعَلْ</td><td>تُنْفَعَلَا</td><td>يُنْفَعَلْنَ</td></tr>
<tr><td>تُنْفَعَلَ</td><td rowspan="2">تُنْفَعَلَا</td><td>تُنْفَعَلُوا</td><td>تُنْفَعَلْ</td><td rowspan="2">تُنْفَعَلَا</td><td>تُنْفَعَلُوا</td></tr>
<tr><td>تُنْفَعَلِي</td><td>تُنْفَعَلْنَ</td><td>تُنْفَعَلِي</td><td>تُنْفَعَلْنَ</td></tr>
<tr><td>أُنْفَعَلَ</td><td colspan="2">نُنْفَعَلَ</td><td>أُنْفَعَلْ</td><td colspan="2">نُنْفَعَلْ</td></tr>
</table>

強動詞（派生形第VIII型）：اِفْتَعَلَ [動：VIII-1]

	能動態					
	完了形			未完了形直説法		
	単	双	複	単	双	複
3男	اِفْتَعَلَ	اِفْتَعَلَا	اِفْتَعَلُوا	يَفْتَعِلُ	يَفْتَعِلَانِ	يَفْتَعِلُونَ
3女	اِفْتَعَلَتْ	اِفْتَعَلَتَا	اِفْتَعَلْنَ	تَفْتَعِلُ	تَفْتَعِلَانِ	يَفْتَعِلْنَ
2男	اِفْتَعَلْتَ	اِفْتَعَلْتُمَا	اِفْتَعَلْتُمْ	تَفْتَعِلُ	تَفْتَعِلَانِ	تَفْتَعِلُونَ
2女	اِفْتَعَلْتِ		اِفْتَعَلْتُنَّ	تَفْتَعِلِينَ		تَفْتَعِلْنَ
1	اِفْتَعَلْتُ	اِفْتَعَلْنَا		أَفْتَعِلُ	نَفْتَعِلُ	
	接続法			要求法		
3男	يَفْتَعِلَ	يَفْتَعِلَا	يَفْتَعِلُوا	يَفْتَعِلْ	يَفْتَعِلَا	يَفْتَعِلُوا
3女	تَفْتَعِلَ	تَفْتَعِلَا	يَفْتَعِلْنَ	تَفْتَعِلْ	تَفْتَعِلَا	يَفْتَعِلْنَ
2男	تَفْتَعِلَ	تَفْتَعِلَا	تَفْتَعِلُوا	تَفْتَعِلْ	تَفْتَعِلَا	تَفْتَعِلُوا
2女	تَفْتَعِلِي		تَفْتَعِلْنَ	تَفْتَعِلِي		تَفْتَعِلْنَ
1	أَفْتَعِلَ	نَفْتَعِلَ		أَفْتَعِلْ	نَفْتَعِلْ	
	命令形			能動分詞	受動分詞	動名詞
男	اِفْتَعِلْ	اِفْتَعِلَا	اِفْتَعِلُوا			
女	اِفْتَعِلِي		اِفْتَعِلْنَ	مُفْتَعِلٌ	مُفْتَعَلٌ	اِفْتِعَالٌ

受動態					
完了形			未完了形直説法		
単	双	複	単	双	複
اُنْفُعِلَ	اُنْفُعِلَا	اُنْفُعِلُوا	يُنْفَعَلُ	يُنْفَعَلَانِ	يُنْفَعَلُونَ
اُنْفُعِلَتْ	اُنْفُعِلَتَا	اُنْفُعِلْنَ	تُنْفَعَلُ	تُنْفَعَلَانِ	يُنْفَعَلْنَ
اُنْفُعِلْتَ	اُنْفُعِلْتُمَا	اُنْفُعِلْتُمْ	تُنْفَعَلُ	تُنْفَعَلَانِ	تُنْفَعَلُونَ
اُنْفُعِلْتِ		اُنْفُعِلْتُنَّ	تُنْفَعَلِينَ		تُنْفَعَلْنَ
اُنْفُعِلْتُ	اُنْفُعِلْنَا		أُنْفَعَلُ	نُنْفَعَلُ	
接続法			要求法		
يُنْفَعَلَ	يُنْفَعَلَا	يُنْفَعَلُوا	يُنْفَعَلْ	يُنْفَعَلَا	يُنْفَعَلُوا
تُنْفَعَلَ	تُنْفَعَلَا	يُنْفَعَلْنَ	تُنْفَعَلْ	تُنْفَعَلَا	يُنْفَعَلْنَ
تُنْفَعَلَ	تُنْفَعَلَا	تُنْفَعَلُوا	تُنْفَعَلْ	تُنْفَعَلَا	تُنْفَعَلُوا
تُنْفَعَلِي		تُنْفَعَلْنَ	تُنْفَعَلِي		تُنْفَعَلْنَ
أُنْفَعَلَ	نُنْفَعَلَ		أُنْفَعَلْ	نُنْفَعَلْ	

強動詞（派生形第IX型）：اِفْعَلَّ [動：IX-1]（活用パターンは重子音動詞と同様）

	能動態					
	完了形			未完了形直説法		
	単	双	複	単	双	複
3男	اِفْعَلَّ	اِفْعَلَّا	اِفْعَلُّوا	يَفْعَلُّ	يَفْعَلَّانِ	يَفْعَلُّونَ
3女	اِفْتَلَّتْ	اِفْعَلَّتَا	اِفْعَلَلْنَ	تَفْعَلُّ	تَفْعَلَّانِ	يَفْعَلِلْنَ
2男	اِفْعَلَلْتَ	اِفْعَلَلْتُمَا	اِفْعَلَلْتُمْ	تَفْعَلُّ	تَفْعَلَّانِ	تَفْعَلُّونَ
2女	اِفْعَلَلْتِ		اِفْعَلَلْتُنَّ	تَفْعَلِّينَ		تَفْعَلِلْنَ
1	اِفْعَلَلْتَ	اِفْعَلَلْنَا		أَفْعَلُّ	نَفْعَلُّ	
	接続法			要求法		
3男	يَفْعَلَّ	يَفْعَلَّا	يَفْعَلُّوا	يَفْعَلَّ ~ يَفْعَلِلْ	يَفْعَلَّا	يَفْعَلُّوا
3女	تَفْعَلَّ	تَفْعَلَّا	يَفْعَلِلْنَ	تَفْعَلَّ ~ تَفْعَلِلْ	تَفْعَلَّا	يَفْعَلِلْنَ
2男	تَفْعَلَّ	تَفْعَلَّا	تَفْعَلُّوا	تَفْعَلَّ ~ تَفْعَلِلْ	تَفْعَلَّا	تَفْعَلُّوا
2女	تَفْعَلِّي		تَفْعَلِلْنَ	تَفْعَلِّي		تَفْعَلِلْنَ
1	أَفْعَلَّ	نَفْعَلَّ		أَفْعَلَّ ~ أَفْعَلِلْ	نَفْعَلَّ ~ نَفْعَلِلْ	
	命令形			能動分詞	受動分詞	動名詞
男	اِفْعَلَّ ~ اِفْعَلِلْ	اِفْعَلَّا	اِفْعَلُّوا			
女	اِفْعَلِّي		اِفْعَلِلْنَ	مُفْعَلٌّ	なし	اِفْعِلَالٌ

強動詞（派生形第X型）： اِسْتَفْعَلَ [動：X-1]

	能動態					
	完了形			未完了形直説法		
	単	双	複	単	双	複
3男	اِسْتَفْعَلَ	اِسْتَفْعَلَا	اِسْتَفْعَلُوا	يَسْتَفْعِلُ	يَسْتَفْعِلَانِ	يَسْتَفْعِلُونَ
3女	اِسْتَفْعَلَتْ	اِسْتَفْعَلَتَا	اِسْتَفْعَلْنَ	تَسْتَفْعِلُ	تَسْتَفْعِلَانِ	يَسْتَفْعِلْنَ
2男	اِسْتَفْعَلْتَ	اِسْتَفْعَلْتُمَا	اِسْتَفْعَلْتُمْ	تَسْتَفْعِلُ	تَسْتَفْعِلَانِ	تَسْتَفْعِلُونَ
2女	اِسْتَفْعَلْتِ		اِسْتَفْعَلْتُنَّ	تَسْتَفْعِلِينَ		تَسْتَفْعِلْنَ
1	اِسْتَفْعَلْتُ	اِسْتَفْعَلْنَا		أَسْتَفْعِلُ	نَسْتَفْعِلُ	
	接続法			要求法		
3男	يَسْتَفْعِلَ	يَسْتَفْعِلَا	يَسْتَفْعِلُوا	يَسْتَفْعِلْ	يَسْتَفْعِلَا	يَسْتَفْعِلُوا
3女	تَسْتَفْعِلَ	تَسْتَفْعِلَا	يَسْتَفْعِلْنَ	تَسْتَفْعِلْ	تَسْتَفْعِلَا	يَسْتَفْعِلْنَ
2男	تَسْتَفْعِلَ	تَسْتَفْعِلَا	تَسْتَفْعِلُوا	تَسْتَفْعِلْ	تَسْتَفْعِلَا	تَسْتَفْعِلُوا
2女	تَسْتَفْعِلِي		تَسْتَفْعِلْنَ	تَسْتَفْعِلِي		تَسْتَفْعِلْنَ
1	أَسْتَفْعِلَ	نَسْتَفْعِلَ		أَسْتَفْعِلْ	نَسْتَفْعِلْ	
	命令形			能動分詞	受動分詞	動名詞
男	اِسْتَفْعِلْ	اِسْتَفْعِلَا	اِسْتَفْعِلُوا			
女	اِسْتَفْعِلِي		اِسْتَفْعِلْنَ	مُسْتَفْعِلٌ	مُسْتَفْعَلٌ	اِسْتِفْعَالٌ

受動態					
完了形			未完了形直説法		
単	双	複	単	双	複
اُسْتُفْعِلَ	اُسْتُفْعِلَا	اُسْتُفْعِلُوا	يُسْتَفْعَلُ	يُسْتَفْعَلَانِ	يُسْتَفْعَلُونَ
اُسْتُفْعِلَتْ	اُسْتُفْعِلَتَا	اُسْتُفْعِلْنَ	تُسْتَفْعَلُ	تُسْتَفْعَلَانِ	يُسْتَفْعَلْنَ
اُسْتُفْعِلْتَ	اُسْتُفْعِلْتُمَا	اُسْتُفْعِلْتُمْ	تُسْتَفْعَلُ	تُسْتَفْعَلَانِ	تُسْتَفْعَلُونَ
اُسْتُفْعِلْتِ		اُسْتُفْعِلْتُنَّ	تُسْتَفْعَلِينَ		تُسْتَفْعَلْنَ
اُسْتُفْعِلْتُ	اُسْتُفْعِلْنَا		أُسْتَفْعَلُ	نُسْتَفْعَلُ	
接続法			要求法		
يُسْتَفْعَلَ	يُسْتَفْعَلَا	يُسْتَفْعَلُوا	يُسْتَفْعَلْ	يُسْتَفْعَلَا	يُسْتَفْعَلُوا
تُسْتَفْعَلَ	تُسْتَفْعَلَا	يُسْتَفْعَلْنَ	تُسْتَفْعَلْ	تُسْتَفْعَلَا	يُسْتَفْعَلْنَ
تُسْتَفْعَلَ	تُسْتَفْعَلَا	تُسْتَفْعَلُوا	تُسْتَفْعَلْ	تُسْتَفْعَلَا	تُسْتَفْعَلُوا
تُسْتَفْعَلِي		تُسْتَفْعَلْنَ	تُسْتَفْعَلِي		تُسْتَفْعَلْنَ
أُسْتَفْعَلَ	نُسْتَفْعَلَ		أُسْتَفْعَلْ	نُسْتَفْعَلْ	

強動詞（4語根動詞基本形）：فَعْلَمَ [動：QI]

	能動態					
	完了形			未完了形直説法		
	単	双	複	単	双	複
3男	فَعْلَمَ	فَعْلَمَا	فَعْلَمُوا	يُفَعْلِمُ	يُفَعْلِمَانِ	يُفَعْلِمُونَ
3女	فَعْلَمَتْ	فَعْلَمَتَا	فَعْلَمْنَ	تُفَعْلِمُ	تُفَعْلِمَانِ	يُفَعْلِمْنَ
2男	فَعْلَمْتَ	فَعْلَمْتُمَا	فَعْلَمْتُمْ	تُفَعْلِمُ	تُفَعْلِمَانِ	تُفَعْلِمُونَ
2女	فَعْلَمْتِ		فَعْلَمْتُنَّ	تُفَعْلِمِينَ		تُفَعْلِمْنَ
1	فَعْلَمْتُ	فَعْلَمْنَا		أُفَعْلِمُ	نُفَعْلِمُ	
	接続法			要求法		
3男	يُفَعْلِمَ	يُفَعْلِمَا	يُفَعْلِمُوا	يُفَعْلِمْ	يُفَعْلِمَا	يُفَعْلِمُوا
3女	تُفَعْلِمَ	تُفَعْلِمَا	يُفَعْلِمْنَ	تُفَعْلِمْ	تُفَعْلِمَا	يُفَعْلِمْنَ
2男	تُفَعْلِمَ	تُفَعْلِمَا	تُفَعْلِمُوا	تُفَعْلِمْ	تُفَعْلِمَا	تُفَعْلِمُوا
2女	تُفَعْلِمِي		تُفَعْلِمْنَ	تُفَعْلِمِي		تُفَعْلِمْنَ
1	أُفَعْلِمَ	نُفَعْلِمَ		أُفَعْلِمْ	نُفَعْلِمْ	
	命令形			能動分詞	受動分詞	動名詞
男	فَعْلِمْ	فَعْلِمَا	فَعْلِمُوا			
女	فَعْلِمِي		فَعْلِمْنَ	مُفَعْلِمٌ	مُفَعْلَمٌ	فَعْلَمَةٌ

受動態					
完了形			未完了形直説法		
単	双	複	単	双	複
فُعْلِمَ	فُعْلِمَا	فُعْلِمُوا	يُفَعْلَمُ	يُفَعْلَمَانِ	يُفَعْلَمُونَ
فُعْلِمَتْ	فُعْلِمَتَا	فُعْلِمْنَ	تُفَعْلَمُ	تُفَعْلَمَانِ	يُفَعْلَمْنَ
فُعْلِمْتَ	فُعْلِمْتُمَا	فُعْلِمْتُمْ	تُفَعْلَمُ	تُفَعْلَمَانِ	تُفَعْلَمُونَ
فُعْلِمْتِ		فُعْلِمْتُنَّ	تُفَعْلَمِينَ		تُفَعْلَمْنَ
فُعْلِمْتُ	فُعْلِمْنَا		أُفَعْلَمُ	نُفَعْلَمُ	
接続法			要求法		
يُفَعْلَمَ	يُفَعْلَمَا	يُفَعْلَمُوا	يُفَعْلَمْ	يُفَعْلَمَا	يُفَعْلَمُوا
تُفَعْلَمَ	تُفَعْلَمَا	يُفَعْلَمْنَ	تُفَعْلَمْ	تُفَعْلَمَا	يُفَعْلَمْنَ
تُفَعْلَمَ	تُفَعْلَمَا	تُفَعْلَمُوا	تُفَعْلَمْ	تُفَعْلَمَا	تُفَعْلَمُوا
تُفَعْلَمِي		تُفَعْلَمْنَ	تُفَعْلَمِي		تُفَعْلَمْنَ
أُفَعْلَمَ	نُفَعْلَمَ		أُفَعْلَمْ	نُفَعْلَمْ	

強動詞（4語根動詞第II型）：تَفَعْلَمَ [動：QII]

	能動態					
	完了形			未完了形直説法		
	単	双	複	単	双	複
3男	تَفَعْلَمَ	تَفَعْلَمَا	تَفَعْلَمُوا	يَتَفَعْلَمُ	يَتَفَعْلَمَانِ	يَتَفَعْلَمُونَ
3女	تَفَعْلَمَتْ	تَفَعْلَمَتَا	تَفَعْلَمْنَ	تَتَفَعْلَمُ	تَتَفَعْلَمَانِ	يَتَفَعْلَمْنَ
2男	تَفَعْلَمْتَ	تَفَعْلَمْتُمَا	تَفَعْلَمْتُمْ	تَتَفَعْلَمُ	تَتَفَعْلَمَانِ	تَتَفَعْلَمُونَ
2女	تَفَعْلَمْتِ		تَفَعْلَمْتُنَّ	تَتَفَعْلَمِينَ		تَتَفَعْلَمْنَ
1	تَفَعْلَمْتُ	تَفَعْلَمْنَا		أَتَفَعْلَمُ	نَتَفَعْلَمُ	
	接続法			要求法		
3男	يَتَفَعْلَمَ	يَتَفَعْلَمَا	يَتَفَعْلَمُوا	يَتَفَعْلَمْ	يَتَفَعْلَمَا	يَتَفَعْلَمُوا
3女	تَتَفَعْلَمَ	تَتَفَعْلَمَا	يَتَفَعْلَمْنَ	تَتَفَعْلَمْ	تَتَفَعْلَمَا	يَتَفَعْلَمْنَ
2男	تَتَفَعْلَمَ	تَتَفَعْلَمَا	تَتَفَعْلَمُوا	تَتَفَعْلَمْ	تَتَفَعْلَمَا	تَتَفَعْلَمُوا
2女	تَتَفَعْلَمِي		تَتَفَعْلَمْنَ	تَتَفَعْلَمِي		تَتَفَعْلَمْنَ
1	أَتَفَعْلَمَ	نَتَفَعْلَمَ		أَتَفَعْلَمْ	نَتَفَعْلَمْ	
	命令形			能動分詞	受動分詞	動名詞
男	تَفَعْلَمْ	تَفَعْلَمَا	تَفَعْلَمُوا			
女	تَفَعْلَمِي		تَفَعْلَمْنَ	مُتَفَعْلِمٌ	مُتَفَعْلَمٌ	تَفَعْلُمٌ

受動態					
完了形			未完了形直説法		
単	双	複	単	双	複
تُفُعْلِمَ	تُفُعْلِمَا	تُفُعْلِمُوا	يُتَفَعْلَمُ	يُتَفَعْلَمَانِ	يُتَفَعْلَمُونَ
تُفُعْلِمَتْ	تُفُعْلِمَتَا	تُفُعْلِمْنَ	تُتَفَعْلَمُ	تُتَفَعْلَمَانِ	يُتَفَعْلَمْنَ
تُفُعْلِمْتَ	تُفُعْلِمْتُمَا	تُفُعْلِمْتُمْ	تُتَفَعْلَمُ	تُتَفَعْلَمَانِ	تُتَفَعْلَمُونَ
تُفُعْلِمْتِ		تُفُعْلِمْتُنَّ	تُتَفَعْلَمِينَ		تُتَفَعْلَمْنَ
تُفُعْلِمْتُ	تُفُعْلِمْنَا		أُتَفَعْلَمُ	نُتَفَعْلَمُ	

接続法			要求法		
يُتَفَعْلَمَ	يُتَفَعْلَمَا	يُتَفَعْلَمُوا	يُتَفَعْلَمْ	يُتَفَعْلَمَا	يُتَفَعْلَمُوا
تُتَفَعْلَمَ	تُتَفَعْلَمَا	يُتَفَعْلَمْنَ	تُتَفَعْلَمْ	تُتَفَعْلَمَا	يُتَفَعْلَمْنَ
تُتَفَعْلَمَ	تُتَفَعْلَمَا	تُتَفَعْلَمُوا	تُتَفَعْلَمْ	تُتَفَعْلَمَا	تُتَفَعْلَمُوا
تُتَفَعْلَمِي		تُتَفَعْلَمْنَ	تُتَفَعْلَمِي		تُتَفَعْلَمْنَ
أُتَفَعْلَمَ	نُتَفَعْلَمَ		أُتَفَعْلَمْ	نُتَفَعْلَمْ	

強動詞（４語根動詞第IV型）：اِفْعَلَمَّ [動：QIV]（活用パターンは重子音動詞と同様）

	能動態					
	完了形			未完了形直説法		
	単	双	複	単	双	複
3男	اِفْعَلَمَّ	اِفْعَلَمَّا	اِفْعَلَمُّوا	يَفْعَلِمُّ	يَفْعَلِمَّانِ	يَفْعَلِمُّونَ
3女	اِفْعَلَمَّتْ	اِفْعَلَمَّتَا	اِفْعَلْمَمْنَ	تَفْعَلِمُّ	تَفْعَلِمَّانِ	يَفْعَلْمِمْنَ
2男	اِفْعَلْمَمْتَ	اِفْعَلْمَمْتُمَا	اِفْعَلْمَمْتُمْ	تَفْعَلِمُّ	تَفْعَلِمَّانِ	تَفْعَلِمُّونَ
2女	اِفْعَلْمَمْتِ		اِفْعَلْمَمْتُنَّ	تَفْعَلِمِّينَ		تَفْعَلْمِمْنَ
1	اِفْعَلْمَمْتُ	اِفْعَلْمَمْنَا		أَفْعَلِمُّ	نَفْعَلِمُّ	
	接続法			要求法		
3男	يَفْعَلِمَّ	يَفْعَلِمَّا	يَفْعَلِمُّوا	يَفْعَلِمَّ ~ يَفْعَلْمِمْ	يَفْعَلِمَّا	يَفْعَلِمُّوا
3女	تَفْعَلِمَّ	تَفْعَلِمَّا	يَفْعَلْمِمْنَ	تَفْعَلِمَّ ~ تَفْعَلْمِمْ	تَفْعَلِمَّا	يَفْعَلْمِمْنَ
2男	تَفْعَلِمَّ	تَفْعَلِمَّا	تَفْعَلِمُّوا	تَفْعَلِمَّ ~ تَفْعَلْمِمْ	تَفْعَلِمَّا	تَفْعَلِمُّوا
2女	تَفْعَلِمِّي		تَفْعَلْمِمْنَ	تَفْعَلِمِّي		تَفْعَلْمِمْنَ
1	أَفْعَلِمَّ	نَفْعَلِمَّ		أَفْعَلِمَّ ~ أَفْعَلْمِمْ	نَفْعَلِمَّ ~ نَفْعَلْمِمْ	
	命令形			能動分詞	受動分詞	動名詞
男	اِفْعَلِمَّ ~ اِفْعَلْمِمْ	اِفْعَلِمَّا	اِفْعَلِمُّوا			
女	اِفْعَلِمِّي		اِفْعَلْمِمْنَ	مُفْعَلِمٌّ	مُفْعَلَمٌّ	اِفْعِلْمَامٌ

<table>
<tr><th colspan="6">受動態</th></tr>
<tr><th colspan="3">完了形</th><th colspan="3">未完了形直説法</th></tr>
<tr><th>単</th><th>双</th><th>複</th><th>単</th><th>双</th><th>複</th></tr>
<tr><td>اُفْعُلِمَّ</td><td>اُفْعُلِمَّا</td><td>اُفْعُلِمُّونَ</td><td>يُفْعَلَمُّ</td><td>يُفْعَلَمَّانِ</td><td>يُفْعَلَمُّونَ</td></tr>
<tr><td>اُفْعُلِمَّتْ</td><td>اُفْعُلِمَّتَا</td><td>اُفْعُلِمْنَ</td><td>تُفْعَلَمُّ</td><td>تُفْعَلَمَّانِ</td><td>يُفْعَلْمَمْنَ</td></tr>
<tr><td>اُفْعُلِمْتَ</td><td rowspan="2">اُفْعُلِمْتُمَا</td><td>اُفْعُلِمْتُمْ</td><td>تُفْعَلَمُّ</td><td rowspan="2">تُفْعَلَمَّانِ</td><td>تُفْعَلَمُّونَ</td></tr>
<tr><td>اُفْعُلِمْتِ</td><td>اُفْعُلِمْتُنَّ</td><td>تُفْعَلَمِّينَ</td><td>تُفْعَلْمَمْنَ</td></tr>
<tr><td>اُفْعُلِمْتُ</td><td colspan="2">اُفْعُلِمْنَا</td><td>أُفْعَلَمُّ</td><td colspan="2">نُفْعَلَمُّ</td></tr>
<tr><th colspan="3">接続法</th><th colspan="3">要求法</th></tr>
<tr><td>يُفْعَلَمَّ</td><td>يُفْعَلَمَّا</td><td>يُفْعَلَمُّوا</td><td>يُفْعَلَمَّ ~ يُفْعَلْمَمْ</td><td>يُفْعَلَمَّا</td><td>يُفْعَلَمُّوا</td></tr>
<tr><td>تُفْعَلَمَّ</td><td>تُفْعَلَمَّا</td><td>يُفْعَلْمَمْنَ</td><td>تُفْعَلَمَّ ~ تُفْعَلْمَمْ</td><td>تُفْعَلَمَّا</td><td>يُفْعَلْمَمْنَ</td></tr>
<tr><td>تُفْعَلَمَّ</td><td rowspan="2">تُفْعَلَمَّا</td><td>تُفْعَلَمُّوا</td><td>تُفْعَلَمَّ ~ تُفْعَلْمَمْ</td><td rowspan="2">تُفْعَلَمَّا</td><td>تُفْعَلَمُّوا</td></tr>
<tr><td>تُفْعَلَمِّي</td><td>تُفْعَلْمَمْنَ</td><td>تُفْعَلَمِّي</td><td>تُفْعَلْمَمْنَ</td></tr>
<tr><td>أُفْعَلَمَّ</td><td colspan="2">نُفْعَلَمَّ</td><td>أُفْعَلَمَّ ~ أُفْعَلْمَمْ</td><td colspan="2">نُفْعَلَمَّ ~ نُفْعَلْمَمْ</td></tr>
</table>

頭弱動詞（基本形）：وَصَفَ [動：I-1] 描写する

	能動態					
	完了形			未完了形直説法		
	単	双	複	単	双	複
3男	وَصَفَ	وَصَفَا	وَصَفُوا	يَصِفُ	يَصِفَانِ	يَصِفُونَ
3女	وَصَفَتْ	وَصَفَتَا	وَصَفْنَ	تَصِفُ	تَصِفَانِ	يَصِفْنَ
2男	وَصَفْتَ	وَصَفْتُمَا	وَصَفْتُمْ	تَصِفُ	تَصِفَانِ	تَصِفُونَ
2女	وَصَفْتِ		وَصَفْتُنَّ	تَصِفِينَ		تَصِفْنَ
1	وَصَفْتُ	وَصَفْنَا		أَصِفُ	نَصِفُ	

	接続法			要求法		
3男	يَصِفَ	يَصِفَا	يَصِفُوا	يَصِفْ	يَصِفَا	يَصِفُوا
3女	تَصِفَ	تَصِفَا	يَصِفْنَ	تَصِفْ	تَصِفَا	يَصِفْنَ
2男	تَصِفَ	تَصِفَا	تَصِفُوا	تَصِفْ	تَصِفَا	تَصِفُوا
2女	تَصِفِي		تَصِفْنَ	تَصِفِي		تَصِفْنَ
1	أَصِفَ	نَصِفَ		أَصِفْ	نَصِفْ	

	命令形			能動分詞	受動分詞	動名詞
男	صِفْ	صِفَا	صِفُوا			
女	صِفِي		صِفْنَ	وَاصِفٌ	مَوْصُوفٌ	وَصْفٌ

62

<table>
<tr><th colspan="6">受動態</th></tr>
<tr><th colspan="3">完了形</th><th colspan="3">未完了形直説法</th></tr>
<tr><th>単</th><th>双</th><th>複</th><th>単</th><th>双</th><th>複</th></tr>
<tr><td>وُصِفَ</td><td>وُصِفَا</td><td>وُصِفُوا</td><td>يُوصَفُ</td><td>يُوصَفَانِ</td><td>يُوصَفُونَ</td></tr>
<tr><td>وُصِفَتْ</td><td>وُصِفَتَا</td><td>وُصِفْنَ</td><td>تُوصَفُ</td><td>تُوصَفَانِ</td><td>يُوصَفْنَ</td></tr>
<tr><td>وُصِفْتَ</td><td rowspan="2">وُصِفْتُمَا</td><td>وُصِفْتُمْ</td><td>تُوصَفُ</td><td rowspan="2">تُوصَفَانِ</td><td>تُوصَفُونَ</td></tr>
<tr><td>وُصِفْتِ</td><td>وُصِفْتُنَّ</td><td>تُوصَفِينَ</td><td>تُوصَفْنَ</td></tr>
<tr><td>وُصِفْتُ</td><td colspan="2">وُصِفْنَا</td><td>أُوصَفُ</td><td colspan="2">نُوصَفُ</td></tr>
<tr><th colspan="3">直説法</th><th colspan="3">接続法</th></tr>
<tr><td>يُوصَفَ</td><td>يُوصَفَا</td><td>يُوصَفُوا</td><td>يُوصَفْ</td><td>يُوصَفَا</td><td>يُوصَفُوا</td></tr>
<tr><td>تُوصَفَ</td><td>تُوصَفَا</td><td>يُوصَفْنَ</td><td>تُوصَفْ</td><td>تُوصَفَا</td><td>يُوصَفْنَ</td></tr>
<tr><td>تُوصَفَ</td><td rowspan="2">تُوصَفَا</td><td>تُوصَفُوا</td><td>تُوصَفْ</td><td rowspan="2">تُوصَفَا</td><td>تُوصَفُوا</td></tr>
<tr><td>تُوصَفِي</td><td>تُوصَفْنَ</td><td>تُوصَفِي</td><td>تُوصَفْنَ</td></tr>
<tr><td>أُوصَفَ</td><td colspan="2">نُوصَفَ</td><td>أُوصَفْ</td><td colspan="2">نُوصَفْ</td></tr>
</table>

頭弱動詞（第IV型）：أَوْجَدَ [動：IV-1] 見つける

	能動態					
	完了形			未完了形直説法		
	単	双	複	単	双	複
3男	أَوْجَدَ	أَوْجَدَا	أَوْجَدُوا	يُوجِدُ	يُوجِدَانِ	يُوجِدُونَ
3女	أَوْجَدَتْ	أَوْجَدَتَا	أَوْجَدْنَ	تُوجِدُ	تُوجِدَانِ	يُوجِدْنَ
2男	أَوْجَدتَّ※	أَوْجَدتُّمَا	أَوْجَدتُّمْ	تُوجِدُ	تُوجِدَانِ	تُوجِدُونَ
2女	أَوْجَدتِّ		أَوْجَدتُّنَّ	تُوجِدِينَ		تُوجِدْنَ
1	أَوْجَدتُّ	أَوْجَدْنَا		أُوجِدُ	نُوجِدُ	
	接続法			要求法		
3男	يُوجِدَ	يُوجِدَا	يُوجِدُوا	يُوجِدْ	يُوجِدَا	يُوجِدُوا
3女	تُوجِدَ	تُوجِدَا	يُوجِدْنَ	تُوجِدْ	تُوجِدَا	يُوجِدْنَ
2男	تُوجِدَ	تُوجِدَا	تُوجِدُوا	تُوجِدْ	تُوجِدَا	تُوجِدُوا
2女	تُوجِدِي		تُوجِدْنَ	تُوجِدِي		تُوجِدْنَ
1	أُوجِدَ	نُوجِدَ		أُوجِدْ	نُوجِدْ	

	命令形			能動分詞	受動分詞	動名詞
男	أَوْجِدْ	أَوْجِدَا	أَوْجِدُوا			
女	أَوْجِدِي		أَوْجِدْنَ	مُوجِدٌ	مُوجَدٌ	إِيجَادٌ

※1・2人称では第3根素 d と活用語尾の t が連続すると d が t に同化し、例えばʾawjadtaは
ʾawjattaのように発音されるので、表のようにシャッダを使って書かれる。第3根素が
ت, ض, ظ の場合も同様である（☞ 0.2.10⑥）。

<table>
<tr><td colspan="6">受動態</td></tr>
<tr><td colspan="3">完了形</td><td colspan="3">未完了形直説法</td></tr>
<tr><td>単</td><td>双</td><td>複</td><td>単</td><td>双</td><td>複</td></tr>
<tr><td>أُوجِدَ</td><td>أُوجِدَا</td><td>أُوجِدُوا</td><td>يُوجَدُ</td><td>يُوجَدَانِ</td><td>يُوجَدُونَ</td></tr>
<tr><td>أُوجِدَتْ</td><td>أُوجِدْتَا</td><td>أُوجِدْنَ</td><td>تُوجَدُ</td><td>تُوجَدَانِ</td><td>يُوجَدْنَ</td></tr>
<tr><td>أُوجِدتَّ</td><td rowspan="2">أُوجِدتُّمَا</td><td>أُوجِدتُّمْ</td><td>تُوجَدُ</td><td rowspan="2">تُوجَدَانِ</td><td>تُوجَدُونَ</td></tr>
<tr><td>أُوجِدتِّ</td><td>أُوجِدتُّنَّ</td><td>تُوجَدِينَ</td><td>تُوجَدْنَ</td></tr>
<tr><td>أُوجِدتُّ</td><td colspan="2">أُوجِدْنَا</td><td>أُوجَدُ</td><td colspan="2">نُوجَدُ</td></tr>
<tr><td colspan="3">直説法</td><td colspan="3">接続法</td></tr>
<tr><td>يُوجَدَ</td><td>يُوجَدَا</td><td>يُوجَدُوا</td><td>يُوجَدْ</td><td>يُوجَدَا</td><td>يُوجَدُوا</td></tr>
<tr><td>تُوجَدَ</td><td>تُوجَدَا</td><td>يُوجَدْنَ</td><td>تُوجَدْ</td><td>تُوجَدَا</td><td>يُوجَدْنَ</td></tr>
<tr><td>تُوجَدَ</td><td rowspan="2">تُوجَدَا</td><td>تُوجَدُوا</td><td>تُوجَدْ</td><td rowspan="2">تُوجَدَا</td><td>تُوجَدُوا</td></tr>
<tr><td>تُوجَدِي</td><td>تُوجَدْنَ</td><td>تُوجَدِي</td><td>تُوجَدْنَ</td></tr>
<tr><td>أُوجَدَ</td><td colspan="2">نُوجَدَ</td><td>أُوجَدْ</td><td colspan="2">نُوجَدْ</td></tr>
</table>

頭弱動詞（派生形第X型）：اِسْتَوْقَفَ [動：X-1] 止める

	能動態					
	完了形			未完了形直説法		
	単	双	複	単	双	複
3男	اِسْتَوْقَفَ	اِسْتَوْقَفَا	اِسْتَوْقَفُوا	يَسْتَوْقِفُ	يَسْتَوْقِفَانِ	يَسْتَوْقِفُونَ
3女	اِسْتَوْقَفَتْ	اِسْتَوْقَفَتَا	اِسْتَوْقَفْنَ	تَسْتَوْقِفُ	تَسْتَوْقِفَانِ	يَسْتَوْقِفْنَ
2男	اِسْتَوْقَفْتَ	اِسْتَوْقَفْتُمَا	اِسْتَوْقَفْتُمْ	تَسْتَوْقِفُ	تَسْتَوْقِفَانِ	تَسْتَوْقِفُونَ
2女	اِسْتَوْقَفْتِ		اِسْتَوْقَفْتُنَّ	تَسْتَوْقِفِينَ		تَسْتَوْقِفْنَ
1	اِسْتَوْقَفْتُ	اِسْتَوْقَفْنَا		أَسْتَوْقِفُ	نَسْتَوْقِفُ	
	接続法			要求法		
3男	يَسْتَوْقِفَ	يَسْتَوْقِفَا	يَسْتَوْقِفُوا	يَسْتَوْقِفْ	يَسْتَوْقِفَا	يَسْتَوْقِفُوا
3女	تَسْتَوْقِفَ	تَسْتَوْقِفَا	يَسْتَوْقِفْنَ	تَسْتَوْقِفْ	تَسْتَوْقِفَا	يَسْتَوْقِفْنَ
2男	تَسْتَوْقِفَ	تَسْتَوْقِفَا	تَسْتَوْقِفُوا	تَسْتَوْقِفْ	تَسْتَوْقِفَا	تَسْتَوْقِفُوا
2女	تَسْتَوْقِفِي		تَسْتَوْقِفْنَ	تَسْتَوْقِفِي		تَسْتَوْقِفْنَ
1	أَسْتَوْقِفَ	نَسْتَوْقِفَ		أَسْتَوْقِفْ	نَسْتَوْقِفْ	
	命令形			能動分詞	受動分詞	動名詞
男	اِسْتَوْقِفْ	اِسْتَوْقِفَا	اِسْتَوْقِفُوا			
女	اِسْتَوْقِفِي		اِسْتَوْقِفْنَ	مُسْتَوْقِفٌ	مُسْتَوْقَفٌ	اِسْتِيقَافٌ

<table>
<tr><th colspan="6">受動態</th></tr>
<tr><th colspan="3">完了形</th><th colspan="3">未完了形直説法</th></tr>
<tr><th>単</th><th>双</th><th>複</th><th>単</th><th>双</th><th>複</th></tr>
<tr><td>أُسْتُوقِفَ</td><td>أُسْتُوقِفَا</td><td>أُسْتُوقِفُوا</td><td>يُسْتَوْقَفُ</td><td>يُسْتَوْقَفَانِ</td><td>يُسْتَوْقَفُونَ</td></tr>
<tr><td>أُسْتُوقِفَتْ</td><td>أُسْتُوقِفَتَا</td><td>أُسْتُوقِفْنَ</td><td>تُسْتَوْقَفُ</td><td>تُسْتَوْقَفَانِ</td><td>يُسْتَوْقَفْنَ</td></tr>
<tr><td>أُسْتُوقِفْتَ</td><td rowspan="2">أُسْتُوقِفْتُمَا</td><td>أُسْتُوقِفْتُمْ</td><td>تُسْتَوْقَفُ</td><td rowspan="2">تُسْتَوْقَفَانِ</td><td>تُسْتَوْقَفُونَ</td></tr>
<tr><td>أُسْتُوقِفْتِ</td><td>أُسْتُوقِفْتُنَّ</td><td>تُسْتَوْقَفِينَ</td><td>تُسْتَوْقَفْنَ</td></tr>
<tr><td>أُسْتُوقِفْتُ</td><td colspan="2">أُسْتُوقِفْنَا</td><td>أُسْتَوْقَفُ</td><td colspan="2">نُسْتَوْقَفُ</td></tr>
<tr><th colspan="3">直説法</th><th colspan="3">接続法</th></tr>
<tr><td>يُسْتَوْقَفَ</td><td>يُسْتَوْقَفَا</td><td>يُسْتَوْقَفُوا</td><td>يُسْتَوْقَفْ</td><td>يُسْتَوْقَفَا</td><td>يُسْتَوْقَفُوا</td></tr>
<tr><td>تُسْتَوْقَفَ</td><td>تُسْتَوْقَفَا</td><td>يُسْتَوْقَفْنَ</td><td>تُسْتَوْقَفْ</td><td>تُسْتَوْقَفَا</td><td>يُسْتَوْقَفْنَ</td></tr>
<tr><td>تُسْتَوْقَفَ</td><td rowspan="2">تُسْتَوْقَفَا</td><td>تُسْتَوْقَفُوا</td><td>تُسْتَوْقَفْ</td><td rowspan="2">تُسْتَوْقَفَا</td><td>تُسْتَوْقَفُوا</td></tr>
<tr><td>تُسْتَوْقَفِي</td><td>تُسْتَوْقَفْنَ</td><td>تُسْتَوْقَفِي</td><td>تُسْتَوْقَفْنَ</td></tr>
<tr><td>أُسْتَوْقَفَ</td><td colspan="2">نُسْتَوْقَفَ</td><td>أُسْتَوْقَفْ</td><td colspan="2">نُسْتَوْقَفْ</td></tr>
</table>

間弱動詞 1（基本形）：زَارَ [動：I-2 (u/ū)] 訪問する

	能動態					
	完了形			未完了形直説法		
	単	双	複	単	双	複
3男	زَارَ	زَارَا	زَارُوا	يَزُورُ	يَزُورَانِ	يَزُورُونَ
3女	زَارَتْ	زَارَتَا	زُرْنَ	تَزُورُ	تَزُورَانِ	يَزُرْنَ
2男	زُرْتَ	زُرْتُمَا	زُرْتُمْ	تَزُورُ	تَزُورَانِ	تَزُورُونَ
2女	زُرْتِ		زُرْتُنَّ	تَزُورِينَ		تَزُرْنَ
1	زُرْتُ	زُرْنَا		أَزُورُ	نَزُورُ	
	接続法			要求法		
3男	يَزُورَ	يَزُورَا	يَزُورُوا	يَزُرْ	يَزُورَا	يَزُورُوا
3女	تَزُورَ	تَزُورَا	يَزُرْنَ	تَزُرْ	تَزُورَا	يَزُرْنَ
2男	تَزُورَ	تَزُورَا	تَزُورُوا	تَزُرْ	تَزُورَا	تَزُورُوا
2女	تَزُورِي		تَزُرْنَ	تَزُورِي		تَزُرْنَ
1	أَزُورَ	نَزُورَ		أَزُرْ	نَزُرْ	
	命令形			能動分詞	受動分詞	動名詞
男	زُرْ	زُورَا	زُورُوا			
女	زُورِي		زُرْنَ	زَائِرٌ	مَزُورٌ	زِيَارَةٌ

<table>
<tr><th colspan="6">受動態</th></tr>
<tr><th colspan="3">完了形</th><th colspan="3">未完了形直説法</th></tr>
<tr><th>単</th><th>双</th><th>複</th><th>単</th><th>双</th><th>複</th></tr>
<tr><td>زِيرَ</td><td>زِيرَا</td><td>زِيرُوا</td><td>يُزَارُ</td><td>يُزَارَانِ</td><td>يُزَارُونَ</td></tr>
<tr><td>زِيرَتْ</td><td>زِيرَتَا</td><td>زِرْنَ</td><td>تُزَارُ</td><td>تُزَارَانِ</td><td>يُزَرْنَ</td></tr>
<tr><td>زِرْتَ</td><td rowspan="2">زِرْتُمَا</td><td>زِرْتُمْ</td><td>تُزَارُ</td><td rowspan="2">تُزَارَانِ</td><td>تُزَارُونَ</td></tr>
<tr><td>زِرْتِ</td><td>زِرْتُنَّ</td><td>تُزَارِينَ</td><td>تُزَرْنَ</td></tr>
<tr><td>زِرْتُ</td><td colspan="2">زِرْنَا</td><td>أُزَارُ</td><td colspan="2">نُزَارُ</td></tr>
<tr><th colspan="3">接続法</th><th colspan="3">要求法</th></tr>
<tr><td>يُزَارَ</td><td>يُزَارَا</td><td>يُزَارُوا</td><td>يُزَرْ</td><td>يُزَارَا</td><td>يُزَارُوا</td></tr>
<tr><td>تُزَارَ</td><td>تُزَارَا</td><td>يُزَرْنَ</td><td>تُزَرْ</td><td>تُزَارَا</td><td>يُزَرْنَ</td></tr>
<tr><td>تُزَارَ</td><td rowspan="2">تُزَارَا</td><td>تُزَارُوا</td><td>تُزَرْ</td><td rowspan="2">تُزَارَا</td><td>تُزَارُوا</td></tr>
<tr><td>تُزَارِي</td><td>تُزَرْنَ</td><td>تُزَارِي</td><td>تُزَرْنَ</td></tr>
<tr><td>أُزَارَ</td><td colspan="2">نُزَارَ</td><td>أُزَرْ</td><td colspan="2">نُزَرْ</td></tr>
</table>

間弱動詞 1 （基本形）：بَاعَ ［動：I-2 (i/ī)］ 売る

	能動態					
	完了形			未完了形直説法		
	単	双	複	単	双	複
3男	بَاعَ	بَاعَا	بَاعُوا	يَبِيعُ	يَبِيعَانِ	يَبِيعُونَ
3女	بَاعَتْ	بَاعَتَا	بِعْنَ	تَبِيعُ	تَبِيعَانِ	يَبِعْنَ
2男	بِعْتَ	بِعْتُمَا	بِعْتُمْ	تَبِيعُ	تَبِيعَانِ	تَبِيعُونَ
2女	بِعْتِ		بِعْتُنَّ	تَبِيعِينَ		تَبِعْنَ
1	بِعْتُ	بِعْنَا		أَبِيعُ	نَبِيعُ	

	接続法			要求法		
3男	يَبِيعَ	يَبِيعَا	يَبِيعُوا	يَبِعْ	يَبِيعَا	يَبِيعُوا
3女	تَبِيعَ	تَبِيعَا	يَبِعْنَ	تَبِعْ	تَبِيعَا	يَبِعْنَ
2男	تَبِيعَ	تَبِيعَا	تَبِيعُوا	تَبِعْ	تَبِيعَا	تَبِيعُوا
2女	تَبِيعِي		تَبِعْنَ	تَبِيعِي		تَبِعْنَ
1	أَبِيعَ	نَبِيعَ		أَبِعْ	نَبِعْ	

	命令形			能動分詞	受動分詞	動名詞
男	بِعْ	بِيعَا	بِيعُوا			
女	بِيعِي		بِعْنَ	بَائِعٌ	مَبِيعٌ	بَيْعٌ

受動態					
完了形			未完了形直説法		
単	双	複	単	双	複
بِيعَ	بِيعَا	بِيعُوا	يُبَاعُ	يُبَاعَانِ	يُبَاعُونَ
بِيعَتْ	بِيعَتَا	بِعْنَ	تُبَاعُ	تُبَاعَانِ	يُبَعْنَ
بِعْتَ	بِعْتُمَا	بِعْتُمْ	تُبَاعُ	تُبَاعَانِ	تُبَاعُونَ
بِعْتِ		بِعْتُنَّ	تُبَاعِينَ		تُبَعْنَ
بِعْتُ	بِعْنَا		أُبَاعُ	نُبَاعُ	
接続法			要求法		
يُبَاعَ	يُبَاعَا	يُبَاعُوا	يُبَعْ	يُبَاعَا	يُبَاعُوا
تُبَاعَ	تُبَاعَا	يُبَعْنَ	تُبَعْ	تُبَاعَا	يُبَعْنَ
تُبَاعَ	تُبَاعَا	تُبَاعُوا	تُبَعْ	تُبَاعَا	تُبَاعُوا
تُبَاعِي		تُبَعْنَ	تُبَاعِي		تُبَعْنَ
أُبَاعَ	نُبَاعَ		أُبَعْ	نُبَعْ	

間弱動詞１（基本形）: خَافَ [動：I-2 (i/ā)] 恐れる

	能動態					
	完了形			未完了形直説法		
	単	双	複	単	双	複
3男	خَافَ	خَافَا	خَافُوا	يَخَافُ	يَخَافَانِ	يَخَافُونَ
3女	خَافَتْ	خَافَتَا	خِفْنَ	تَخَافُ	تَخَافَانِ	يَخَفْنَ
2男	خِفْتَ	خِفْتُمَا	خِفْتُمْ	تَخَافُ	تَخَافَانِ	تَخَافُونَ
2女	خِفْتِ		خِفْتُنَّ	تَخَافِينَ		تَخَفْنَ
1	خِفْتُ	خِفْنَا		أَخَافُ	نَخَافُ	
	接続法			要求法		
3男	يَخَافَ	يَخَافَا	يَخَافُوا	يَخَفْ	يَخَافَا	يَخَافُوا
3女	تَخَافَ	تَخَافَا	يَخَفْنَ	تَخَفْ	تَخَافَا	يَخَفْنَ
2男	تَخَافَ	تَخَافَا	تَخَافُوا	تَخَفْ	تَخَافَا	تَخَافُوا
2女	تَخَافِي		تَخَفْنَ	تَخَافِي		تَخَفْنَ
1	أَخَافَ	نَخَافَ		أَخَفْ	نَخَفْ	
	命令形			能動分詞	受動分詞	動名詞
男	خَفْ	خَافَا	خَافُوا			
女	خَافِي		خَفْنَ	خَائِفٌ	—	(خَوْفٌ)

間弱動詞2（派生形第IV型）：أَصَابَ [動：IV-2] 負傷させる

	能動態					
	完了形			未完了形直説法		
	単	双	複	単	双	複
3男	أَصَابَ	أَصَابَا	أَصَابُوا	يُصِيبُ	يُصِيبَانِ	يُصِيبُونَ
3女	أَصَابَتْ	أَصَابَتَا	أَصَبْنَ	تُصِيبُ	تُصِيبَانِ	يُصِبْنَ
2男	أَصَبْتَ	أَصَبْتُمَا	أَصَبْتُمْ	تُصِيبُ	تُصِيبَانِ	تُصِيبُونَ
2女	أَصَبْتِ		أَصَبْتُنَّ	تُصِيبِينَ		تُصِبْنَ
1	أَصَبْتُ	أَصَبْنَا		أُصِيبُ	نُصِيبُ	
	接続法			要求法		
3男	يُصِيبَ	يُصِيبَا	يُصِيبُوا	يُصِبْ	يُصِيبَا	يُصِيبُوا
3女	تُصِيبَ	تُصِيبَا	يُصِبْنَ	تُصِبْ	تُصِيبَا	يُصِبْنَ
2男	تُصِيبَ	تُصِيبَا	تُصِيبُوا	تُصِبْ	تُصِيبَا	تُصِيبُوا
2女	تُصِيبِي		تُصِبْنَ	تُصِيبِي		تُصِبْنَ
1	أُصِيبَ	نُصِيبَ		أُصِبْ	نُصِبْ	
	命令形			能動分詞	受動分詞	動名詞
男	أَصِبْ	أَصِيبَا	أَصِيبُوا			
女	أَصِيبِي		أَصِبْنَ	مُصِيبٌ	مُصَابٌ	إِصَابَةٌ

受動態					
完了形			未完了形直説法		
単	双	複	単	双	複
أُصِيبَ	أُصِيبَا	أُصِيبُوا	يُصَابُ	يُصَابَانِ	يُصَابُونَ
أُصِيبَتْ	أُصِيبَتَا	أُصِبْنَ	تُصَابُ	تُصَابَانِ	يُصَبْنَ
أُصِبْتَ	أُصِبْتُمَا	أُصِبْتُمْ	تُصَابُ	تُصَابَانِ	تُصَابُونَ
أُصِبْتِ		أُصِبْتُنَّ	تُصَابِينَ		تُصَبْنَ
أُصِبْتُ	أُصِبْنَا		أُصَابُ	نُصَابُ	
接続法			要求法		
يُصَابَ	يُصَابَا	يُصَابُوا	يُصَبْ	يُصَابَا	يُصَابُوا
تُصَابَ	تُصَابَا	يُصَبْنَ	تُصَبْ	تُصَابَا	يُصَبْنَ
تُصَابَ	تُصَابَا	تُصَابُوا	تُصَبْ	تُصَابَا	تُصَابُوا
تُصَابِي		تُصَبْنَ	تُصَابِي		تُصَبْنَ
أُصَابَ	نُصَابَ		أُصَبْ	نُصَبْ	

間弱動詞２（派生形第VII型）：اِنْحَازَ [動：VII-2] 肩を持つ

	能動態					
	完了形			未完了形直説法		
	単	双	複	単	双	複
3男	اِنْحَازَ	اِنْحَازَ	اِنْحَازُوا	يَنْحَازُ	يَنْحَازَانِ	يَنْحَازُونَ
3女	اِنْحَازَتْ	اِنْحَازَتَا	اِنْحَزْنَ	تَنْحَازُ	تَنْحَازَانِ	يَنْحَزْنَ
2男	اِنْحَزْتَ	اِنْحَزْتُمَا	اِنْحَزْتُمْ	تَنْحَازُ	تَنْحَازَانِ	تَنْحَازُونَ
2女	اِنْحَزْتِ		اِنْحَزْتُنَّ	تَنْحَازِينَ		تَنْحَزْنَ
1	اِنْحَزْتُ	اِنْحَزْنَا		أَنْحَازُ	نَنْحَازُ	
	接続法			要求法		
3男	يَنْحَازَ	يَنْحَازَا	يَنْحَازُوا	يَنْحَزْ	يَنْحَازَا	يَنْحَازُوا
3女	تَنْحَازَ	تَنْحَازَا	يَنْحَزْنَ	تَنْحَزْ	تَنْحَازَا	يَنْحَزْنَ
2男	تَنْحَازَ	تَنْحَازَا	تَنْحَازُوا	تَنْحَزْ	تَنْحَازَا	تَنْحَازُوا
2女	تَنْحَازِي		تَنْحَزْنَ	تَنْحَازِي		تَنْحَزْنَ
1	أَنْحَازَ	نَنْحَازَ		أَنْحَزْ	نَنْحَزْ	
	命令形			能動分詞	受動分詞	動名詞
男	اِنْحَزْ	اِنْحَازَا	اِنْحَازُوا			
女	اِنْحَازِي		اِنْحَزْنَ	مُنْحَازٌ	مُنْحَازٌ	اِنْحِيَازٌ

受動態					
完了形			未完了形直説法		
単	双	複	単	双	複
اُنْحِيزَ	اُنْحِيزَ	اُنْحِيزُوا	يُنْحَازُ	يُنْحَازَانِ	يُنْحَازُونَ
اُنْحِيزَتْ	اُنْحِيزَتَا	اُنْحِزْنَ	تُنْحَازُ	تُنْحَازَانِ	يُنْحَزْنَ
اُنْحِزْتَ	اُنْحِزْتُمَا	اُنْحِزْتُمْ	تُنْحَازُ	تُنْحَازَانِ	تُنْحَازُونَ
اُنْحِزْتِ		اُنْحِزْتُنَّ	تُنْحَازِينَ		تُنْحَزْنَ
اُنْحِزْتُ	اُنْحِزْنَا		أُنْحَازُ	نُنْحَازُ	
接続法			要求法		
يُنْحَازَ	يُنْحَازَا	يُنْحَازُوا	يُنْحَزْ	يُنْحَازَا	يُنْحَازُوا
تُنْحَازَ	تُنْحَازَا	يُنْحَزْنَ	تُنْحَزْ	تُنْحَازَا	يُنْحَزْنَ
تُنْحَازَ	تُنْحَازَا	تُنْحَازُوا	تُنْحَزْ	تُنْحَازَا	تُنْحَازُوا
تُنْحَازِي		تُنْحَزْنَ	تُنْحَازِي		تُنْحَزْنَ
أُنْحَازَ	نُنْحَازَ		أُنْحَزْ	نُنْحَزْ	

間弱動詞２（派生形第VIII型）：اِخْتَارَ [動：VIII-2] 選ぶ

<table>
<tr><td></td><td colspan="6">能動態</td></tr>
<tr><td></td><td colspan="3">完了形</td><td colspan="3">未完了形直説法</td></tr>
<tr><td></td><td>単</td><td>双</td><td>複</td><td>単</td><td>双</td><td>複</td></tr>
<tr><td>3男</td><td>اِخْتَارَ</td><td>اِخْتَارَا</td><td>اِخْتَارُوا</td><td>يَخْتَارُ</td><td>يَخْتَارَانِ</td><td>يَخْتَارُونَ</td></tr>
<tr><td>3女</td><td>اِخْتَارَتْ</td><td>اِخْتَارَتَا</td><td>اِخْتَرْنَ</td><td>تَخْتَارُ</td><td>تَخْتَارَانِ</td><td>يَخْتَرْنَ</td></tr>
<tr><td>2男</td><td>اِخْتَرْتَ</td><td rowspan="2">اِخْتَرْتُمَا</td><td>اِخْتَرْتُمْ</td><td>تَخْتَارُ</td><td rowspan="2">تَخْتَارَانِ</td><td>تَخْتَارُونَ</td></tr>
<tr><td>2女</td><td>اِخْتَرْتِ</td><td>اِخْتَرْتُنَّ</td><td>تَخْتَارِينَ</td><td>تَخْتَرْنَ</td></tr>
<tr><td>1</td><td>اِخْتَرْتُ</td><td colspan="2">اِخْتَرْنَا</td><td>أَخْتَارُ</td><td colspan="2">نَخْتَارُ</td></tr>
<tr><td></td><td colspan="3">接続法</td><td colspan="3">要求法</td></tr>
<tr><td>3男</td><td>يَخْتَارَ</td><td>يَخْتَارَا</td><td>يَخْتَارُوا</td><td>يَخْتَرْ</td><td>يَخْتَارَا</td><td>يَخْتَارُوا</td></tr>
<tr><td>3女</td><td>تَخْتَارَ</td><td>تَخْتَارَا</td><td>يَخْتَرْنَ</td><td>تَخْتَرْ</td><td>تَخْتَارَا</td><td>يَخْتَرْنَ</td></tr>
<tr><td>2男</td><td>تَخْتَارَ</td><td rowspan="2">تَخْتَارَا</td><td>تَخْتَارُوا</td><td>تَخْتَرْ</td><td rowspan="2">تَخْتَارَا</td><td>تَخْتَارُوا</td></tr>
<tr><td>2女</td><td>تَخْتَارِي</td><td>تَخْتَرْنَ</td><td>تَخْتَارِي</td><td>تَخْتَرْنَ</td></tr>
<tr><td>1</td><td>أَخْتَارَ</td><td colspan="2">نَخْتَارَ</td><td>أَخْتَرْ</td><td colspan="2">نَخْتَرْ</td></tr>
<tr><td></td><td colspan="3">命令形</td><td rowspan="2">能動分詞</td><td rowspan="2">受動分詞</td><td rowspan="2">動名詞</td></tr>
<tr><td>男</td><td>اِخْتَرْ</td><td rowspan="2">اِخْتَارَا</td><td>اِخْتَارُوا</td></tr>
<tr><td>女</td><td>اِخْتَارِي</td><td>اِخْتَرْنَ</td><td>مُخْتَارٌ</td><td>مُخْتَارٌ</td><td>اِخْتِيَارٌ</td></tr>
</table>

受動態					
完了形			未完了形直説法		
単	双	複	単	双	複
أُخْتِيرَ	أُخْتِيرَا	أُخْتِيرُوا	يُخْتَارُ	يُخْتَارَانِ	يُخْتَارُونَ
أُخْتِيرَتْ	أُخْتِيرَتَا	أُخْتِرْنَ	تُخْتَارُ	تُخْتَارَانِ	يُخْتَرْنَ
أُخْتِرْتَ	أُخْتِرْتُمَا	أُخْتِرْتُمْ	تُخْتَارُ	تُخْتَارَانِ	تُخْتَارُونَ
أُخْتِرْتِ		أُخْتِرْتُنَّ	تُخْتَارِينَ		تُخْتَرْنَ
أُخْتِرْتُ	أُخْتِرْنَا		أُخْتَارُ	نُخْتَارُ	
接続法			要求法		
يُخْتَارَ	يُخْتَارَا	يُخْتَارُوا	يُخْتَرْ	يُخْتَارَا	يُخْتَارُوا
تُخْتَارَ	تُخْتَارَا	يُخْتَرْنَ	تُخْتَرْ	تُخْتَارَا	يُخْتَرْنَ
تُخْتَارَ	تُخْتَارَا	تُخْتَارُوا	تُخْتَرْ	تُخْتَارَا	تُخْتَارُوا
تُخْتَارِي		تُخْتَرْنَ	تُخْتَارِي		تُخْتَرْنَ
أُخْتَارَ	نُخْتَارَ		أُخْتَرْ	نُخْتَرْ	

間弱動詞2（派生形第X型）：اِسْتَشَارَ [動：X-2] 相談する

	能動態					
	完了形			未完了形直説法		
	単	双	複	単	双	複
3男	اِسْتَشَارَ	اِسْتَشَارَا	اِسْتَشَارُوا	يَسْتَشِيرُ	يَسْتَشِيرَانِ	يَسْتَشِيرُونَ
3女	اِسْتَشَارَتْ	اِسْتَشَارَتَا	اِسْتَشَرْنَ	تَسْتَشِيرُ	تَسْتَشِيرَانِ	يَسْتَشِرْنَ
2男	اِسْتَشَرْتَ	اِسْتَشَرْتُمَا	اِسْتَشَرْتُمْ	تَسْتَشِيرُ	تَسْتَشِيرَانِ	تَسْتَشِيرُونَ
2女	اِسْتَشَرْتِ		اِسْتَشَرْتُنَّ	تَسْتَشِيرِينَ		تَسْتَشِرْنَ
1	اِسْتَشَرْتُ	اِسْتَشَرْنَا		أَسْتَشِيرُ	نَسْتَشِيرُ	
	接続法			要求法		
3男	يَسْتَشِيرَ	يَسْتَشِيرَا	يَسْتَشِيرُوا	يَسْتَشِرْ	يَسْتَشِيرَا	يَسْتَشِيرُوا
3女	تَسْتَشِيرَ	تَسْتَشِيرَا	يَسْتَشِرْنَ	تَسْتَشِرْ	تَسْتَشِيرَا	يَسْتَشِرْنَ
2男	تَسْتَشِيرَ	تَسْتَشِيرَا	تَسْتَشِيرُوا	تَسْتَشِرْ	تَسْتَشِيرَا	تَسْتَشِيرُوا
2女	تَسْتَشِيرِي		تَسْتَشِرْنَ	تَسْتَشِيرِي		تَسْتَشِرْنَ
1	أَسْتَشِيرَ	نَسْتَشِيرَ		أَسْتَشِرْ	نَسْتَشِرْ	
	命令形			能動分詞	受動分詞	動名詞
男	اِسْتَشِرْ	اِسْتَشِيرَا	اِسْتَشِيرُوا			
女	اِسْتَشِيرِي		اِسْتَشِرْنَ	مُسْتَشِيرٌ	مُسْتَشَارٌ	اِسْتِشَارَةٌ

<table>
<tr><th colspan="6">受動態</th></tr>
<tr><th colspan="3">完了形</th><th colspan="3">未完了形直説法</th></tr>
<tr><th>単</th><th>双</th><th>複</th><th>単</th><th>双</th><th>複</th></tr>
<tr><td>أُسْتُشِيرَ</td><td>أُسْتُشِيرَا</td><td>أُسْتُشِيرُوا</td><td>يُسْتَشَارُ</td><td>يُسْتَشَارَانِ</td><td>يُسْتَشَارُونَ</td></tr>
<tr><td>أُسْتُشِيرَتْ</td><td>أُسْتُشِيرَتَا</td><td>أُسْتُشِرْنَ</td><td>تُسْتَشَارُ</td><td>تُسْتَشَارَانِ</td><td>يُسْتَشَرْنَ</td></tr>
<tr><td>أُسْتُشِرْتَ</td><td rowspan="2">أُسْتُشِرْتُمَا</td><td>أُسْتُشِرْتُمْ</td><td>تُسْتَشَارُ</td><td rowspan="2">تُسْتَشَارَانِ</td><td>تُسْتَشَارُونَ</td></tr>
<tr><td>أُسْتُشِرْتِ</td><td>أُسْتُشِرْتُنَّ</td><td>تُسْتَشَارِينَ</td><td>تُسْتَشَرْنَ</td></tr>
<tr><td>أُسْتُشِرْتُ</td><td colspan="2">أُسْتُشِرْنَا</td><td>أُسْتَشَارُ</td><td colspan="2">نُسْتَشَارُ</td></tr>
<tr><th colspan="3">接続法</th><th colspan="3">要求法</th></tr>
<tr><td>يُسْتَشَارَ</td><td>يُسْتَشَارَا</td><td>يُسْتَشَارُوا</td><td>يُسْتَشَرْ</td><td>يُسْتَشَارَا</td><td>يُسْتَشَارُوا</td></tr>
<tr><td>تُسْتَشَارَ</td><td>تُسْتَشَارَا</td><td>يُسْتَشَرْنَ</td><td>تُسْتَشَرْ</td><td>تُسْتَشَارَا</td><td>يُسْتَشَرْنَ</td></tr>
<tr><td>تُسْتَشَارَ</td><td rowspan="2">تُسْتَشَارَا</td><td>تُسْتَشَارُوا</td><td>تُسْتَشَرْ</td><td rowspan="2">تُسْتَشَارَا</td><td>تُسْتَشَارُوا</td></tr>
<tr><td>تُسْتَشَارِي</td><td>تُسْتَشَرْنَ</td><td>تُسْتَشَارِي</td><td>تُسْتَشَرْنَ</td></tr>
<tr><td>أُسْتَشَارَ</td><td colspan="2">نُسْتَشَارَ</td><td>أُسْتَشَرْ</td><td colspan="2">نُسْتَشَرْ</td></tr>
</table>

末弱動詞１（基本形）：دَعَا [動：I-3 (ū)] 呼ぶ

	能動態					
	完了形			未完了形直説法		
	単	双	複	単	双	複
3男	دَعَا	دَعَوَا	دَعَوْا	يَدْعُو	يَدْعُوَانِ	يَدْعُونَ
3女	دَعَتْ	دَعَتَا	دَعَوْنَ	تَدْعُو	تَدْعُوَانِ	يَدْعُونَ
2男	دَعَوْتَ	دَعَوْتُمَا	دَعَوْتُمْ	تَدْعُو	تَدْعُوَانِ	تَدْعُونَ
2女	دَعَوْتِ		دَعَوْتُنَّ	تَدْعِينَ		تَدْعُونَ
1	دَعَوْتُ	دَعَوْنَا		أَدْعُو	نَدْعُو	
	接続法			要求法		
3男	يَدْعُوَ	يَدْعُوَا	يَدْعُوا	يَدْعُ	يَدْعُوَا	يَدْعُوا
3女	تَدْعُوَ	تَدْعُوَا	يَدْعُونَ	تَدْعُ	تَدْعُوَا	يَدْعُونَ
2男	تَدْعُوَ	تَدْعُوَا	تَدْعُوا	تَدْعُ	تَدْعُوَا	تَدْعُوا
2女	تَدْعِي		تَدْعُونَ	تَدْعِي		تَدْعُونَ
1	أَدْعُوَ	نَدْعُوَ		أَدْعُ	نَدْعُ	
	命令形			能動分詞	受動分詞	動名詞
男	أُدْعُ	أُدْعُوَا	أُدْعُوا			
女	أُدْعِي		أُدْعُونَ	دَاعٍ	مَدْعُوٌّ	دُعَاءٌ

<table>
<tr><th colspan="6">受動態</th></tr>
<tr><th colspan="3">完了形</th><th colspan="3">未完了形直説法</th></tr>
<tr><th>単</th><th>双</th><th>複</th><th>単</th><th>双</th><th>複</th></tr>
<tr><td>دُعِيَ</td><td>دُعِيَا</td><td>دُعُوا</td><td>يُدْعَى</td><td>يُدْعَيَانِ</td><td>يُدْعَوْنَ</td></tr>
<tr><td>دُعِيَتْ</td><td>دُعِيَتَا</td><td>دُعِينَ</td><td>تُدْعَى</td><td>تُدْعَيَانِ</td><td>يُدْعَيْنَ</td></tr>
<tr><td>دُعِيتَ</td><td rowspan="2">دُعِيتُمَا</td><td>دُعِيتُمْ</td><td>تُدْعَى</td><td rowspan="2">تُدْعَيَانِ</td><td>تُدْعَوْنَ</td></tr>
<tr><td>دُعِيتِ</td><td>دُعِيتُنَّ</td><td>تُدْعَيْنَ</td><td>تُدْعَيْنَ</td></tr>
<tr><td>دُعِيتُ</td><td colspan="2">دُعِينَا</td><td>أُدْعَى</td><td colspan="2">نُدْعَى</td></tr>
<tr><th colspan="3">接続法</th><th colspan="3">要求法</th></tr>
<tr><td>يُدْعَى</td><td>يُدْعَيَا</td><td>يُدْعَوْا</td><td>يُدْعَ</td><td>يُدْعَيَا</td><td>يُدْعَوْا</td></tr>
<tr><td>تُدْعَى</td><td>تُدْعَيَا</td><td>يُدْعَيْنَ</td><td>تُدْعَ</td><td>تُدْعَيَا</td><td>يُدْعَيْنَ</td></tr>
<tr><td>تُدْعَى</td><td rowspan="2">تُدْعَيَا</td><td>تُدْعَوْا</td><td>تُدْعَ</td><td rowspan="2">تُدْعَيَا</td><td>تُدْعَوْا</td></tr>
<tr><td>تُدْعَيْ</td><td>تُدْعَيْنَ</td><td>تُدْعَيْ</td><td>تُدْعَيْنَ</td></tr>
<tr><td>أُدْعَى</td><td colspan="2">نُدْعَى</td><td>أُدْعَ</td><td colspan="2">نُدْعَ</td></tr>
</table>

末弱動詞１（基本形）：رَمَى [動：I-3 (ī)] 投げる

	能動態					
	完了形			未完了形直説法		
	単	双	複	単	双	複
3男	رَمَى	رَمَيَا	رَمَوْا	يَرْمِي	يَرْمِيَانِ	يَرْمُونَ
3女	رَمَتْ	رَمَتَا	رَمَيْنَ	تَرْمِي	تَرْمِيَانِ	يَرْمِينَ
2男	رَمَيْتَ	رَمَيْتُمَا	رَمَيْتُمْ	تَرْمِي	تَرْمِيَانِ	تَرْمُونَ
2女	رَمَيْتِ		رَمَيْتُنَّ	تَرْمِينَ		تَرْمِينَ
1	رَمَيْتُ	رَمَيْنَا		أَرْمِي	نَرْمِي	
	接続法			要求法		
3男	يَرْمِيَ	يَرْمِيَا	يَرْمُوا	يَرْمِ	يَرْمِيَا	يَرْمُوا
3女	تَرْمِيَ	تَرْمِيَا	يَرْمِينَ	تَرْمِ	تَرْمِيَا	يَرْمِينَ
2男	تَرْمِيَ	تَرْمِيَا	تَرْمُوا	تَرْمِ	تَرْمِيَا	تَرْمُوا
2女	تَرْمِي		تَرْمِينَ	تَرْمِي		تَرْمِينَ
1	أَرْمِيَ	نَرْمِيَ		أَرْمِ	نَرْمِ	
	命令形			能動分詞	受動分詞	動名詞
男	اِرْمِ	اِرْمِيَا	اِرْمُوا			
女	اِرْمِي		اِرْمِينَ	رَامٍ	مَرْمِيٌّ	رَمْيٌ

<table>
<tr><th colspan="6">受動態</th></tr>
<tr><th colspan="3">完了形</th><th colspan="3">未完了形直説法</th></tr>
<tr><th>単</th><th>双</th><th>複</th><th>単</th><th>双</th><th>複</th></tr>
<tr><td>رُمِيَ</td><td>رُمِيَا</td><td>رُمُوا</td><td>يُرْمَى</td><td>يُرْمَيَانِ</td><td>يُرْمَوْنَ</td></tr>
<tr><td>رُمِيَتْ</td><td>رُمِيَتَا</td><td>رُمِينَ</td><td>تُرْمَى</td><td>تُرْمَيَانِ</td><td>يُرْمَيْنَ</td></tr>
<tr><td>رُمِيتَ</td><td rowspan="2">رُمِيتُمَا</td><td>رُمِيتُمْ</td><td>تُرْمَى</td><td rowspan="2">تُرْمَيَانِ</td><td>تُرْمَوْنَ</td></tr>
<tr><td>رُمِيتِ</td><td>رُمِيتُنَّ</td><td>تُرْمَيْنَ</td><td>تُرْمَيْنَ</td></tr>
<tr><td>رُمِيتُ</td><td colspan="2">رُمِينَا</td><td>أُرْمَى</td><td colspan="2">نُرْمَى</td></tr>
<tr><th colspan="3">接続法</th><th colspan="3">要求法</th></tr>
<tr><td>يُرْمَى</td><td>يُرْمَيَا</td><td>يُرْمَوْا</td><td>يُرْمَ</td><td>يُرْمَيَا</td><td>يُرْمَوْا</td></tr>
<tr><td>تُرْمَى</td><td>تُرْمَيَا</td><td>يُرْمَيْنَ</td><td>تُرْمَ</td><td>تُرْمَيَا</td><td>يُرْمَيْنَ</td></tr>
<tr><td>تُرْمَى</td><td rowspan="2">تُرْمَيَا</td><td>تُرْمَوْا</td><td>تُرْمَ</td><td rowspan="2">تُرْمَيَا</td><td>تُرْمَوْا</td></tr>
<tr><td>تُرْمَيْ</td><td>تُرْمَيْنَ</td><td>تُرْمَيْ</td><td>تُرْمَيْنَ</td></tr>
<tr><td>أُرْمَى</td><td colspan="2">نُرْمَى</td><td>أُرْمَ</td><td colspan="2">نُرْمَ</td></tr>
</table>

末弱動詞 1（基本形）：نَسِيَ [動：I-3 (ā)] 忘れる

	能動態					
	完了形			未完了形直説法		
	単	双	複	単	双	複
3男	نَسِيَ	نَسِيَا	نَسُوا	يَنْسَى	يَنْسَيَانِ	يَنْسَوْنَ
3女	نَسِيَتْ	نَسِيَتَا	نَسِينَ	تَنْسَى	تَنْسَيَانِ	يَنْسَيْنَ
2男	نَسِيتَ	نَسِيتُمَا	نَسِيتُمْ	تَنْسَى	تَنْسَيَانِ	تَنْسَوْنَ
2女	نَسِيتِ		نَسِيتُنَّ	تَنْسَيْنَ		تَنْسَيْنَ
1	نَسِيتُ	نَسِينَا		أَنْسَى	نَنْسَى	

	接続法			要求法		
3男	يَنْسَى	يَنْسَيَا	يَنْسَوْا	يَنْسَ	يَنْسَيَا	يَنْسَوْا
3女	تَنْسَى	تَنْسَيَا	يَنْسَيْنَ	تَنْسَ	تَنْسَيَا	يَنْسَيْنَ
2男	تَنْسَى	تَنْسَيَا	تَنْسَوْا	تَنْسَ	تَنْسَيَا	تَنْسَوْا
2女	تَنْسَيْ		تَنْسَيْنَ	تَنْسَيْ		تَنْسَيْنَ
1	أَنْسَى	نَنْسَى		أَنْسَ	نَنْسَ	

	命令形			能動分詞	受動分詞	動名詞
男	اِنْسَ	اِنْسَيَا	اِنْسَوْا			
女	اِنْسَيْ		اِنْسَيْنَ	نَاسٍ	مَنْسِيٌّ	نَسْيٌ

受動態					
完了形			未完了形直説法		
単	双	複	単	双	複
نُسِيَ	نُسِيَا	نُسُوا	يُنْسَى	يُنْسَيَانِ	يُنْسَوْنَ
نُسِيَتْ	نُسِيَتَا	نُسِينَ	تُنْسَى	تُنْسَيَانِ	يُنْسَيْنَ
نُسِيتَ	نُسِيتُمَا	نُسِيتُمْ	تُنْسَى	تُنْسَيَانِ	تُنْسَوْنَ
نُسِيتِ		نُسِيتُنَّ	تُنْسَيْنَ		تُنْسَيْنَ
نُسِيتُ	نُسِينَا		أُنْسَى	نُنْسَى	
接続法			要求法		
يُنْسَى	يُنْسَيَا	يُنْسَوْا	يُنْسَ	يُنْسَيَا	يُنْسَوْا
تُنْسَى	تُنْسَيَا	يُنْسَيْنَ	تُنْسَ	تُنْسَيَا	يُنْسَيْنَ
تُنْسَى	تُنْسَيَا	تُنْسَوْا	تُنْسَ	تُنْسَيَا	تُنْسَوْا
تُنْسَيْ		تُنْسَيْنَ	تُنْسَيْ		تُنْسَيْنَ
أُنْسَى	نُنْسَى		أُنْسَ	نُنْسَ	

末弱動詞２（派生形第II型）：سَمَّى [動：II-3] 名づける

	能動態					
	完了形			未完了形直説法		
	単	双	複	単	双	複
3男	سَمَّى	سَمَّيَا	سَمَّوْا	يُسَمِّي	يُسَمِّيَانِ	يُسَمُّونَ
3女	سَمَّتْ	سَمَّتَا	سَمَّيْنَ	تُسَمِّي	تُسَمِّيَانِ	يُسَمِّينَ
2男	سَمَّيْتَ	سَمَّيْتُمَا	سَمَّيْتُمْ	تُسَمِّي	تُسَمِّيَانِ	تُسَمُّونَ
2女	سَمَّيْتِ		سَمَّيْتُنَّ	تُسَمِّينَ		تُسَمِّينَ
1	سَمَّيْتُ	سَمَّيْنَا		أُسَمِّي	نُسَمِّي	
	接続法			要求法		
3男	يُسَمِّيَ	يُسَمِّيَا	يُسَمُّوا	يُسَمِّ	يُسَمِّيَا	يُسَمُّوا
3女	تُسَمِّيَ	تُسَمِّيَا	يُسَمِّينَ	تُسَمِّ	تُسَمِّيَا	يُسَمِّينَ
2男	تُسَمِّيَ	تُسَمِّيَا	تُسَمُّوا	تُسَمِّ	تُسَمِّيَا	تُسَمُّوا
2女	تُسَمِّي		تُسَمِّينَ	تُسَمِّي		تُسَمِّينَ
1	أُسَمِّيَ	نُسَمِّيَ		أُسَمِّ	نُسَمِّ	
	命令形			能動分詞	受動分詞	動名詞
男	سَمِّ	سَمِّيَا	سَمُّوا			
女	سَمِّي		سَمِّينَ	مُسَمٍّ	مُسَمًّى	تَسْمِيَةٌ

<table>
<tr><th colspan="6">受動態</th></tr>
<tr><th colspan="3">完了形</th><th colspan="3">未完了形直説法</th></tr>
<tr><th>単</th><th>双</th><th>複</th><th>単</th><th>双</th><th>複</th></tr>
<tr><td>سُمِّيَ</td><td>سُمِّيَا</td><td>سُمُّوا</td><td>يُسَمَّى</td><td>يُسَمَّيَانِ</td><td>يُسَمَّوْنَ</td></tr>
<tr><td>سُمِّيَتْ</td><td>سُمِّيَتَا</td><td>سُمِّينَ</td><td>تُسَمَّى</td><td>تُسَمَّيَانِ</td><td>يُسَمَّيْنَ</td></tr>
<tr><td>سُمِّيتَ</td><td rowspan="2">سُمِّيتُمَا</td><td>سُمِّيتُمْ</td><td>تُسَمَّى</td><td rowspan="2">تُسَمَّيَانِ</td><td>تُسَمَّوْنَ</td></tr>
<tr><td>سُمِّيتِ</td><td>سُمِّيتُنَّ</td><td>تُسَمَّيْنَ</td><td>تُسَمَّيْنَ</td></tr>
<tr><td>سُمِّيتُ</td><td colspan="2">سُمِّينَا</td><td>أُسَمَّى</td><td colspan="2">نُسَمَّى</td></tr>
<tr><th colspan="3">接続法</th><th colspan="3">要求法</th></tr>
<tr><td>يُسَمَّى</td><td>يُسَمَّيَا</td><td>يُسَمَّوْا</td><td>يُسَمَّ</td><td>يُسَمَّيَا</td><td>يُسَمَّوْا</td></tr>
<tr><td>تُسَمَّى</td><td>تُسَمَّيَا</td><td>يُسَمَّيْنَ</td><td>تُسَمَّ</td><td>تُسَمَّيَا</td><td>يُسَمَّيْنَ</td></tr>
<tr><td>تُسَمَّى</td><td rowspan="2">تُسَمَّيَا</td><td>تُسَمَّوْا</td><td>تُسَمَّ</td><td rowspan="2">تُسَمَّيَا</td><td>تُسَمَّوْا</td></tr>
<tr><td>تُسَمَّيْ</td><td>تُسَمَّيْنَ</td><td>تُسَمَّيْ</td><td>تُسَمَّيْنَ</td></tr>
<tr><td>أُسَمَّى</td><td colspan="2">نُسَمَّى</td><td>أُسَمَّ</td><td colspan="2">نُسَمَّ</td></tr>
</table>

末弱動詞２（派生形第III型）： لَاقَى [動：III-3] 会う

	能動態					
	完了形			未完了形直説法		
	単	双	複	単	双	複
3男	لَاقَى	لَاقَيَا	لَاقَوْا	يُلَاقِي	يُلَاقِيَانِ	يُلَاقُونَ
3女	لَاقَتْ	لَاقَتَا	لَاقَيْنَ	تُلَاقِي	تُلَاقِيَانِ	يُلَاقِينَ
2男	لَاقَيْتَ	لَاقَيْتُمَا	لَاقَيْتُمْ	تُلَاقِي	تُلَاقِيَانِ	تُلَاقُونَ
2女	لَاقَيْتِ		لَاقَيْتُنَّ	تُلَاقِينَ		تُلَاقِينَ
1	لَاقَيْتُ	لَاقَيْنَا		أُلَاقِي	نُلَاقِي	

	接続法			要求法		
3男	يُلَاقِيَ	يُلَاقِيَا	يُلَاقُوا	يُلَاقِ	يُلَاقِيَا	يُلَاقُوا
3女	تُلَاقِيَ	تُلَاقِيَا	يُلَاقِينَ	تُلَاقِ	تُلَاقِيَا	يُلَاقِينَ
2男	تُلَاقِيَ	تُلَاقِيَا	تُلَاقُوا	تُلَاقِ	تُلَاقِيَا	تُلَاقُوا
2女	تُلَاقِي		تُلَاقِينَ	تُلَاقِي		تُلَاقِينَ
1	أُلَاقِيَ	نُلَاقِيَ		أُلَاقِ	نُلَاقِ	

	命令形			能動分詞	受動分詞	動名詞
男	لَاقِ	لَاقِيَا	لَاقُوا			
女	لَاقِي		لَاقِينَ	مُلَاقٍ	مُلَاقًى	مُلَاقَاةٌ

<table>
<tr><th colspan="6">受動態</th></tr>
<tr><th colspan="3">完了形</th><th colspan="3">未完了形直説法</th></tr>
<tr><th>単</th><th>双</th><th>複</th><th>単</th><th>双</th><th>複</th></tr>
<tr><td>لُوقِيَ</td><td>لُوقِيَا</td><td>لُوقُوا</td><td>يُلَاقَى</td><td>يُلَاقَيَانِ</td><td>يُلَاقَوْنَ</td></tr>
<tr><td>لُوقِيَتْ</td><td>لُوقِيَتَا</td><td>لُوقِينَ</td><td>تُلَاقَى</td><td>تُلَاقَيَانِ</td><td>يُلَاقَيْنَ</td></tr>
<tr><td>لُوقِيتَ</td><td rowspan="2">لُوقِيتُمَا</td><td>لُوقِيتُمْ</td><td>تُلَاقَى</td><td rowspan="2">تُلَاقَيَانِ</td><td>تُلَاقَوْنَ</td></tr>
<tr><td>لُوقِيتِ</td><td>لُوقِيتُنَّ</td><td>تُلَاقَيْنَ</td><td>تُلَاقَيْنَ</td></tr>
<tr><td>لُوقِيتُ</td><td colspan="2">لُوقِينَا</td><td>أُلَاقَى</td><td colspan="2">نُلَاقَى</td></tr>
<tr><th colspan="3">接続法</th><th colspan="3">要求法</th></tr>
<tr><td>يُلَاقَى</td><td>يُلَاقَيَا</td><td>يُلَاقَوْا</td><td>يُلَاقَ</td><td>يُلَاقَيَا</td><td>يُلَاقَوْا</td></tr>
<tr><td>تُلَاقَى</td><td>تُلَاقَيَا</td><td>يُلَاقَيْنَ</td><td>تُلَاقَ</td><td>تُلَاقَيَا</td><td>يُلَاقَيْنَ</td></tr>
<tr><td>تُلَاقَى</td><td rowspan="2">تُلَاقَيَا</td><td>تُلَاقَوْا</td><td>تُلَاقَ</td><td rowspan="2">تُلَاقَيَا</td><td>تُلَاقَوْا</td></tr>
<tr><td>تُلَاقَيْ</td><td>تُلَاقَيْنَ</td><td>تُلَاقَيْ</td><td>تُلَاقَيْنَ</td></tr>
<tr><td>أُلَاقَى</td><td colspan="2">نُلَاقَى</td><td>أُلَاقَ</td><td colspan="2">نُلَاقَ</td></tr>
</table>

末弱動詞２（派生形第Ⅳ型）：أَلْقَى [動：Ⅳ-3] 投げる

<table>
<tr><td></td><td colspan="6">能動態</td></tr>
<tr><td></td><td colspan="3">完了形</td><td colspan="3">未完了形直説法</td></tr>
<tr><td></td><td>単</td><td>双</td><td>複</td><td>単</td><td>双</td><td>複</td></tr>
<tr><td>3男</td><td>أَلْقَى</td><td>أَلْقَيَا</td><td>أَلْقَوْا</td><td>يُلْقِي</td><td>يُلْقِيَانِ</td><td>يُلْقُونَ</td></tr>
<tr><td>3女</td><td>أَلْقَتْ</td><td>أَلْقَتَا</td><td>أَلْقَيْنَ</td><td>تُلْقِي</td><td>تُلْقِيَانِ</td><td>يُلْقِينَ</td></tr>
<tr><td>2男</td><td>أَلْقَيْتَ</td><td rowspan="2">أَلْقَيْتُمَا</td><td>أَلْقَيْتُمْ</td><td>تُلْقِي</td><td rowspan="2">تُلْقِيَانِ</td><td>تُلْقُونَ</td></tr>
<tr><td>2女</td><td>أَلْقَيْتِ</td><td>أَلْقَيْتُنَّ</td><td>تُلْقِينَ</td><td>تُلْقِينَ</td></tr>
<tr><td>1</td><td>أَلْقَيْتُ</td><td colspan="2">أَلْقَيْنَا</td><td>أُلْقِي</td><td colspan="2">نُلْقِي</td></tr>
<tr><td></td><td colspan="3">接続法</td><td colspan="3">要求法</td></tr>
<tr><td>3男</td><td>يُلْقِيَ</td><td>يُلْقِيَا</td><td>يُلْقُوا</td><td>يُلْقِ</td><td>يُلْقِيَا</td><td>يُلْقُوا</td></tr>
<tr><td>3女</td><td>تُلْقِيَ</td><td>تُلْقِيَا</td><td>يُلْقِينَ</td><td>تُلْقِ</td><td>تُلْقِيَا</td><td>يُلْقِينَ</td></tr>
<tr><td>2男</td><td>تُلْقِيَ</td><td rowspan="2">تُلْقِيَا</td><td>تُلْقُوا</td><td>تُلْقِ</td><td rowspan="2">تُلْقِيَا</td><td>تُلْقُوا</td></tr>
<tr><td>2女</td><td>تُلْقِي</td><td>تُلْقِينَ</td><td>تُلْقِي</td><td>تُلْقِينَ</td></tr>
<tr><td>1</td><td>أُلْقِيَ</td><td colspan="2">نُلْقِيَ</td><td>أُلْقِ</td><td colspan="2">نُلْقِ</td></tr>
<tr><td></td><td colspan="3">命令形</td><td rowspan="2">能動分詞</td><td rowspan="2">受動分詞</td><td rowspan="2">動名詞</td></tr>
<tr><td>男</td><td>أَلْقِ</td><td rowspan="2">أَلْقِيَا</td><td>أَلْقُوا</td></tr>
<tr><td>女</td><td>أَلْقِي</td><td>أَلْقِينَ</td><td>مُلْقٍ</td><td>مُلْقًى</td><td>إِلْقَاءٌ</td></tr>
</table>

<table>
<tr><th colspan="6">受動態</th></tr>
<tr><th colspan="3">完了形</th><th colspan="3">未完了形直説法</th></tr>
<tr><th>単</th><th>双</th><th>複</th><th>単</th><th>双</th><th>複</th></tr>
<tr><td>أُلْقِيَ</td><td>أُلْقِيَا</td><td>أُلْقُوا</td><td>يُلْقَى</td><td>يُلْقَيَانِ</td><td>يُلْقَوْنَ</td></tr>
<tr><td>أُلْقِيَتْ</td><td>أُلْقِيَتَا</td><td>أُلْقِينَ</td><td>تُلْقَى</td><td>تُلْقَيَانِ</td><td>يُلْقَيْنَ</td></tr>
<tr><td>أُلْقِيتَ</td><td rowspan="2">أُلْقِيتُمَا</td><td>أُلْقِيتُمْ</td><td>تُلْقَى</td><td rowspan="2">تُلْقَيَانِ</td><td>تُلْقَوْنَ</td></tr>
<tr><td>أُلْقِيتِ</td><td>أُلْقِيتُنَّ</td><td>تُلْقَيْنَ</td><td>تُلْقَيْنَ</td></tr>
<tr><td>أُلْقِيتُ</td><td colspan="2">أُلْقِينَا</td><td>أُلْقَى</td><td colspan="2">نُلْقَى</td></tr>
<tr><th colspan="3">接続法</th><th colspan="3">要求法</th></tr>
<tr><td>يُلْقَى</td><td>يُلْقَيَا</td><td>يُلْقَوْا</td><td>يُلْقَ</td><td>يُلْقَيَا</td><td>يُلْقَوْا</td></tr>
<tr><td>تُلْقَى</td><td>تُلْقَيَا</td><td>يُلْقَيْنَ</td><td>تُلْقَ</td><td>تُلْقَيَا</td><td>يُلْقَيْنَ</td></tr>
<tr><td>تُلْقَى</td><td rowspan="2">تُلْقَيَا</td><td>تُلْقَوْا</td><td>تُلْقَ</td><td rowspan="2">تُلْقَيَا</td><td>تُلْقَوْا</td></tr>
<tr><td>تُلْقَيْ</td><td>تُلْقَيْنَ</td><td>تُلْقَيْ</td><td>تُلْقَيْنَ</td></tr>
<tr><td>أُلْقَى</td><td colspan="2">نُلْقَى</td><td>أُلْقَ</td><td colspan="2">نُلْقَ</td></tr>
</table>

末弱動詞2（派生形第V型）： تَلَقَّى [動：V-3] 受け取る

	能動態					
	完了形			未完了形直説法		
	単	双	複	単	双	複
3男	تَلَقَّى	تَلَقَّيَا	تَلَقَّوْا	يَتَلَقَّى	يَتَلَقَّيَانِ	يَتَلَقَّوْنَ
3女	تَلَقَّتْ	تَلَقَّتَا	تَلَقَّيْنَ	تَتَلَقَّى	تَتَلَقَّيَانِ	يَتَلَقَّيْنَ
2男	تَلَقَّيْتَ	تَلَقَّيْتُمَا	تَلَقَّيْتُمْ	تَتَلَقَّى	تَتَلَقَّيَانِ	تَتَلَقَّوْنَ
2女	تَلَقَّيْتِ	تَلَقَّيْتُمَا	تَلَقَّيْتُنَّ	تَتَلَقَّيْنَ	تَتَلَقَّيَانِ	تَتَلَقَّيْنَ
1	تَلَقَّيْتُ	تَلَقَّيْنَا		أَتَلَقَّى	نَتَلَقَّى	

	接続法			要求法		
3男	يَتَلَقَّى	يَتَلَقَّيَا	يَتَلَقَّوْا	يَتَلَقَّ	يَتَلَقَّيَا	يَتَلَقَّوْا
3女	تَتَلَقَّى	تَتَلَقَّيَا	يَتَلَقَّيْنَ	تَتَلَقَّ	تَتَلَقَّيَا	يَتَلَقَّيْنَ
2男	تَتَلَقَّى	تَتَلَقَّيَا	تَتَلَقَّوْا	تَتَلَقَّ	تَتَلَقَّيَا	تَتَلَقَّوْا
2女	تَتَلَقَّيْ	تَتَلَقَّيَا	تَتَلَقَّيْنَ	تَتَلَقَّيْ	تَتَلَقَّيَا	تَتَلَقَّيْنَ
1	أَتَلَقَّى	نَتَلَقَّى		أَتَلَقَّ	نَتَلَقَّ	

	命令形			能動分詞	受動分詞	動名詞
男	تَلَقَّ	تَلَقَّيَا	تَلَقَّوْا	مُتَلَقٍّ	مُتَلَقًّى	تَلَقٍّ
女	تَلَقَّيْ	تَلَقَّيَا	تَلَقَّيْنَ			

受動態					
完了形			未完了形直説法		
単	双	複	単	双	複
تُلُقِّيَ	تُلُقِّيَا	تُلُقُّوا	يُتَلَقَّى	يُتَلَقَّيَانِ	يُتَلَقَّوْنَ
تُلُقِّيَتْ	تُلُقِّيَتَا	تُلُقِّينَ	تُتَلَقَّى	تُتَلَقَّيَانِ	يُتَلَقَّيْنَ
تُلُقِّيتَ	تُلُقِّيتُمْ	تُلُقِّيتُمْ	تُتَلَقَّى	تُتَلَقَّيَانِ	تُتَلَقَّوْنَ
تُلُقِّيتِ		تُلُقِّيتُنَّ	تُتَلَقَّيْنَ		تُتَلَقَّيْنَ
تُلُقِّيتُ	تُلُقِّينَا		أُتَلَقَّى	نُتَلَقَّى	
接続法			要求法		
يُتَلَقَّى	يُتَلَقَّيَا	يُتَلَقَّوْا	يُتَلَقَّ	يُتَلَقَّيَا	يُتَلَقَّوْا
تُتَلَقَّى	تُتَلَقَّيَا	يُتَلَقَّيْنَ	تُتَلَقَّ	تُتَلَقَّيَا	يُتَلَقَّيْنَ
تُتَلَقَّى	تُتَلَقَّيَا	تُتَلَقَّوْا	تُتَلَقَّ	تُتَلَقَّيَا	تُتَلَقَّوْا
تُتَلَقَّيْ		تُتَلَقَّيْنَ	تُتَلَقَّيْ		تُتَلَقَّيْنَ
أُتَلَقَّى	نُتَلَقَّى		أُتَلَقَّ	نُتَلَقَّ	

末弱動詞２（派生形第VI型）：تَلَاقَى [動：VI-3] 出会う

	能動態					
	完了形			未完了形直説法		
	単	双	複	単	双	複
3男	تَلَاقَى	تَلَاقَيَا	تَلَاقَوْا	يَتَلَاقَى	يَتَلَاقَيَانِ	يَتَلَاقَوْنَ
3女	تَلَاقَتْ	تَلَاقَتَا	تَلَاقَيْنَ	تَتَلَاقَى	تَتَلَاقَيَانِ	يَتَلَاقَيْنَ
2男	تَلَاقَيْتَ	تَلَاقَيْتُمَا	تَلَاقَيْتُمْ	تَتَلَاقَى	تَتَلَاقَيَانِ	تَتَلَاقَوْنَ
2女	تَلَاقَيْتِ		تَلَاقَيْتُنَّ	تَتَلَاقَيْنَ		تَتَلَاقَيْنَ
1	تَلَاقَيْتُ	تَلَاقَيْنَا		أَتَلَاقَى	نَتَلَاقَى	
	接続法			要求法		
3男	يَتَلَاقَى	يَتَلَاقَيَا	يَتَلَاقَوْا	يَتَلَاقَ	يَتَلَاقَيَا	يَتَلَاقَوْا
3女	تَتَلَاقَى	تَتَلَاقَيَا	يَتَلَاقَيْنَ	تَتَلَاقَ	تَتَلَاقَيَا	يَتَلَاقَيْنَ
2男	تَتَلَاقَى	تَتَلَاقَيَا	تَتَلَاقَوْا	تَتَلَاقَ	تَتَلَاقَيَا	تَتَلَاقَوْا
2女	تَتَلَاقَيْ		تَتَلَاقَيْنَ	تَتَلَاقَيْ		تَتَلَاقَيْنَ
1	أَتَلَاقَى	نَتَلَاقَى		أَتَلَاقَ	نَتَلَاقَ	
	命令形			能動分詞	受動分詞	動名詞
男	تَلَاقَ	تَلَاقَيَا	تَلَاقَوْا			
女	تَلَاقَيْ		تَلَاقَيْنَ	مُتَلَاقٍ	مُتَلَاقًى	تَلَاقٍ

<table>
<tr><th colspan="6">受動態</th></tr>
<tr><th colspan="3">完了形</th><th colspan="3">未完了形直説法</th></tr>
<tr><th>単</th><th>双</th><th>複</th><th>単</th><th>双</th><th>複</th></tr>
<tr><td>تُلُوقِيَ</td><td>تُلُوقِيَا</td><td>تُلُوقُوا</td><td>يُتَلَاقَى</td><td>يُتَلَاقَيَانِ</td><td>يُتَلَاقَوْنَ</td></tr>
<tr><td>تُلُوقِيَتْ</td><td>تُلُوقِيَتَا</td><td>تُلُوقِينَ</td><td>تُتَلَاقَى</td><td>تُتَلَاقَيَانِ</td><td>يُتَلَاقَيْنَ</td></tr>
<tr><td>تُلُوقِيتَ</td><td rowspan="2">تُلُوقِيتُمَا</td><td>تُلُوقِيتُمْ</td><td>تُتَلَاقَى</td><td rowspan="2">تُتَلَاقَيَانِ</td><td>تُتَلَاقَوْنَ</td></tr>
<tr><td>تُلُوقِيتِ</td><td>تُلُوقِيتُنَّ</td><td>تُتَلَاقَيْنَ</td><td>تُتَلَاقَيْنَ</td></tr>
<tr><td>تُلُوقِيتُ</td><td colspan="2">تُلُوقِينَا</td><td>أُتَلَاقَى</td><td colspan="2">نُتَلَاقَى</td></tr>
<tr><th colspan="3">接続法</th><th colspan="3">要求法</th></tr>
<tr><td>يُتَلَاقَى</td><td>يُتَلَاقَيَا</td><td>يُتَلَاقَوْا</td><td>يُتَلَاقَ</td><td>يُتَلَاقَيَا</td><td>يُتَلَاقَوْا</td></tr>
<tr><td>تُتَلَاقَى</td><td>تُتَلَاقَيَا</td><td>يُتَلَاقَيْنَ</td><td>تُتَلَاقَ</td><td>تُتَلَاقَيَا</td><td>يُتَلَاقَيْنَ</td></tr>
<tr><td>تُتَلَاقَى</td><td rowspan="2">تُتَلَاقَيَا</td><td>تُتَلَاقَوْا</td><td>تُتَلَاقَ</td><td rowspan="2">تُتَلَاقَيَا</td><td>تُتَلَاقَوْا</td></tr>
<tr><td>تُتَلَاقَيْ</td><td>تُتَلَاقَيْنَ</td><td>تُتَلَاقَيْ</td><td>تُتَلَاقَيْنَ</td></tr>
<tr><td>أُتَلَاقَى</td><td colspan="2">نُتَلَاقَى</td><td>أُتَلَاقَ</td><td colspan="2">نُتَلَاقَ</td></tr>
</table>

末弱動詞2（派生形第VII型）： اِنْحَنَى [動：VII-3] 傾く・曲がる

	能動態					
	完了形			未完了形直説法		
	単	双	複	単	双	複
3男	اِنْحَنَى	اِنْحَنَيَا	اِنْحَنَوْا	يَنْحَنِي	يَنْحَنِيَانِ	يَنْحَنُونَ
3女	اِنْحَنَتْ	اِنْحَنَتَا	اِنْحَنَيْنَ	تَنْحَنِي	تَنْحَنِيَانِ	يَنْحَنِينَ
2男	اِنْحَنَيْتَ	اِنْحَنَيْتُمَا	اِنْحَنَيْتُمْ	تَنْحَنِي	تَنْحَنِيَانِ	تَنْحَنُونَ
2女	اِنْحَنَيْتِ		اِنْحَنَيْتُنَّ	تَنْحَنِينَ		تَنْحَنِينَ
1	اِنْحَنَيْتُ	اِنْحَنَيْنَا		أَنْحَنِي	نَنْحَنِي	

	接続法			要求法		
3男	يَنْحَنِيَ	يَنْحَنِيَا	يَنْحَنُوا	يَنْحَنِ	يَنْحَنِيَا	يَنْحَنُوا
3女	تَنْحَنِيَ	تَنْحَنِيَا	يَنْحَنِينَ	تَنْحَنِ	تَنْحَنِيَا	يَنْحَنِينَ
2男	تَنْحَنِيَ	تَنْحَنِيَا	تَنْحَنُوا	تَنْحَنِ	تَنْحَنِيَا	تَنْحَنُوا
2女	تَنْحَنِي		تَنْحَنِينَ	تَنْحَنِي		تَنْحَنِينَ
1	أَنْحَنِيَ	نَنْحَنِيَ		أَنْحَنِ	نَنْحَنِ	

	命令形			能動分詞	受動分詞	動名詞
男	اِنْحَنِ	اِنْحَنِيَا	اِنْحَنُوا	مُنْحَنٍ	مُنْحَنًى	اِنْحِنَاءٌ
女	اِنْحَنِي		اِنْحَنِينَ			

98

<table>
<tr><th colspan="6">受動態</th></tr>
<tr><th colspan="3">完了形</th><th colspan="3">未完了形直説法</th></tr>
<tr><th>単</th><th>双</th><th>複</th><th>単</th><th>双</th><th>複</th></tr>
<tr><td>اُنْحُنِيَ</td><td>اُنْحُنِيَا</td><td>اُنْحُنُونَ</td><td>يُنْحَنَى</td><td>يُنْحَنَيَانِ</td><td>يُنْحَنَوْنَ</td></tr>
<tr><td>اُنْحُنِيَتْ</td><td>اُنْحُنِيَتَا</td><td>اُنْحُنِينَ</td><td>تُنْحَنَى</td><td>تُنْحَنَيَانِ</td><td>يُنْحَنَيْنَ</td></tr>
<tr><td>اُنْحُنِيتَ</td><td rowspan="2">اُنْحُنِيتُمَا</td><td>اُنْحُنِيتُمْ</td><td>تُنْحَنَى</td><td rowspan="2">تُنْحَنَيَانِ</td><td>تُنْحَنَوْنَ</td></tr>
<tr><td>اُنْحُنِيتِ</td><td>اُنْحُنِيتُنَّ</td><td>تُنْحَنَيْنَ</td><td>تُنْحَنَيْنَ</td></tr>
<tr><td>اُنْحُنِيتُ</td><td colspan="2">اُنْحُنِينَا</td><td>أُنْحَنَى</td><td colspan="2">نُنْحَنَى</td></tr>
<tr><th colspan="3">接続法</th><th colspan="3">要求法</th></tr>
<tr><td>يُنْحَنَى</td><td>يُنْحَنَيَا</td><td>يُنْحَنَوْا</td><td>يُنْحَنَ</td><td>يُنْحَنَيَا</td><td>يُنْحَنَوْا</td></tr>
<tr><td>تُنْحَنَى</td><td>تُنْحَنَيَا</td><td>يُنْحَنَيْنَ</td><td>تُنْحَنَ</td><td>تُنْحَنَيَا</td><td>يُنْحَنَيْنَ</td></tr>
<tr><td>تُنْحَنَى</td><td rowspan="2">تُنْحَنَيَا</td><td>تُنْحَنَوْا</td><td>تُنْحَنَ</td><td rowspan="2">تُنْحَنَيَا</td><td>تُنْحَنَوْا</td></tr>
<tr><td>تُنْحَنَيْ</td><td>تُنْحَنَيْنَ</td><td>تُنْحَنَيْ</td><td>تُنْحَنَيْنَ</td></tr>
<tr><td>أُنْحَنَى</td><td colspan="2">نُنْحَنَى</td><td>أُنْحَنَ</td><td colspan="2">نُنْحَنَ</td></tr>
</table>

末弱動詞２（派生形第VIII型）：اِلْتَقَى [動：VIII-3] 会う

	能動態					
	完了形			未完了形直説法		
	単	双	複	単	双	複
3男	اِلْتَقَى	اِلْتَقَيَا	اِلْتَقَوْا	يَلْتَقِي	يَلْتَقِيَانِ	يَلْتَقُونَ
3女	اِلْتَقَتْ	اِلْتَقَتَا	اِلْتَقَيْنَ	تَلْتَقِي	تَلْتَقِيَانِ	يَلْتَقِينَ
2男	اِلْتَقَيْتَ	اِلْتَقَيْتُمَا	اِلْتَقَيْتُمْ	تَلْتَقِي	تَلْتَقِيَانِ	تَلْتَقُونَ
2女	اِلْتَقَيْتِ		اِلْتَقَيْتُنَّ	تَلْتَقِينَ		تَلْتَقِينَ
1	اِلْتَقَيْتُ	اِلْتَقَيْنَا		أَلْتَقِي	نَلْتَقِي	
	接続法			要求法		
3男	يَلْتَقِيَ	يَلْتَقِيَا	يَلْتَقُوا	يَلْتَقِ	يَلْتَقِيَا	يَلْتَقُوا
3女	تَلْتَقِيَ	تَلْتَقِيَا	يَلْتَقِينَ	تَلْتَقِ	تَلْتَقِيَا	يَلْتَقِينَ
2男	تَلْتَقِيَ	تَلْتَقِيَا	تَلْتَقُوا	تَلْتَقِ	تَلْتَقِيَا	تَلْتَقُوا
2女	تَلْتَقِي		تَلْتَقِينَ	تَلْتَقِي		تَلْتَقِينَ
1	أَلْتَقِيَ	نَلْتَقِيَ		أَلْتَقِ	نَلْتَقِ	
	命令形			能動分詞	受動分詞	動名詞
男	اِلْتَقِ	اِلْتَقِيَا	اِلْتَقُوا			
女	اِلْتَقِي		اِلْتَقِينَ	مُلْتَقٍ	مُلْتَقًى	اِلْتِقَاءٌ

<table>
<tr><td colspan="6">受動態</td></tr>
<tr><td colspan="3">完了形</td><td colspan="3">未完了形直説法</td></tr>
<tr><td>単</td><td>双</td><td>複</td><td>単</td><td>双</td><td>複</td></tr>
<tr><td>الْتُقِيَ</td><td>الْتُقِيَا</td><td>الْتُقُوا</td><td>يُلْتَقَى</td><td>يُلْتَقَيَانِ</td><td>يُلْتَقَوْنَ</td></tr>
<tr><td>الْتُقِيَتْ</td><td>الْتُقِيَتَا</td><td>الْتُقِينَ</td><td>تُلْتَقَى</td><td>تُلْتَقَيَانِ</td><td>يُلْتَقَيْنَ</td></tr>
<tr><td>الْتُقِيتَ</td><td rowspan="2">الْتُقِيتُمَا</td><td>الْتُقِيتُمْ</td><td>تُلْتَقَى</td><td rowspan="2">تُلْتَقَيَانِ</td><td>تُلْتَقَوْنَ</td></tr>
<tr><td>الْتُقِيتِ</td><td>الْتُقِيتُنَّ</td><td>تُلْتَقَيْنَ</td><td>تُلْتَقَيْنَ</td></tr>
<tr><td>الْتُقِيتُ</td><td colspan="2">الْتُقِينَا</td><td>أُلْتَقَى</td><td colspan="2">نُلْتَقَى</td></tr>
<tr><td colspan="3">接続法</td><td colspan="3">要求法</td></tr>
<tr><td>يُلْتَقَى</td><td>يُلْتَقَيَا</td><td>يُلْتَقَوْا</td><td>يُلْتَقَ</td><td>يُلْتَقَيَا</td><td>يُلْتَقَوْا</td></tr>
<tr><td>تُلْتَقَى</td><td>تُلْتَقَيَا</td><td>يُلْتَقَيْنَ</td><td>تُلْتَقَ</td><td>تُلْتَقَيَا</td><td>يُلْتَقَيْنَ</td></tr>
<tr><td>تُلْتَقَى</td><td rowspan="2">تُلْتَقَيَا</td><td>تُلْتَقَوْا</td><td>تُلْتَقَ</td><td rowspan="2">تُلْتَقَيَا</td><td>تُلْتَقَوْا</td></tr>
<tr><td>تُلْتَقَيْ</td><td>تُلْتَقَيْنَ</td><td>تُلْتَقَيْ</td><td>تُلْتَقَيْنَ</td></tr>
<tr><td>أُلْتَقَى</td><td colspan="2">نُلْتَقَى</td><td>أُلْتَقَ</td><td colspan="2">نُلْتَقَ</td></tr>
</table>

末弱動詞２（派生形第X型）：اِسْتَغْنَى [動：X-3] 必要としない

	能動態					
	完了形			未完了形直説法		
	単	双	複	単	双	複
3男	اِسْتَغْنَى	اِسْتَغْنَيَا	اِسْتَغْنَوْا	يَسْتَغْنِي	يَسْتَغْنِيَانِ	يَسْتَغْنُونَ
3女	اِسْتَغْنَتْ	اِسْتَغْنَتَا	اِسْتَغْنَيْنَ	تَسْتَغْنِي	تَسْتَغْنِيَانِ	يَسْتَغْنِينَ
2男	اِسْتَغْنَيْتَ	اِسْتَغْنَيْتُمَا	اِسْتَغْنَيْتُمْ	تَسْتَغْنِي	تَسْتَغْنِيَانِ	تَسْتَغْنُونَ
2女	اِسْتَغْنَيْتِ		اِسْتَغْنَيْتُنَّ	تَسْتَغْنِينَ		تَسْتَغْنِينَ
1	اِسْتَغْنَيْتُ	اِسْتَغْنَيْنَا		أَسْتَغْنِي	نَسْتَغْنِي	
	接続法			要求法		
3男	يَسْتَغْنِيَ	يَسْتَغْنِيَا	يَسْتَغْنُوا	يَسْتَغْنِ	يَسْتَغْنِيَا	يَسْتَغْنُوا
3女	تَسْتَغْنِيَ	تَسْتَغْنِيَا	يَسْتَغْنِينَ	تَسْتَغْنِ	تَسْتَغْنِيَا	يَسْتَغْنِينَ
2男	تَسْتَغْنِيَ	تَسْتَغْنِيَا	تَسْتَغْنُوا	تَسْتَغْنِ	تَسْتَغْنِيَا	تَسْتَغْنُوا
2女	تَسْتَغْنِي		تَسْتَغْنِينَ	تَسْتَغْنِي		تَسْتَغْنِينَ
1	أَسْتَغْنِيَ	نَسْتَغْنِيَ		أَسْتَغْنِ	نَسْتَغْنِ	
	命令形			能動分詞	受動分詞	動名詞
男	اِسْتَغْنِ	اِسْتَغْنِيَا	اِسْتَغْنُوا			
女	اِسْتَغْنِي		اِسْتَغْنِينَ	مُسْتَغْنٍ	مُسْتَغْنًى	اِسْتِغْنَاءٌ

<table>
<tr><td colspan="6">受動態</td></tr>
<tr><td colspan="3">完了形</td><td colspan="3">未完了形直説法</td></tr>
<tr><td>単</td><td>双</td><td>複</td><td>単</td><td>双</td><td>複</td></tr>
<tr><td>اُسْتُغْنِيَ</td><td>اُسْتُغْنِيَا</td><td>اُسْتُغْنُوا</td><td>يُسْتَغْنَى</td><td>يُسْتَغْنَيَانِ</td><td>يُسْتَغْنَوْنَ</td></tr>
<tr><td>اُسْتُغْنِيَتْ</td><td>اُسْتُغْنِيَتَا</td><td>اُسْتُغْنِينَ</td><td>تُسْتَغْنَى</td><td>تُسْتَغْنَيَانِ</td><td>يُسْتَغْنَيْنَ</td></tr>
<tr><td>اُسْتُغْنِيتَ</td><td rowspan="2">اُسْتُغْنِيتُمْ</td><td>اُسْتُغْنِيتُمْ</td><td>تُسْتَغْنَى</td><td rowspan="2">تُسْتَغْنَيَانِ</td><td>تُسْتَغْنَوْنَ</td></tr>
<tr><td>اُسْتُغْنِيتِ</td><td>اُسْتُغْنِيتُنَّ</td><td>تُسْتَغْنَيْنَ</td><td>تُسْتَغْنَيْنَ</td></tr>
<tr><td>اُسْتُغْنِيتُ</td><td colspan="2">اُسْتُغْنِينَا</td><td>أُسْتَغْنَى</td><td colspan="2">نُسْتَغْنَى</td></tr>
<tr><td colspan="3">接続法</td><td colspan="3">要求法</td></tr>
<tr><td>يُسْتَغْنَى</td><td>يُسْتَغْنَيَا</td><td>يُسْتَغْنَوْا</td><td>يُسْتَغْنَ</td><td>يُسْتَغْنَيَا</td><td>يُسْتَغْنَوْا</td></tr>
<tr><td>تُسْتَغْنَى</td><td>تُسْتَغْنَيَا</td><td>يُسْتَغْنَيْنَ</td><td>تُسْتَغْنَ</td><td>تُسْتَغْنَيَا</td><td>يُسْتَغْنَيْنَ</td></tr>
<tr><td>تُسْتَغْنَى</td><td rowspan="2">تُسْتَغْنَيَا</td><td>تُسْتَغْنَوْا</td><td>تُسْتَغْنَ</td><td rowspan="2">تُسْتَغْنَيَا</td><td>تُسْتَغْنَوْا</td></tr>
<tr><td>تُسْتَغْنَيْ</td><td>تُسْتَغْنَيْنَ</td><td>تُسْتَغْنَيْ</td><td>تُسْتَغْنَيْنَ</td></tr>
<tr><td>أُسْتَغْنَى</td><td colspan="2">نُسْتَغْنَى</td><td>أُسْتَغْنَ</td><td colspan="2">نُسْتَغْنَ</td></tr>
</table>

重子音動詞１（基本形）：مَسَّ [動：I-G (a)] 触る

	能動態					
	完了形			未完了形直説法		
	単	双	複	単	双	複
3男	مَسَّ	مَسَّا	مَسُّوا	يَمَسُّ	يَمَسَّانِ	يَمَسُّونَ
3女	مَسَّتْ	مَسَّتَا	مَسَسْنَ	تَمَسُّ	تَمَسَّانِ	يَمْسَسْنَ
2男	مَسَسْتَ	مَسَسْتُمَا	مَسَسْتُمْ	تَمَسُّ	تَمَسَّانِ	يَمَسُّونَ
2女	مَسَسْتِ		مَسَسْتُنَّ	تَمَسِّينَ		يَمْسَسْنَ
1	مَسَسْتُ	مَسَسْنَا		أَمَسُّ	نَمَسُّ	
	接続法			要求法		
3男	يَمَسَّ	يَمَسَّا	يَمَسُّوا	يَمَسَّ ~ يَمْسَسْ	يَمَسَّا	يَمَسُّوا
3女	تَمَسَّ	تَمَسَّا	يَمْسَسْنَ	تَمَسَّ ~ تَمْسَسْ	تَمَسَّا	يَمْسَسْنَ
2男	تَمَسَّ	تَمَسَّا	يَمَسُّوا	تَمَسَّ ~ تَمْسَسْ	تَمَسَّا	يَمَسُّوا
2女	تَمَسِّي		يَمْسَسْنَ	تَمَسِّي		يَمْسَسْنَ
1	أَمَسَّ	نَمَسَّ		أَمَسَّ ~ أَمْسَسْ	نَمَسَّ ~ نَمْسَسْ	
	命令形			能動分詞	受動分詞	動名詞
男	مَسَّ ~ اِمْسَسْ	مَسَّا	مَسُّوا			
女	مَسِّي		اِمْسَسْنَ	مَاسٌّ	مَمْسُوسٌ	مَسٌّ

<table>
<tr><th colspan="6">受動態</th></tr>
<tr><th colspan="3">完了形</th><th colspan="3">未完了形直説法</th></tr>
<tr><th>単</th><th>双</th><th>複</th><th>単</th><th>双</th><th>複</th></tr>
<tr><td>مُسَّ</td><td>مُسَّا</td><td>مُسُّوا</td><td>يُمَسُّ</td><td>يُمَسَّانِ</td><td>يُمَسُّونَ</td></tr>
<tr><td>مُسَّتْ</td><td>مُسَّتَا</td><td>مُسَسْنَ</td><td>تُمَسُّ</td><td>تُمَسَّانِ</td><td>يُمْسَسْنَ</td></tr>
<tr><td>مُسَسْتَ</td><td rowspan="2">مُسَسْتُمَا</td><td>مُسَسْتُمْ</td><td>تُمَسُّ</td><td rowspan="2">تُمَسَّانِ</td><td>تُمَسُّونَ</td></tr>
<tr><td>مُسَسْتِ</td><td>مُسَسْتُنَّ</td><td>تُمَسِّينَ</td><td>تُمْسَسْنَ</td></tr>
<tr><td>مُسَسْتُ</td><td colspan="2">مُسَسْنَا</td><td>أُمَسُّ</td><td colspan="2">نُمَسُّ</td></tr>
<tr><th colspan="3">接続法</th><th colspan="3">要求法</th></tr>
<tr><td>يُمَسَّ</td><td>يُمَسَّا</td><td>يُمَسُّوا</td><td>يُمَسَّ ~ يُمْسَسْ</td><td>يُمَسَّا</td><td>يُمَسُّوا</td></tr>
<tr><td>تُمَسَّ</td><td>تُمَسَّا</td><td>يُمْسَسْنَ</td><td>تُمَسَّ ~ تُمْسَسْ</td><td>تُمَسَّا</td><td>يُمْسَسْنَ</td></tr>
<tr><td>تُمَسَّ</td><td rowspan="2">تُمَسَّا</td><td>تُمَسُّوا</td><td>تُمَسَّ ~ تُمْسَسْ</td><td rowspan="2">تُمَسَّا</td><td>تُمَسُّوا</td></tr>
<tr><td>تُمَسِّي</td><td>تُمْسَسْنَ</td><td>تُمَسِّي</td><td>تُمْسَسْنَ</td></tr>
<tr><td>أُمَسَّ</td><td colspan="2">نُمَسَّ</td><td>أُمَسَّ ~ أُمْسَسْ</td><td colspan="2">نُمَسَّ ~ نُمْسَسْ</td></tr>
</table>

重子音動詞２（派生形第Ⅳ型）：أَحَبَّ [動：IV-G] 愛する

	能動態					
	完了形			未完了形直説法		
	単	双	複	単	双	複
3男	أَحَبَّ	أَحَبَّا	أَحَبُّوا	يُحِبُّ	يُحِبَّانِ	يُحِبُّونَ
3女	أَحَبَّتْ	أَحَبَّتَا	أَحْبَبْنَ	تُحِبُّ	تُحِبَّانِ	يُحْبِبْنَ
2男	أَحْبَبْتَ	أَحْبَبْتُمَا	أَحْبَبْتُمْ	تُحِبُّ	تُحِبَّانِ	تُحِبُّونَ
2女	أَحْبَبْتِ		أَحْبَبْتُنَّ	تُحِبِّينَ		تُحْبِبْنَ
1	أَحْبَبْتُ	أَحْبَبْنَا		أُحِبُّ	نُحِبُّ	
	接続法			要求法		
3男	يُحِبَّ	يُحِبَّا	يُحِبُّوا	يُحِبَّ ~ يُحْبِبْ	يُحِبَّا	يُحِبُّوا
3女	تُحِبَّ	تُحِبَّا	يُحْبِبْنَ	تُحِبَّ ~ تُحْبِبْ	تُحِبَّا	يُحْبِبْنَ
2男	تُحِبَّ	تُحِبَّا	تُحِبُّوا	تُحِبَّ ~ تُحْبِبْ	تُحِبَّا	تُحِبُّوا
2女	تُحِبِّي		تُحْبِبْنَ	تُحِبِّي		تُحْبِبْنَ
1	أُحِبَّ	نُحِبَّ		أُحِبَّ ~ أُحْبِبْ	نُحِبَّ ~ نُحْبِبْ	
	命令形			能動分詞	受動分詞	動名詞
男	أَحِبَّ ~ أَحْبِبْ	أَحِبَّا	أَحِبُّوا			
女	أَحِبِّي		أَحْبِبْنَ	مُحِبٌّ	مُحَبٌّ	إِحْبَابٌ

受動態					
完了形			未完了形直説法		
単	双	複	単	双	複
أُحِبَّ	أُحِبَّا	أُحِبُّوا	يُحَبُّ	يُحَبَّانِ	يُحَبُّونَ
أُحْبَّتْ	أُحِبَّتَا	أُحْبِبْنَ	تُحَبُّ	تُحَبَّانِ	يُحْبَبْنَ
أُحْبِبْتَ	أُحْبِبْتُمَا	أُحْبِبْتُمْ	تُحَبُّ	تُحَبَّانِ	تُحَبُّونَ
أُحْبِبْتِ		أُحْبِبْتُنَّ	تُحَبِّينَ		تُحْبَبْنَ
أُحْبِبْتُ	أُحْبِبْنَا		أُحَبُّ	نُحَبُّ	
接続法			要求法		
يُحَبَّ	يُحَبَّا	يُحَبُّوا	يُحَبَّ ~ يُحْبَبْ	يُحَبَّا	يُحَبُّوا
تُحَبَّ	تُحَبَّا	يُحْبَبْنَ	تُحَبَّ ~ تُحْبَبْ	تُحَبَّا	يُحْبَبْنَ
تُحَبَّ	تُحَبَّا	تُحَبُّوا	تُحَبَّ ~ تُحْبَبْ	تُحَبَّا	تُحَبُّوا
تُحَبِّي		تُحْبَبْنَ	تُحَبِّي		تُحْبَبْنَ
أُحَبَّ	نُحَبَّ		أُحَبَّ ~ أُحْبَبْ	نُحَبَّ ~ نُحْبَبْ	

重子音動詞2（派生形第VII型）：اِنْضَمَّ [動：VII-G] 含まれる

	能動態					
	完了形			未完了形直説法		
	単	双	複	単	双	複
3男	اِنْضَمَّ	اِنْضَمَّا	اِنْضَمُّوا	يَنْضَمُّ	يَنْضَمَّانِ	يَنْضَمُّونَ
3女	اِنْضَمَّتْ	اِنْضَمَّتَا	اِنْضَمَمْنَ	تَنْضَمُّ	تَنْضَمَّانِ	يَنْضَمِمْنَ
2男	اِنْضَمَمْتَ	اِنْضَمَمْتُمَا	اِنْضَمَمْتُمْ	تَنْضَمُّ	تَنْضَمَّانِ	تَنْضَمُّونَ
2女	اِنْضَمَمْتِ		اِنْضَمَمْتُنَّ	تَنْضَمِّينَ		تَنْضَمِمْنَ
1	اِنْضَمَمْتُ	اِنْضَمَمْنَا		أَنْضَمُّ	نَنْضَمُّ	
	接続法			要求法		
3男	يَنْضَمَّ	يَنْضَمَّا	يَنْضَمُّوا	يَنْضَمَّ ~ يَنْضَمِمْ	يَنْضَمَّا	يَنْضَمُّوا
3女	تَنْضَمَّ	تَنْضَمَّا	يَنْضَمِمْنَ	تَنْضَمَّ ~ تَنْضَمِمْ	تَنْضَمَّا	يَنْضَمِمْنَ
2男	تَنْضَمَّ	تَنْضَمَّا	تَنْضَمُّوا	تَنْضَمَّ ~ تَنْضَمِمْ	تَنْضَمَّا	تَنْضَمُّوا
2女	تَنْضَمِّي		تَنْضَمِمْنَ	تَنْضَمِّي		تَنْضَمِمْنَ
1	أَنْضَمَّ	نَنْضَمَّ		أَنْضَمَّ ~ أَنْضَمِمْ	نَنْضَمَّ ~ نَنْضَمِمْ	
	命令形			能動分詞	受動分詞	動名詞
男	اِنْضَمَّ ~ اِنْضَمِمْ	اِنْضَمَّا	اِنْضَمُّوا			
女	اِنْضَمِّي		اِنْضَمِمْنَ	مُنْضَمٌّ	مُنْضَمٌّ	اِنْضِمَامٌ

受動態					
完了形			未完了形直説法		
単	双	複	単	双	複
اُنْضُمَّ	اُنْضُمَّا	اُنْضُمُّوا	يُنْضَمُّ	يُنْضَمَّانِ	يُنْضَمُّونَ
اُنْضُمَّتْ	اُنْضُمَّتَا	اُنْضُمِمْنَ	تُنْضَمُّ	تُنْضَمَّانِ	يُنْضَمَمْنَ
اُنْضُمِمْتَ	اُنْضُمِمْتُمَا	اُنْضُمِمْتُمْ	تُنْضَمُّ	تُنْضَمَّانِ	تُنْضَمُّونَ
اُنْضُمِمْتِ		اُنْضُمِمْتُنَّ	تُنْضَمِّينَ		تُنْضَمَمْنَ
اُنْضُمِمْتُ	اُنْضُمِمْنَا		أُنْضَمُّ	نُنْضَمُّ	

接続法			要求法		
يُنْضَمَّ	يُنْضَمَّا	يُنْضَمُّوا	يُنْضَمَّ ~ يُنْضَمَمْ	يُنْضَمَّا	يُنْضَمُّوا
تُنْضَمَّ	تُنْضَمَّا	يُنْضَمَمْنَ	تُنْضَمَّ ~ تُنْضَمَمْ	تُنْضَمَّا	يُنْضَمَمْنَ
تُنْضَمَّ	تُنْضَمَّا	تُنْضَمُّوا	تُنْضَمَّ ~ تُنْضَمَمْ	تُنْضَمَّا	تُنْضَمُّوا
تُنْضَمِّي		تُنْضَمَمْنَ	تُنْضَمِّي		تُنْضَمَمْنَ
أُنْضَمَّ	نُنْضَمَّ		أُنْضَمَّ ~ أُنْضَمَمْ	نُنْضَمَّ ~ نُنْضَمَمْ	

重子音動詞２（派生形第VIII型）：اِرْتَدَّ [動：VIII-G] 引き下がる

	能動態					
	完了形			未完了形直説法		
	単	双	複	単	双	複
3男	اِرْتَدَّ	اِرْتَدَّا	اِرْتَدُّوا	يَرْتَدُّ	يَرْتَدَّانِ	يَرْتَدُّونَ
3女	اِرْتَدَّتْ	اِرْتَدَّتَا	اِرْتَدَدْنَ	تَرْتَدُّ	تَرْتَدَّانِ	يَرْتَدِدْنَ
2男	اِرْتَدَدْتَّ	اِرْتَدَدْتُمَا	اِرْتَدَدْتُّمْ	تَرْتَدُّ	تَرْتَدَّانِ	تَرْتَدُّونَ
2女	اِرْتَدَدْتِّ		اِرْتَدَدْتُّنَّ	تَرْتَدِّينَ		تَرْتَدِدْنَ
1	اِرْتَدَدْتُّ	اِرْتَدَدْنَا		أَرْتَدُّ	نَرْتَدُّ	
	接続法			要求法		
3男	يَرْتَدَّ	يَرْتَدَّا	يَرْتَدُّوا	يَرْتَدَّ ~ يَرْتَدِدْ	يَرْتَدَّا	يَرْتَدُّوا
3女	تَرْتَدَّ	تَرْتَدَّا	يَرْتَدِدْنَ	تَرْتَدَّ ~ تَرْتَدِدْ	تَرْتَدَّا	يَرْتَدِدْنَ
2男	تَرْتَدَّ	تَرْتَدَّا	تَرْتَدُّوا	تَرْتَدَّ ~ تَرْتَدِدْ	تَرْتَدَّا	تَرْتَدُّوا
2女	تَرْتَدِّي		تَرْتَدِدْنَ	تَرْتَدِّي		تَرْتَدِدْنَ
1	أَرْتَدَّ	نَرْتَدَّ		أَرْتَدَّ ~ أَرْتَدِدْ	نَرْتَدَّ ~ نَرْتَدِدْ	
	命令形			能動分詞	受動分詞	動名詞
男	اِرْتَدَّ ~ اِرْتَدِدْ	اِرْتَدَّا	اِرْتَدُّوا	مُرْتَدٌّ	مُرْتَدٌّ	اِرْتِدَادٌ
女	اِرْتَدِّي		اِرْتَدِدْنَ			

<table>
<tr><th colspan="6">受動態</th></tr>
<tr><th colspan="3">完了形</th><th colspan="3">未完了形直説法</th></tr>
<tr><th>単</th><th>双</th><th>複</th><th>単</th><th>双</th><th>複</th></tr>
<tr><td>أُرْتُدَّ</td><td>أُرْتُدَّا</td><td>أُرْتُدُّوا</td><td>يُرْتَدُّ</td><td>يُرْتَدَّانِ</td><td>يُرْتَدُّونَ</td></tr>
<tr><td>أُرْتُدَّتْ</td><td>أُرْتُدَّتَا</td><td>أُرْتُدِدْنَ</td><td>تُرْتَدُّ</td><td>تُرْتَدَّانِ</td><td>يُرْتَدَدْنَ</td></tr>
<tr><td>أُرْتُدِدتَّ</td><td rowspan="2">أُرْتُدِدتُّمَا</td><td>أُرْتُدِدتُّمْ</td><td>تُرْتَدُّ</td><td rowspan="2">تُرْتَدَّانِ</td><td>تُرْتَدُّونَ</td></tr>
<tr><td>اِرْتَدِدتِّ</td><td>أُرْتُدِدتُّنَّ</td><td>تُرْتَدِّينَ</td><td>تُرْتَدَدْنَ</td></tr>
<tr><td>اِرْتَدِدتُّ</td><td colspan="2">أُرْتُدِدْنَا</td><td>أُرْتَدُّ</td><td colspan="2">نُرْتَدُّ</td></tr>
<tr><th colspan="3">接続法</th><th colspan="3">要求法</th></tr>
<tr><td>يُرْتَدَّ</td><td>يُرْتَدَّا</td><td>يُرْتَدُّوا</td><td>يُرْتَدَّ ~ يُرْتَدَدْ</td><td>يُرْتَدَّا</td><td>يُرْتَدُّوا</td></tr>
<tr><td>تُرْتَدَّ</td><td>تُرْتَدَّا</td><td>يُرْتَدَدْنَ</td><td>تُرْتَدَّ ~ تُرْتَدَدْ</td><td>تُرْتَدَّا</td><td>يُرْتَدَدْنَ</td></tr>
<tr><td>تُرْتَدَّ</td><td rowspan="2">تُرْتَدَّا</td><td>تُرْتَدُّوا</td><td>تُرْتَدَّ ~ تُرْتَدَدْ</td><td rowspan="2">تُرْتَدَّا</td><td>تُرْتَدُّوا</td></tr>
<tr><td>تُرْتَدِّي</td><td>تُرْتَدَدْنَ</td><td>تُرْتَدِّي</td><td>تُرْتَدَدْنَ</td></tr>
<tr><td>أُرْتَدَّ</td><td colspan="2">نُرْتَدَّ</td><td>أُرْتَدَّ ~ أُرْتَدَدْ</td><td colspan="2">نُرْتَدَّ ~ نُرْتَدَدْ</td></tr>
</table>

重子音動詞2（派生形第X型）：اِسْتَرَدَّ [動：X-G] 取り返す

	能動態					
	完了形			未完了形直説法		
	単	双	複	単	双	複
3男	اِسْتَرَدَّ	اِسْتَرَدَّا	اِسْتَرَدُّوا	يَسْتَرِدُّ	يَسْتَرِدَّانِ	يَسْتَرِدُّونَ
3女	اِسْتَرَدَّتْ	اِسْتَرَدَّتَا	اِسْتَرْدَدْنَ	تَسْتَرِدُّ	تَسْتَرِدَّانِ	يَسْتَرْدِدْنَ
2男	اِسْتَرْدَدتَّ	اِسْتَرْدَدتُّمَا	اِسْتَرْدَدتُّمْ	تَسْتَرِدُّ	تَسْتَرِدَّانِ	تَسْتَرِدُّونَ
2女	اِسْتَرْدَدتِّ		اِسْتَرْدَدتُّنَّ	تَسْتَرِدِّينَ		تَسْتَرْدِدْنَ
1	اِسْتَرْدَدتُّ	اِسْتَرْدَدْنَا		أَسْتَرِدُّ	نَسْتَرِدُّ	
	接続法			要求法		
3男	يَسْتَرِدَّ	يَسْتَرِدَّا	يَسْتَرِدُّوا	يَسْتَرِدَّ ~ يَسْتَرْدِدْ	يَسْتَرِدَّا	يَسْتَرِدُّوا
3女	تَسْتَرِدَّ	تَسْتَرِدَّا	يَسْتَرْدِدْنَ	تَسْتَرِدَّ ~ تَسْتَرْدِدْ	تَسْتَرِدَّا	يَسْتَرْدِدْنَ
2男	تَسْتَرِدَّ	تَسْتَرِدَّا	تَسْتَرِدُّوا	تَسْتَرِدَّ ~ تَسْتَرْدِدْ	تَسْتَرِدَّا	تَسْتَرِدُّوا
2女	تَسْتَرِدِّي		تَسْتَرْدِدْنَ	تَسْتَرِدِّي		تَسْتَرْدِدْنَ
1	أَسْتَرِدَّ	نَسْتَرِدَّ		أَسْتَرِدَّ ~ أَسْتَرْدِدْ	نَسْتَرِدَّ ~ نَسْتَرْدِدْ	
	命令形			能動分詞	受動分詞	動名詞
男	اِسْتَرِدَّ ~ اِسْتَرْدِدْ	اِسْتَرِدَّا	اِسْتَرِدُّوا			
女	اِسْتَرِدِّي		اِسْتَرْدِدْنَ	مُسْتَرِدٌّ	مُسْتَرَدٌّ	اِسْتِرْدَادٌ

<table>
<tr><th colspan="6">受動態</th></tr>
<tr><th colspan="3">完了形</th><th colspan="3">未完了形直説法</th></tr>
<tr><th>単</th><th>双</th><th>複</th><th>単</th><th>双</th><th>複</th></tr>
<tr><td>أُسْتُرِدَّ</td><td>أُسْتُرِدَّا</td><td>أُسْتُرِدُّوا</td><td>يُسْتَرَدُّ</td><td>يُسْتَرَدَّانِ</td><td>يُسْتَرَدُّونَ</td></tr>
<tr><td>أُسْتُرِدَّتْ</td><td>أُسْتُرِدَّتَا</td><td>أُسْتُرْدِدْنَ</td><td>تُسْتَرَدُّ</td><td>تُسْتَرَدَّانِ</td><td>يُسْتَرْدَدْنَ</td></tr>
<tr><td>أُسْتُرْدِدْتَ</td><td rowspan="2">أُسْتُرْدِدْتُمَا</td><td>أُسْتُرْدِدْتُمْ</td><td>تُسْتَرَدُّ</td><td rowspan="2">تُسْتَرَدَّانِ</td><td>تُسْتَرَدُّونَ</td></tr>
<tr><td>أُسْتُرْدِدْتِ</td><td>أُسْتُرْدِدْتُنَّ</td><td>تُسْتَرَدِّينَ</td><td>تُسْتَرْدَدْنَ</td></tr>
<tr><td>أُسْتُرْدِدْتُ</td><td colspan="2">أُسْتُرْدِدْنَا</td><td>أُسْتَرَدُّ</td><td colspan="2">نُسْتَرَدُّ</td></tr>
<tr><th colspan="3">接続法</th><th colspan="3">要求法</th></tr>
<tr><td>يُسْتَرَدَّ</td><td>يُسْتَرَدَّا</td><td>يُسْتَرَدُّوا</td><td>يُسْتَرَدَّ ~ يُسْتَرْدَدْ</td><td>يُسْتَرَدَّا</td><td>يُسْتَرَدُّوا</td></tr>
<tr><td>تُسْتَرَدَّ</td><td>تُسْتَرَدَّا</td><td>يُسْتَرْدَدْنَ</td><td>تُسْتَرَدَّ ~ تُسْتَرْدَدْ</td><td>تُسْتَرَدَّا</td><td>يُسْتَرْدَدْنَ</td></tr>
<tr><td>تُسْتَرَدَّ</td><td rowspan="2">تُسْتَرَدَّا</td><td>تُسْتَرَدُّوا</td><td>تُسْتَرَدَّ ~ تُسْتَرْدَدْ</td><td rowspan="2">تُسْتَرَدَّا</td><td>تُسْتَرَدُّوا</td></tr>
<tr><td>تُسْتَرَدِّي</td><td>تُسْتَرْدَدْنَ</td><td>تُسْتَرَدِّي</td><td>تُسْتَرْدَدْنَ</td></tr>
<tr><td>أُسْتَرَدَّ</td><td colspan="2">نُسْتَرَدَّ</td><td>أُسْتَرَدَّ ~ أُسْتَرْدَدْ</td><td colspan="2">نُسْتَرَدَّ ~ نُسْتَرْدَدْ</td></tr>
</table>

特殊動詞１：否定辞 لَيْسَ（動詞の完了形と同様の活用をするので「特殊動詞」としたが、これは否定辞である）

لَيْسَ			
	単	双	複
3男	لَيْسَ	لَيْسَا	لَيْسُوا
3女	لَيْسَتْ	لَيْسَتَا	لَسْنَ
2男	لَسْتَ	لَسْتُمَا	لَسْتُمْ
2女	لَسْتِ		لَسْتُنَّ
1	لَسْتُ	لَسْنَا	

特殊動詞２：رَأَى 見る

	能動態					
	完了形			未完了形直説法		
	単	双	複	単	双	複
3男	رَأَى	رَأَيَا	رَأَوْا	يَرَى	يَرَيَانِ	يَرَوْنَ
3女	رَأَتْ	رَأَتَا	رَأَيْنَ	تَرَى	تَرَيَانِ	يَرَيْنَ
2男	رَأَيْتَ	رَأَيْتُمَا	رَأَيْتُمْ	تَرَى	تَرَيَانِ	تَرَوْنَ
2女	رَأَيْتِ		رَأَيْتُنَّ	تَرَيْنَ		تَرَيْنَ
1	رَأَيْتُ	رَأَيْنَا		أَرَى	نَرَى	
	接続法			要求法		
3男	يَرَى	يَرَيَا	يَرَوْا	يَرَ	يَرَيَا	يَرَوْا
3女	تَرَى	تَرَيَا	يَرَيْنَ	تَرَ	تَرَيَا	يَرَيْنَ
2男	تَرَى	تَرَيَا	تَرَوْا	تَرَ	تَرَيَا	تَرَوْا
2女	تَرَيْ		تَرَيْنَ	تَرَيْ		تَرَيْنَ
1	أَرَى	نَرَى		أَرَ	نَرَ	
	命令形			能動分詞	受動分詞	動名詞
男	رَ	رَيَا	رَوْا			
女	رَيْ		رَيْنَ	رَاءٍ	مَرْئِيٌّ	رُؤْيَةٌ

受動態					
完了形			未完了形直説法		
単	双	複	単	双	複
رُئِيَ	رُئِيَا	رُؤُوا	يُرَى	يُرَيَانِ	يُرَوْنَ
رُئِيَتْ	رُئِيَتَا	رُئِينَ	تُرَى	تُرَيَانِ	يُرَيْنَ
رُئِيتَ	رُئِيتُمَا	رُئِيتُمْ	تُرَى	تُرَيَانِ	تُرَوْنَ
رُئِيتِ		رُئِيتُنَّ	تُرَيْنَ		تُرَيْنَ
رُئِيتُ	رُئِينَا		أُرَى	نُرَى	
接続法			要求法		
يُرَى	يُرَيَا	يُرَوْا	يُرَ	يُرَيَا	يُرَوْا
تُرَى	تُرَيَا	يُرَيْنَ	تُرَ	تُرَيَا	يُرَيْنَ
تُرَى	تُرَيَا	تُرَوْا	تُرَ	تُرَيَا	تُرَوْا
تُرَيْ		تُرَيْنَ	تُرَيْ		تُرَيْنَ
أُرَى	نُرَى		أُرَ	نُرَ	

名詞

代表形の語尾	ـٌ					
	طَالِب		سَيَّارَةٌ		مَاءٌ	
	非限定	限 定	非限定	限 定	非限定	限 定
主格	طَالِبٌ	طَالِبُ	سَيَّارَةٌ	سَيَّارَةُ	مَاءٌ	مَاءُ
属格	طَالِبٍ	طَالِبِ	سَيَّارَةٍ	سَيَّارَةِ	مَاءٍ	مَاءِ
対格	طَالِبًا(1)	طَالِبَ	سَيَّارَةً	سَيَّارَةَ	مَاءً	مَاءَ

(1)代表形の語尾が ـَةٌ, ـَاءٌ, ـأٌ でない語では非限定対格の語尾に ا を加える（これは発音に関与せず、طَالِبًا は *ṭāliban* と発音される）。

(2)属格語尾 *-in, -i* の前の hamzah は ʾalif の下に書かれる。

(3)対格で語末母音が *-in, -i* となり、属格と同形。

代表形の語尾	ـٍ		ـًى		ـًا	
	مُحَامٍ		مَقْهًى		عَصًا	
	非限定	限 定	非限定	限 定	非限定	限 定
主格	مُحَامٍ	مُحَامِي	مَقْهًى	مَقْهَى	عَصًا	عَصَا
属格	مُحَامٍ	مُحَامِي				
対格	مُحَامِيًا	مُحَامِيَ				

代表形の語尾	ـٌ で終わらない外来語		双数形		男性語尾複数形	
	دُكْتُورَاه		طَالِبَانِ		مُدَرِّسُونَ	
	非限定	限定	非限定・限定	ムダーフ形	非限定・限定	ムダーフ形
主格	دُكْتُورَاه		طَالِبَانِ	طَالِبَا	مُدَرِّسُونَ	مُدَرِّسُو
属格			طَالِبَيْنِ	طَالِبَيْ	مُدَرِّسِينَ	مُدَرِّسِي
対格						

ـٌ			
خَطَأٌ		طَالِبَاتٌ	
非限定	限　定	非限定	限　定
خَطَأٌ	خَطَأُ	طَالِبَاتٌ	طَالِبَاتُ
خَطَإٍ (2)	خَطَإِ (2)	طَالِبَاتٍ	طَالِبَاتِ
خَطَأً	خَطَأَ	طَالِبَاتٍ (3)	طَالِبَاتِ (3)

ـُ		ـَى		ـَا	
أَحْمَقُ		ذِكْرَى		دُنْيَا	
非限定	限　定	非限定	限　定	非限定	限　定
أَحْمَقُ	أَحْمَقُ	ذِكْرَى		دُنْيَا	
أَحْمَقَ	أَحْمَقِ				
أَحْمَقَ	أَحْمَقَ				

الأسماء الخمسة					
أَبٌ			فَمٌ		
非限定	限　定	ムダーフ形	非限定	限　定	ムダーフ形
أَبٌ	أَبُ	أَبُو	فَمٌ	فَمُ	فُو ~ فَمُ
أَبٍ	أَبِ	أَبِي	فَمٍ	فَمِ	فِي ~ فَمِ
أَبًا	أَبَ	أَبَا	فَمًا	فَمَ	فَا ~ فَمَ

代名詞類

独立人称代名詞				接尾人称代名詞			
	単	双	複		単	双	複
3男	هُوَ	هُمَا	هُمْ	3男	ـهِ, ـهُ	ـهِمَا, ـهُمَا	ـهِمْ, ـهُمْ
3女	هِيَ		هُنَّ	3女	ـهَا		ـهِنَّ, ـهُنَّ
2男	أَنْتَ	أَنْتُمَا	أَنْتُمْ	2男	ـكَ	ـكُمَا	ـكُمْ
2女	أَنْتِ		أَنْتُنَّ	2女	ـكِ		ـكُنَّ
1	أَنَا	نَحْنُ		1	ـنِي / ـِي	ـنَا	

指示代名詞									
近称					遠称				
男	主	هٰذَا	هٰذَانِ	هٰؤُلَاءِ	男	主	ذٰلِكَ	ذَانِكَ	أُولَائِكَ
	属対		هٰذَيْنِ			属対		ذَيْنِكَ	
女	主	هٰذِهِ	هَاتَانِ		女	主	تِلْكَ	تَانِكَ	
	属対		هَاتَيْنِ			属対		تَيْنِكَ	

関係代名詞				
男	主	اَلَّذِي	اَللَّذَانِ	اَلَّذِينَ
	属対		اَللَّذَيْنِ	
女	主	اَلَّتِي	اَللَّتَانِ	اَلَّوَاتِي اَللَّاتِي
	属対		اَللَّتَيْنِ	

前置詞＋接尾代名詞

	ب			لِ		
	単	双	複	単	双	複
3男	بِهِ	بِهِمَا	بِهِمْ	لَهُ	لَهُمَا	لَهُمْ
3女	بِهَا		بِهِنَّ	لَهَا		لَهُنَّ
2男	بِكَ	بِكُمَا	بِكُمْ	لَكَ	لَكُمَا	لَكُمْ
2女	بِكِ		بِكُنَّ	لَكِ		لَكُنَّ
1	بِي	بِنَا		لِي	لَنَا	
	من			عن		
3男	مِنهُ	مِنهُمَا	مِنْهُمْ	عَنْهُ	عَنهُمَا	عَنْهُمْ
3女	مِنْهَا		مِنْهُنَّ	عَنْهَا		عَنْهُنَّ
2男	مِنْكَ	مِنكُمَا	مِنْكُمْ	عَنْكَ	عَنْكُمَا	عَنْكُمْ
2女	مِنْكِ		مِنْكُنَّ	عَنْكِ		عَنْكُنَّ
1	مِنِّي	مِنَّا		عَنِّي	عَنَّا	
	عند			بجنب		
3男	عِنْدَهُ	عِنْدَهُمَا	عِنْدَهُمْ	بِجَنْبِهِ	بِجَنْبِهِمَا	بِجَنْبِهِمْ
3女	عِنْدَهَا		عِنْدَهُنَّ	بِجَنْبِهَا		بِجَنْبِهِنَّ
2男	عِنْدَكَ	عِنْدَكُمَا	عِنْدَكُمْ	بِجَنْبِكَ	بِجَنْبِكُمَا	بِجَنْبِكُمْ
2女	عِنْدَكِ		عِنْدَكُنَّ	بِجَنْبِكِ		بِجَنْبِكُنَّ
1	عِنْدِي	عِنْدَنَا		بِجَنْبِي	بِجَنْبِنَا	

	عَلَى			إِلَى		
	単	双	複	単	双	複
3男	عَلَيْهِ	عَلَيْهِمَا	عَلَيْهِمْ	إِلَيْهِ	إِلَيْهِمَا	إِلَيْهِمْ
3女	عَلَيْهَا		عَلَيْهِنَّ	إِلَيْهَا		إِلَيْهِنَّ
2男	عَلَيْكَ	عَلَيْكُمَا	عَلَيْكُمْ	إِلَيْكَ	إِلَيْكُمَا	إِلَيْكُمْ
2女	عَلَيْكِ		عَلَيْكُنَّ	إِلَيْكِ		إِلَيْكُنَّ
1	عَلَيَّ	عَلَيْنَا		إِلَيَّ	إِلَيْنَا	
	لَدَى			فِي		
3男	لَدَيْهِ	لَدَيْهِمَا	لَدَيْهِمْ	فِيهِ	فِيهِمَا	فِيهِمْ
3女	لَدَيْهَا		لَدَيْهِنَّ	فِيهَا		فِيهِنَّ
2男	لَدَيْكَ	لَدَيْكُمَا	لَدَيْكُمْ	فِيكَ	فِيكُمَا	فِيكُمْ
2女	لَدَيْكِ		لَدَيْكُنَّ	فِيكِ		فِيكُنَّ
1	لَدَيَّ	لَدَيْنَا		فِيَّ	فِينَا	

語彙集

原則として『世界の言語シリーズ　17　アラビア語』中に現れた単語を掲載する。

単語	日本語訳
ا	
أَ	[疑] ～か？（Yes-No 疑問文を作る）（☞ 1.1.2, 6.1.4, 10.2.2）
أَبٌ	[名男: 双 أَبَوَانِ, 複 آبَاءٌ] 父（☞ 7.2.5）
اِبْتِدَائِيٌّ	[形] 初等（教育）の
اِبْتِسَامَةٌ	[名女: 複 ـــاتٌ]（1回の）微笑み
أَبَدًا	[副]（否定の文脈で）決して～しない（☞ 14.1.2.1）・（肯定の文脈で）（今後）ずっと～する
أَبْدَى	[動: IV-3] 表す・示す（～を هـ）
إِبْرَاهِيمُ	[名男] イブラーヒーム（男性名）
أَبْكَرُ ➔ بَاكِرٌ	
إِبِلٌ	[名集: 複 آبَالٌ] ラクダ
إِبْلَاغٌ	[名男 (動名 < أَبْلَغَ)] 届けること
اِبْنٌ	[名男: 複 أَبْنَاءٌ] 息子
اِبْنَةٌ	[名女: 複 بَنَاتٌ] 娘
أَبْيَضُ	[形: 女 بَيْضَاءُ, 複 بِيضٌ] 白い
اِتَّبَعَ	[動: VIII-0] 従う（～に هـ ه）
اِتِّجَاهٌ	[名男 (動名 < اِتَّجَهَ): 複 ـــاتٌ] 方向
اِتَّجَهَ	[動: VIII-1] 向かう（～に إِلَى）
اِتَّحَدَ	[動: VIII-1] 統一する
اِتَّخَذَ	[動: VIII-1 (√ ء خ ذ)] 採用する（～を هـ）
اِتَّسَخَ	[動: VIII-1] 汚くなる
اِتَّسَعَ	[動: VIII-1] 広くなる
اِتَّسَمَ	[動: VIII-1] 特徴がある（～の ب）
اِتِّصَالٌ	[名男 (動名 < اِتَّصَلَ): 複 ـــاتٌ] 連絡
اِتَّصَفَ	[動: VIII-1] 性質を帯びる（～の ب）
اِتَّصَلَ	[動: VIII-1] 連絡を取る・連絡する（～に ب）
اِتَّضَحَ	[動: VIII-1] 明らかになる
اِتِّفَاقٌ	[名男 (動名 < اِتَّفَقَ): 複 ـــاتٌ] 合意：عَلَى اتِّفَاقٍ 一致している（～という点で ب）
اِتَّفَقَ	[動: VIII-1] 合意する（～について على）
اِتَّكَلَ	[動: VIII-1] たよる（～に على）
أَتَمَّ	[動: IV-G] 完了する・終える・実行する（～を هـ）
إِتْمَامٌ	[名男 (動名 < أَتَمَّ)] 完成・完了
اِتَّهَمَ	[動: VIII-1] 訴える・起訴する（～を ه／～で ب）
أَتَى	[動: I-3 (i), 動名 إِتْيَانٌ] 来る（～のところに ه إلى）
أَثَارَ	[動: IV-2] 刺激する・掻き立てる（～を هـ）
أَثْبَتَ	[動: IV-0] 証明する（～を هـ）
أَثَّرَ	[動: II-0] 影響する（～に على）
أَثَرٌ	[名男: 複 آثَارٌ] 跡・痕跡：آثَارُ أَقْدَامٍ 足跡
اِثَّغَرَ	[動: VIII-0] 乳歯が抜ける
أَثْنَاءَ	[前] ～の間（時間）に：فِي أَثْنَاءِ ～の間（時間）に
اِثْنَانِ	[形: 女 اِثْنَتَانِ] 2（☞ 4.6）
أَجَابَ	[動: IV-2] 答える（～に ه إلى／～について على عن）
إِجَابَةٌ	[名女 (動名 < أَجَابَ): 複 ـــاتٌ] 答え
أَجَادَ	[動: IV-2] 上手にする（～を هـ）
إِجَازَةٌ	[名女 (動名 < أَجَازَ)] 休暇
اِجْتَازَ	[動: VIII-2] 超える（～を هـ ه）

اِجْتِمَاعٌ [名男 (動名 < اِجْتَمَعَ): 複 ـــات] 会議
اِجْتَمَعَ [動: VIII-0] 集まる
أَجَّرَ [動: II-0] 賃借しする（～を ﻫ／～に ل）
إِجْرَاءٌ [名男 (動名 < أَجْرَى): 複 إِجْرَاءَاتٌ] 方策・措置・実施・実行
أَجْرَى [動: IV-3] 実行する （～を ﻫ）
أَجَّلَ [動: II-0] 遅らせる（～を ﻫ）
مِنْ أَجْلِ ,لِأَجْلِ
[前] ～故に・～のために
أَجَلْ [副] はい・その通り
إِجْلَالٌ [名男 (動名 < أَجَلَّ)] 賞賛
أَجْنَبِيٌّ [形: 複 ـــون ,أَجَانِبُ] 外国の（外国人）
أَحَاطَ [動: IV-2] 囲む（～を ﻫ ه／～で ب）
أَحَبَّ [動: IV-G] 愛する（～を ﻫ ه）
اِحْتَاجَ [動: VIII-2] 必要とする（～を إلى）
اِحْتِجَاجٌ [名女 (動名 < اِحْتَجَّ): 複 ـــات] 抗議
اِحْتَرَقَ [動: VIII-0] 焼ける・燃える
اِحْتَرَمَ [動: VIII-0] 尊重する・尊敬する（～を ه）
اِحْتَفَلَ [動: VIII-0] 祝う（～を ب）
اِحْتَلَّ [動: VIII-G] 占める・占領する（～を ﻫ）
اِحْتِلَالٌ [名男 (動名 < اِحْتَلَّ): 複 ـــات] 占領
أَحَدٌ [名男] 誰か・（否定文で）誰も（～ない）
أَحْسَنَ [動: IV-0] 良くする（～を ﻫ）
أَحْسَنُ ➔ حَسَنٌ
أَحْضَرَ [動: IV-0] 持ってくる・連れてくる（～を ﻫ ه）
اِحْمَرَّ [動: IX-0] 赤くなる
أَحْمَرُ [形: 女 حَمْرَاءُ, 複 حُمْرٌ] 赤い
اِحْمِرَارٌ [名男 (動名 < اِحْمَرَّ)] 赤らむこと・赤くなること
أَحْمَقُ [形: 女 حَمْقَاءُ, 複 حُمْقٌ] 愚かな
أَخٌ [名男: 双 أَخَوَانِ, 複 إِخْوَةٌ] 兄・弟（☞ 7.2.5）
أَخْبَرَ [動: IV-0] 知らせる（～に ه／～を ب）
أُخْتٌ [名女: 複 أَخَوَاتٌ] 姉・妹
اِخْتَارَ [動: VIII-2] 選ぶ（～を ﻫ）
اِخْتَرَعَ [動: VIII-0] 発明する（～を ﻫ）
اِخْتَرَقَ [動: VIII-0] 貫く・貫通する（～を ﻫ）
اِخْتَطَفَ [動: VIII-0] 誘拐する・持ち逃げする・さらっていく（～を ﻫ ه）
اِخْتَفَى [動: VIII-3] 隠れる
اِخْتَلَفَ [動: VIII-0] 異なる（～と عن）
اِخْتَنَقَ [動: VIII-0] 窒息する
أَخَذَ [動: I-0 (u), 動名 أَخْذٌ] ①取る ②（未完了形直説法を従えて）～し始める（☞ 26.1.2①）
آخَرُ [形: 女 أُخْرَى, 男複 ـــون ,أُخَرُ, 女複 أُخْرَيَاتٌ ,أُخَرٌ] 他の
آخِرٌ [名男: 複 ـــون ,أَوَاخِرُ] 最後：إِلَى آخِرِهِ ～など・等々・などなど
أَخْرَجَ [動: IV-0] 出す（～を ﻫ ه）
أَحْصَى [動: IV-2] 数える：لَا يُحْصَى ... 数えきれない～
اِخْضَرَّ [動: IX-0] 緑色になる
أَخْضَرُ [形: 女 خَضْرَاءُ, 複 خُضْرٌ] 緑色の
أَخْفَى [動: IV-3] 隠す（～を ﻫ）
إِخْلَاءٌ [名男 (動名 < أَخْلَى)] 除去
أَخْلَصَ [動: IV-0] 忠実である（～に ل）
أَخِيرٌ [形] 最後の：أَخِيرًا 最後に・とうとう
أَدَاةٌ [名女: 複 أَدَوَاتٌ] 道具
أَدَبٌ [名男: 複 آدَابٌ] 文学
أَدَّبَ [動: II-0] 躾ける（～を ه）
أَدَبِيٌّ [形] 文学的な
اِدَّثَرَ [動: VIII-3] くるまる
اِدَّخَرَ [動: VIII-3 (√ذ خ ر)] 貯える（～を ﻫ）
أَدْرَكَ [動: IV-0] 気付く（～に ﻫ ه）

اِدَّعَى [動: VIII-3] 主張する（～を ﻫ）

اِدَّكَرَ [動: VIII-0 (√ ذ ك ر)] 思い出す（～を ﻫ）

أَدَّى [動: II-3] 導く・～にする・行う

إِذَا [接] もし～なら・～した時には（☞ 10.3）：إِذَا مَا（☞ 10.3.1②）：مَا إِذَا كَانَ ～かどうか（☞ 14.3.2①）：إِذَا بِ すると（突然）～が（☞ 29.4.5）

أَذَانٌ [名男] アザーン（礼拝への呼びかけ）

إِذَنْ [副] それでは

أُذُنٌ [名女: 複 آذَانٌ] 耳

أَرَادَ [動: IV-2] 欲しい（～が ﻫ）：أَرَادَ أَنْ ～したい（☞ 21.2.1）

أَرْبَعَةٌ [数: 女 أَرْبَعٌ] 4

اِرْتَبَكَ [動: VIII-0] 狼狽する

اِرْتَجَفَ [動: VIII-0] 震える

اِرْتِحَالٌ [名男 (動名 < اِرْتَحَلَ)] 移住

اِرْتَدَّ [動: VIII-G] 引き下がる・取り下げる（～を عن）

اِرْتَدَى [動: VIII-3] 身に着ける・着る（～を ﻫ）

اِرْتِفَاعٌ [名男 (動名 < اِرْتَفَعَ): 複 ـــات] 高さ・標高

اِرْتَكَبَ [動: VIII-0] 犯す（罪を ﻫ）

اَلْأُرْدُنُّ [名男] ヨルダン

أَرُزٌّ [名男] 米

إِرْسَالٌ [名男 (動名 < أَرْسَلَ)] 送ること

أَرِسْتُقْرَاطِيٌّ
[形: 複 ـــون] 貴族の（貴族）

أَرْسَلَ [動: IV-0] 送る（～を ﻫ）

أَرْضٌ [名女: 複 أَرَاضٍ, أَرَضُونَ] 地面・土地：اَلْأَرَاضِي ٱلْمُحْتَلَّةُ（パレスチナ）占領地

أَرْضَى [動: IV-3] 満足させる（～を ﻫ）

أَرْمَلُ [名共: 複 أَرَامِلُ] やもめ・配偶者を失った人・寡夫（女性形で：寡婦・未亡人）

أَرْمَنِيٌّ [形: 複 أَرْمَنٌ] アルメニアの（アルメニア人）

إِرْهَابٌ [名男 (動名 < أَرْهَبَ)] テロリズム

إِرْهَابِيٌّ [形: 複 ـــون] テロの（テロリスト）

اِزْدَادَ [動: VIII-2] 増える

أَزْعَجَ [動: IV-0] うっとうしがらせる・悩ませる（～を ه）

أَزْمَةٌ [名女: 複 أَزَمَاتٌ] 危機

أَسَاسٌ [名男: 複 أُسُسٌ] 基礎・根拠

أُسْبُوعٌ [名男: 複 أَسَابِيعُ] 週：هٰذَا ٱلْأُسْبُوعَ 今週（に）

أُسْبُوعِيٌّ [形] 週の・週刊の

اِسْتَأْجَرَ [動: X-0]（金を払って）借りる（～を ﻫ）

أُسْتَاذٌ [名共: 複 أَسَاتِذَةٌ] 教授

اِسْتَغْفَرَ [動: X-0] 許しを請う（～に ه）

اِسْتِثْنَائِيٌّ [形] 例外的な・臨時の

اِسْتَحَالَ [動: X-2] 不可能である

اِسْتَحَقَّ [動: X-G] 価する・ふさわしい（～に ﻫ）

اِسْتَخَفَّ [動: X-G] 軽視する（～を بـ）

اِسْتَدَلَّ [動: X-G] 情報を得る（～についての على）

اِسْتَرَاحَ [動: X-2] 休む

أُسْتُرَالِيَا [名女] オーストラリア

اِسْتِرْخَاءٌ [名男 (動名 < اِسْتَرْخَى)] 緩み・リラックス：بِٱسْتِرْخَاءٍ ゆったりと

اِسْتَرَدَّ [動: X-G] 取り返す

اِسْتَرْعَى [動: X-3] 引き付ける（注意、目などを ﻫ）

اِسْتَشَارَ [動: X-2] 相談する（～に ه／～について في）

اِسْتِشَارَةٌ [名女 (動名 < اِسْتَشَارَ): 複 ـــات] 相談

اِسْتِشْفَاءٌ [名男 (動名 < اِسْتَشْفَى)] 治療

اِسْتِضَافَةٌ [名女 (動名 < اِسْتَضَافَ)] 客を招くこと

اِسْتَضْعَفَ [動: X-0] 尊大に振舞う（～に対して ه）

اِسْتَعَارَ [動: X-2]（お金を払わずに）借りる

（～を ﻫ）

اِسْتَطَاعَ [動: X-2] できる：اِسْتَطَاعَ أَنْ ～できる（☞ 21.2.2）

اِسْتَعَدَّ [動: X-G] 準備する（～を ﻫ）

اِسْتَغْرَبَ [動: X-0] 不思議に思う・いぶかしく思う（～を ﻫ）

اِسْتَغْرَقَ [動: X-0]（時間が）かかる

اِسْتَغَلَّ [動: X-G] 搾取する・利用する（～を ﻫ）

اِسْتَغْنَى [動: X-3] 必要としない（～を عن）

اِسْتَفَادَ [動: X-2] 利用する（～を من）

اِسْتِقْبَالٌ [名男 (動名 < اِسْتَقْبَلَ): 複 ـــات] 出迎え：فِي ٱسْتِقْبَالٍ 出迎えている

اِسْتَقْبَلَ [動: X-0] 出迎える（～を ه）

اِسْتَقَرَّ [動: X-G] 定着する・身を落ち着ける

اِسْتَكْمَلَ [動: X-0] 補完する・完成させる（～を ﻫ）

اِسْتَمْتَعَ [動: X-0] 楽しむ（～を ب）

اِسْتِمْرَارٌ [名男 (動名 < اِسْتَمَرَّ)] 継続：بِٱسْتِمْرَارٍ 継続的に・続けて

اِسْتَمَعَ [動: VIII-0] 聞く（～を إلى）

اِسْتَنَدَ [動: VIII-0] 寄りかかる（～に إلى）

اِسْتَهْوَى [動: X-3] 魅了する（～を ه）

اِسْتِئْذَانٌ [名男 (動名 < اِسْتَأْذَنَ)] 許可・許し

اِسْتَوْقَفَ [動: X-0] 止める（～を ه ﻫ）・止まるように求める（～に ه ﻫ）

اِسْتِيَاءٌ [名男 (動名 < اِسْتَاءَ): 複 ـــات] 不満・嫌悪

اِسْتَيْقَظَ [動: X-0] 起きる

أَسَرَّ [動: IV-G] ささやく（～に ل）

أُسْرَةٌ [名女: 複 أُسَرٌ] 家族

أَسْرَعَ [動: IV-0] 急ぐ

أَسَّسَ [動: II-0] 基礎を作る・設立する（～の・を ﻫ）

أَسَفٌ [名男] 悲しみ・後悔：يَا لَلْأَسَفِ それは残念！：مَعَ ٱلْأَسَفِ 残念ながら

أَسْفَرَ [動: IV-0] 結果になる（～という عن）

أَسْقَطَ [動: IV-0] 落とす（～を ﻫ）

اَلْإِسْكَنْدَرِيَّةُ [名女] アレキサンドリア

إِسْلَامِيٌّ [形: 複 ـــون] イスラームの・イスラームにかかわる

اِسْمٌ [名男: 複 أَسْمَاءٌ] 名前

أَسْوَدُ [形: 女 سَوْدَاءُ, 複 سُودٌ] 黒い

اِسْوَدَّ [動: IX-0] 黒くなる

آسِيَا [名女] アジア

أَشَارَ [動: IV-2] 示す（～を إلى على）

إِشَاعَةٌ [名女 (動名 < أَشَاعَ): 複 ـــات] 噂

اِشْتَاقَ [動: VIII-2] 熱望する（～を إلى）

اِشْتَدَّ [動: VIII-G] 強まる・激しくなる

اَلْاِشْتِرَاكِيَّةُ [名女] 社会主義

اِشْتَرَى [動: VIII-3] 買う（～を ﻫ）

اِشْتَكَى [動: VIII-3] 訴える（不平・不満・苦痛などを ه／～に إلى）

اِشْتَهَرَ [動: IV-0] 有名になる・有名である

اِشْرَأَبَّ [動: QIV] 首を伸ばす

اِشْتَرَكَ [動: VIII-0] 参加する（～に في）

أَشْرَفَ [動: IV-0] 瀕する（～に على）

أَشْرَقَ [動: IV-0]（日が）昇る

أَصَابَ [動: IV-2] 負傷させる（～を ه）：（受動態で）負傷する・被る（被害を ب）・罹る（病気に ب）（☞ 21.2.3）

أَصْبَحَ [動: IV-0] ～になる（☞ 26.1.1①）

إِصْبَعٌ [名男: 複 أَصَابِعُ] 指

اِصْطَحَبَ [動: VIII-0 (√ ص ح ب)] 同行する・一緒に行く（～に ه）

اِصْطَنَعَ [動: VIII-3 (√ ص ن ع)] 製造する（～を ﻫ）

أَصْفَرُ [形: 女 صَفْرَاءُ, 複 صُفْرٌ] 黄色い

اِصْفَرَّ [動: IX-0] 黄色くなる・（顔が）青ざめる

أَصْلٌ [名男: 複 أُصُولٌ] 起源

أَصْلِيٌّ [形] オリジナルの

أَضَافَ [動: IV-2] ①もてなす（～を ه）②加える（～を ﻫ／～に إلى）

إِضَافِيٌّ [形] 追加の：عَمَلٌ إِضَافِيٌّ 残業

أَضْحَكَ [動: IV-0] 笑わせる（～を ه）

أَضْحَى [動: IV-3] ～になる（☞ 26.1.1①）

إِضْرَابٌ [名男 (動名 < أَضْرَبَ): 複 ـَـات] ストライキ

أَضْرَبَ [動: IV-0] 放棄する・ストライキする：أَضْرَبَ عَنِ ٱلْعَمَلِ ストライキする

اِضْطَرَّ [動: VIII-G (√ ض ر ر)] 強いる（～に ه／～を إلى）

اِضْطَرَبَ [動: VIII-0 (√ ض ر ب)] 混乱する

أَضَلَّ [動: IV-G] 惑わす・ミスリードする（～を ه）

أَطَاقَ [動: IV-2] 持ちこたえる（～に ﻫ）：لَا يُطَاقُ ... 耐えられない～

أُطْرُوحَةٌ [名女: 複 ـَـات] 学位論文

أَطَلَّ [動: IV-G]（部屋などが）向いている・覗く（～を على）

اِطَّلَعَ [動: VIII-0] 眺める（～を على）

أَطْلَقَ [動: IV-0] 解放する（～を سَرَاحَهُ）：أَطْلَقَ ٱلنَّارَ 発砲する（～に على）

اِطْمَأَنَّ [動: QIV] 静まる・安心する・心安らかになる

اِظَّلَمَ [動: VIII-0] 不正に苦しむ

أَعَادَ [動: IV-2] 再び～する・返す・連れ戻す（～に إلى／～を ه ﻫ）

إِعَادَةٌ [名女 (動名 < أَعَادَ)] 繰り返し：إِعَادَةُ ٱلِٱمْتِحَانِ 再試験

أَعَارَ [動: IV-2]（お金を受け取らずに）借す（～を ﻫ）

إِعَارَةٌ [名女 (動名 < أَعَارَ)] 貸出・貸すこと

إِعَاقَةٌ [名女 (動名 < أَعَاقَ)] 障碍・ハンディキャップ

اِعْتَادَ [動: VIII-2] 慣れる（～に ﻫ على）

اِعْتَبَرَ [動: VIII-0] みなす（～を ه ﻫ／～と ﻫ）

اِعْتِدَاءٌ [名男: 複 ـَـات] 敵対・敵意（～に対する على）

اِعْتَذَرَ [動: VIII-0] 謝る（～に ل إلى／～について من عن）

اِعْتِرَاضٌ [名男 (動名 < اِعْتَرَضَ): 複 ـَـات] 反対・抵抗

اِعْتِرَافٌ [名男 (動名 < اِعْتَرَفَ): 複 ـَـات] 認知・承認（～の ب）

اِعْتَرَضَ [動: VIII-0] でくわす・反対する・抵抗する（～に ه ﻫ）

اِعْتَرَفَ [動: VIII-0] 認める（～を ب）

اِعْتَقَدَ [動: VIII-0] 信じる（～を ه ﻫ）

اِعْتَقَلَ [動: VIII-0] 逮捕する（～を ه）

اِعْتَمَدَ [動: VIII-0] 依存する（～に على）

اِعْتِيَادِيٌّ [形] 習慣的な

أَعْجَبَ [動: IV-0] 驚かせる・喜ばせる（～を ه）：أَعْجَبَنِي 私はそれが気に入った（＝それは私を喜ばせた）

أَعْجَمِيٌّ [形: 複 ـُـون] 非アラブの

أُعْجُوبَةٌ [名女: 複 أَعَاجِيبُ] 奇跡：بِأُعْجُوبَةٍ 奇跡的に

أَعَدَّ [動: IV-G] 用意する・準備する（～を ﻫ）

إِعْدَادٌ [名男 (動名 < أَعَدَّ)] 用意・準備

إِعْدَادِيٌّ [形] 中等（教育）の

أَعْدَمَ [動: IV-0] 死刑にする（～を ه）

أَعْطَى [動: IV-3] 与える（～に ه／～を ﻫ）

إِعْلَانٌ [名男 (動名 < أَعْلَنَ): 複 ـَـات] 告知・広告

أَعْلَمَ [動: IV-0] 知らせる（～に ه）

أَعْلَنَ [動: IV-0] 告知する・通知する

اِعْوَجَّ [動: IX-0] ねじ曲がる

اِغْتَالَ [動: VIII-2] 暗殺する（～を ه）

اِغْتَنَمَ [動: VIII-0] 捕らえる・つかむ（機会などを ﻫ）

اِغْتِيَالٌ [名男 (動名 < اِغْتَالَ): 複 ـَـات] 暗殺

إِغْرَاقٌ [名男 (動名 < أَغْرَقَ)] 沈めること

أَغْرَقَ [動: IV-0] 沈める（～を ه ه）

أَغْلَقَ [動: IV-0] 閉める（～を ه）

أُغْنِيَةٌ [名女: 複 أَغَانٍ] 歌

أُفٍّ [感] うわ！　ひええ！（不快感を表す）

أَفَاضَ [動: IV-2] あふれさせる：أَفَاضَ فِي ٱلْحَدِيثِ だらだらと話す

أَفَاقَ [動: IV-2] 目が覚める（～から من）

اِفْتَرَضَ [動: VIII-0] 推定する（～であると أَنَّ）

اِفْتَقَدَ [動: VIII-0] なくす（～を ه）

إِفْرَاطٌ [名男 (動名 < أَفْرَطَ)] 過剰：إِفْرَاطٌ فِي ٱلْأَكْلِ 食べすぎ

أَفْرَطَ [動: IV-0] 過度である・～しすぎる（～について فِي）

أَفْضَلُ ➔ مُفَضَّلٌ

أَفْلَسَ [動: IV-0] 倒産する

أَقَامَ [動: IV-2] 滞在する（～に ب）

إِقَامَةٌ [名女 (動名 < أَقَامَ)] 滞在

أَقْبَلَ [動: IV-0] 近づく（～に على）

اِقْتِرَاحٌ [名男 (動名 < اِقْتَرَحَ): 複 ـات] 助言・アドバイス

اِقْتَرَبَ [動: VIII-0] 近づく（～に من）

اِقْتَرَحَ [動: VIII-0] 提案する（～に على／～を ه）

اِقْتَرَنَ [動: VIII-0] 結びつく・結婚する（～と ب）

اِقْتِصَادٌ [名男] 経済

اِقْتِصَادِيٌّ [形] 経済の・経済的な

اِقْشَعَرَّ [動: QIV] 身の毛がよだつ

أَقَلُّ ➔ قَلِيلٌ

إِقْنَاعٌ [名男 (動名 < أَقْنَعَ)] 説得

أَقْنَعَ [動: IV-0] 説得する（～を ه ／～することについて ب）

أَكْثَرُ ➔ كَثِيرٌ

أَكَّدَ [動: II-0] 強調する（～を ه أنّ）

أَكْرَمَ [動: IV-0] 敬意をもって扱う・賞賛する（～を ه）

أَكْلٌ [名男 (動名 < أَكَلَ)] 食べること・食事

أَكَلَ [動: I-0 (u), 動名 أَكْلٌ] 食べる（～を ه）

أَكْمَلَ [動: IV-0] 終える・完了する・完成する（～を ه）

إِلَّا [接] ～以外（☞ 6.1.4④, 14.4①, 17.2②ⓑ, 20.3.2, 29.3.7, 30.2.1③）：إِلَّا أَنَّ しかしながら～だ（☞ 12.4④）

آلَةٌ [名女: 複 ـات] 機械：آلَةٌ حَاسِبَةٌ 電卓：آلَةُ تَصْوِيرٍ カメラ

اِلْتَفَّ [動: VIII-G] とりまく（～のまわりを حول）

اِلْتَقَى [動: VIII-3] 会う（～と ه）

أَلَحَّ [動: IV-G] 言い張る（～を فِي）

إِلْحَاحٌ [名男 (動名 < أَلَحَّ)] 強要・しつこくせがむこと

إلخ = إِلَى آخِرِهِ ➔ آخِرٌ

أَلْفٌ [名男: 複 آلَافٌ] 1000（☞ 19.3）

أَلَّفَ [動: II-0] 著す（～を ه）

أَلْقَى [動: IV-3] 投げる（～を ه ب）

إِلِكْتْرُونِيٌّ [形] 電子の

اَللّٰهُ [名男] アッラー

أَلْمَانِيٌّ [形: 複 أَلْمَانٌ] ドイツの（ドイツ人）

آلُو [感] もしもし

إِلَى [前] ～宛ての・～へ：إِلَى أَنْ ～するまで（☞ 14.1.2.3.1⑥）

آلِيٌّ [形] 機械の

أَلِيفٌ [形] 飼いならされた

أَمْ [接] ～か～（か）？（☞ 1.1.2③）

أُمٌّ [名女: 複 أُمَّهَاتٌ] 母

أَمَّا ... فَـ ...
[表現] 一方～は（☞ 16.1.4）

أُمَّةٌ [名女: 複 أُمَمٌ] 国家・共同体・ウンマ：اَلْأُمَمُ ٱلْمُتَّحِدَةُ 国際連合

أَمَامَ [前] ～の前で（場所）：إِلَى ٱلْأَمَامِ 前方へ：مِنْ أَمَامِ ～の前から

أَمَانَةٌ [名女] 信頼

اِمْتِحَانٌ [名男 (動名 < اِمْتَحَنَ): 複 ـات] 試験

اِمْتَدَّ [動: VIII-G] 広がる

اِمْتِنَانٌ [名男 (動名 < اِمْتَنَّ)] 恩義

اِمْتَنَعَ [動: VIII-0] 避ける・控える（～を عن）

أَمْرٌ [名男: 複 أُمُورٌ] 事・物事

اِمْرَأَةٌ [名女: 複 نِسَاءٌ] 女性（定冠詞がつくと اَلْمَرْأَة となる）

أَمْرِيكَا [名女] アメリカ

أَمْرِيكِيّ [形: 複 ـــون] アメリカの（アメリカ人）

أَمْسِ [副] 昨日

أَمْسَكَ [動: IV-0] つかむ（～を ه ﻫ）

أَمْسَى [動: IV-0] ～になる（☞ 26.1.1①）

إِمْكَانٌ [名男 (動名 < أَمْكَنَ): 複 ـــات] 可能性

إِمْكَانِيَّةٌ [名女: 複 ـــات] 可能性

أَمْكَنَ [動: IV-0] 可能である（～にとって ه）：يُمْكِنُ ه أَنْ ～できる（～は ه）（☞ 14.1.2.3.1①ⓐ）

أَمَلَ [動: I-0 (u), 動名 أَمَلٌ] 希望する・望む（～を ﻫ）

أَمَلٌ [名男: 複 آمَالٌ] 希望

أَمَلَّ [動: IV-G] いらだたせる（～を ه على）・退屈である

أَمِيرٌ [名共: 複 أُمَرَاءُ] 王子・アミール・首長

أَمِيرِكَا [名女] アメリカ

أَمِينَةُ [名女] アミーナ（女性名）

أَنْ [接] ～すること（☞ 14.1.2.3）

أَنَّ [接] ～であること（☞ 8.2②, 8.2.3, 12.4）

إِنْ ① [接] もし～ならば（☞ 10.3）：وَإِنْ ～であったとしても（☞ 25.1.1①）② [否定辞] ～でない（☞ 29.3.7）

إِنَّ ①[副] 実に～だ（☞ 8.2①） ②[接] ～と（動詞 قَالَ「言う」と関連する語の後で）（☞ 21.2.5）

اَلْآنَ [副] 今

أَنَا [代] 私は

اِنْبَغَى [動: VII-3] 必要である

أَنْتَ [代] 貴男は

أَنْتِ [代] 貴女は

اِنْتِبَاهٌ [名男 (動名 < اِنْتَبَهَ)] 注意

اِنْتَخَبَ [動: VIII-0]（選挙で）選ぶ（～を ه）

اِنْتَرْنِت [名男] インターネット

اِنْتَشَرَ [動: VIII-0] 広まる

اِنْتِظَارٌ [名男 (動名 < اِنْتَظَرَ)] 待つこと：فِي ٱلِٱنْتِظَارِ 待っている

اِنْتَظَرَ [動: VIII-0] 待つ（～を ه ﻫ）

اِنْتِقَالٌ [名男 (動名 < اِنْتَقَلَ): 複 ـــات] 移行・移譲

اِنْتِقَالِيٌّ [形] 移行している・移行的な

اِنْتَقَلَ [動: VIII-0] 引っ越す・移り住む

أَنْتُمْ [代] あなた達は

أَنْتُمَا [代] あなた達２人は

أَنْتُنَّ [代] 貴女達は

اِنْتِهَاءٌ [名男 (動名 < اِنْتَهَى)] 終わり

اِنْتَهَى [動: VIII-3] 終わる

أُنْثَى [名女] 女性

أَنْجَى [動: IV-3] 救う（～を ه）

اِنْحَازَ [動: VII-2] 肩を持つ・側に立つ（～の ل إلى）

اِنْحَنَى [動: VII-3] 傾く・曲がる

اِنْدَهَشَ [動: VII-0] 驚く

اِنْسَابَ [動: VII-2] 流れる

إِنْسَانٌ [名男: 複 نَاسٌ] 人

آنِسَةٌ [名女: 複 ـــات] 若い女性・未婚の女性・（未婚の女性に）～さん

اِنْشَغَلَ [動: VII-0] 忙しい（～で ب）

اِنْصَاعَ [動: VII-2] 従う（～に ل）

اِنْصَرَفَ [動: VII-0] 立ち去る

أَنْصَفَ [動: IV-0] 正当に扱う・正しく扱う

اِنْضَمَّ [動: VII-G] 含まれる（～に إلى）

اِنْطَلَقَ [動: VII-0] 出発する

اِنْعَقَدَ [動: VII-0] 開催される

اِنْفِجَارٌ [名男 (動名 < اِنْفَجَرَ): 複 ـــات] 爆発

اِنْفَكَّ [動: VII-G] مَا ٱنْفَكَّ ～のままである・

〜し続ける（☞ 26.1②）

إنفلونزا [名男] インフルエンザ

أَنْقَذَ [動: IV-0] 救う（〜を ه）

اِنْقِرَاضٌ [名男 (動名 < اِنْقَرَضَ)] 絶滅

اِنْقَرَضَ [動: VII-0] 絶滅する

اِنْقِضَاءٌ [名男 (動名 < اِنْقَضَى): 複 ـَـات] 終わること・過ぎること

اِنْقَطَعَ [動: VII-0] 切れる・断たれる

اِنْكَسَرَ [動: VII-0] 折れる・割れる

إِنْكِلْتِرَا [名女] 英国

إِنْكِلِيزِيٌّ [形: 複 إِنْكِلِيزٌ] 英国の（英国人）

إِنَّـمَا [副] 単に・（そうではなく）ただ〜するだけだ（☞ 29.2.7）：إِنَّـمَا ... فَحَسْبُ ただ〜するだけだ

أَنْـهَى [動: IV-3] 終える（〜を ه）

أَنِيقٌ [形: 複 ـُـون] おしゃれな・優雅な・こざっぱりした

آه [感] ああ

اِهْتَمَّ [動: VIII-G] 関心を持つ（〜に ب）

اِهْتِمَامٌ [名男 (能分 < اِهْتَمَّ): 複 ـَـات] 関心

أَهْلٌ [名男: 複 أَهَالٍ] 家族・一族

أَهَمَّ [動: IV-G] 関心を引く（〜の ه）

أَهَمِّيَّةٌ [名女] 重要性：ذُو أَهَمِّيَّةٍ 重要な（重要さを持った）

أَوْ [接] 〜または・即ち（☞ 29.2.8）

أَوَانٌ [名男: 複 آوِنَةٌ] 時

أُوتُوبِيس [名男: 複 ـَـات] バス

أَوْحَى [動: IV-3] 啓示する（〜に إِلى／〜を ب）

أُوساكا [名女] 大阪

أَوْسَطُ [形: 女 وُسْطَى] 中央の

أَوْشَكَ [動: IV-0]（未完了形直説法を従えて）〜しそうになる・あやうく〜するところだ（☞ 26.1.2②）

أَوَّلُ [形: 女 أُولَى, 男複 أَوَّلُ ,أَوَائِلُ ,ـُـون, 女複 أُوَلٌ ,أُولَيَاتٌ] 第１の・１番目の：أَوَّلَ مَرَّةٍ 初めて：أَوَّلُهُ その最初（の部分）

أُولَائِكَ [代] あれら（男複）

أَيٌّ [疑] どの？・どんな？(☞ 29.1.7)：（否定文で）どんな〜も(ない)（☞ 29.1.7④）

إِيَّا [辞詞]（目的語を表す）（☞ 26.3）：إِيَّاكَ أَنْ 〜しないように気を付けろ！（☞ 26.3.3）

اِئْتَمَرَ [動: VIII-0] 討議する・相談する

اِئْتَمَنَ [動: VIII-0] 委託する（〜を على／〜に ه）

أَيْضًا [副] 〜も

أَيْنَ [疑] どこ？（☞ 29.1.4）：أَيْنَمَا どこであろうと（☞ 30.2.6）

ب

بِ [前]（☞ 30.1.1）〜で（手段・言語など）・〜入りの：مَا بِكَ؟ どうしたんですか？(☞ 30.1.1③)：بِجَانِبِ 〜の脇に・隣に

بَابٌ [名男: 複 أَبْوَابٌ, بِيبَانٌ] ドア・門：بَابُ ٱلْعَمُودِ ダマスカス門(エルサレム)

بَاتَ [動: I-2 (i/ī), 動名 مَبِيتٌ] ①夜を過ごす ②〜になる（☞ 26.1.1 ①）

بَاحَةٌ [名女: 複 ـَـات] 広場・前庭

بَاخِرَةٌ [名女: 複 بَوَاخِرُ] 汽船

بَارِدٌ [能分 < بَرَدَ] 冷たい・寒い

بَارِزٌ [能分 < بَرَزَ] 著しい・顕著な

بَاضَ [動: I-2 (i/ī)] 生む（卵を ه）

بَاعَ [動: I-2 (i/ī)] 売る（〜を ه）

بَاقٍ [能分 < بَقِيَ: 複 ـُـون] 残った

بَاطِلٌ [能分 < بَطَلَ: 複 ـُـون] 失業した・失業者

بَالِغٌ [能分 < بَلَغَ] 広範囲の

بَاكِرٌ [形: 比最 أَبْكَرُ]（朝）早い

بَاهِرٌ [能分 < بَـهَرَ] 輝かしい

بَتَّةٌ [名女: 複 ـَات] 決断：اَلْبَتَّةَ きっぱりと

بَثَّ [動: I-G (u), 動名 بَثٌّ] 放送する・放映する（～を ه）

بَحَثَ [動: I-0 (a), 動名 بَحْثٌ] ①議論する（～を ه） ②探す（～を عن） ②研究する（～を في）

بَحْثٌ [名男 (動名 < بَحَثَ): 複 أَبْحَاثٌ] ①議論 ②探査 ③研究（～の في）

بَحْرٌ [名男: 複 أَبْحُرٌ, أَبْحَارٌ, بُحُورٌ, بِحَارٌ] 海

بُدٌّ [名男] 避けること：لَا بُدَّ (مِنْ) أَنْ ～しなければならない（☞ 14.1.2.3.1②ⓒ）

بَدْءٌ [名男 (動名 < بَدَأَ)] 始め

بَدَأَ [動: I-0 (a), 動名 بَدْءٌ] ①始める（～を ه）・（未完了形直説法を従えて）～し始める（☞ 26.1.2①） ②始まる

بَدَا [動: I-3 (ū), 動名 بُدُوٌّ] 表れる・～のようである：... بَدَا وَكَأَنَّ まるで～のようだ

بِدَايَةٌ [名女: 複 ـَات] 始め

بَدَلٌ [名男: 複 أَبْدَالٌ] 交換・交代：بَدَلًا مِنْ ～の代わりに

بَدَوِيٌّ [形: 複 بَدْوٌ] 遊牧民の（遊牧民）

بَذَلَ [動: I-0 (iu), 動名 بَذْلٌ] 供する（～を ه）：بَذَلَ جُهُودًا، بَذَلَ جَهْدًا 努力する

بَرَاءَةٌ [名女] 無実

بَرْبَرِيٌّ [形: 複 بَرَابِرَةٌ] ベルベルの（ベルベル人）

بُرْتُقَالٌ [名男集: 名女個 بُرْتُقَالَةٌ, 複 ـَات] オレンジ

بَرْنَامَجٌ [名男: 複 بَرَامِجُ] プログラム・計画・番組

بَرِّيٌّ [形] 野生の

بِرْيَانِي [名男] ビリヤニ（インド料理）

بَرِيدٌ [名男] 郵便：مَكْتَبُ ٱلْبَرِيدِ 郵便局：اَلْبَرِيدُ ٱلْإِلِكْتْرُونِيُّ（システムとしての）電子郵便

بِرِيطَانِيَا [名女] 英国

بُرِيكٌ [名男] ブリーク（北アフリカ料理）

بِسْمِ ٱللهِ 神の御名において（☞ 0.2.10③）

بَسِيطٌ [形: 複 بُسَطَاءُ] 単純な

بَصَرٌ [名男] 視力

بَصُرَ [動: I-0 (u), 動名 بَصَرٌ] 見る（～を ب）

اَلْبَصْرَةُ [名女] バスラ

بَصَلٌ [名男集: 名女個 بَصَلَةٌ, 複 ـَات] 玉ねぎ

بِضْعٌ [名共] いくつかの（☞ 27.2①）

بَطٌّ [名男集: 名女個 بَطَّةٌ, 複 ـَات] あひる

بُطْءٌ [名男] 遅さ：بِبُطْءٍ ゆっくりと

بَطَاطِس [名男] ジャガイモ

بِطَاقَةٌ [名女: 複 ـَات] カード：بِطَاقَةُ ذَاكِرَةٍ メモリーカード：بِطَاقَةُ هُوِيَّةٍ 身分証明書・IDカード

بَطْنٌ [名男女: 複 أَبْطُنٌ, بُطُونٌ] 腹

بَطِيءٌ [形] 遅い

بِطِّيخٌ, بَطِّيخٌ [名男集: 名女個 بَطِّيخَةٌ, بِطِّيخَةٌ, 複 ـَات] スイカ

بَعَثَ [動: I-0 (a), 動名 بَعْثٌ] 送る・派遣する（～を ه ه）

بَعْدُ [副]（否定文で）まだ（～していない）：（☞ 12.1.2①★） فِيمَا بَعْدُ その後

بَعْدَ [前] ～の後に（時間）：بَعْدَ أَنْ ～した後で（☞ 14.1.2.3.3②）

بَعْضٌ [名男] いくつか・一部（☞ 14.5.2）：اَلْبَعْضُ 何人か・ある人（達）（☞ 14.5.2③）

بَعِيدٌ [形: 複 بُعَدَاءُ] 遠い（～から عن）：غَيْرَ بَعِيدٍ 遠からず

بَقَاءٌ [名男 (動名 < بَقِيَ)] 残ること・留まること

بَقَّالٌ [名男: 複 ـــات] 雑貨屋・食料品店
بَقَرٌ [名男集: 複 أَبْقَارٌ ,بُقُورٌ; 名女個 بَقَرَةٌ, 複 ـــات] 雌牛
بَقِيَ [動: I-3 (ā), 動名 بَقَاءٌ] 留まる・残る
بَكَى [動: I-3 (ī), 動名 بُكَاءٌ] 泣く
بَلْ [接] そうではなく（☞ 29.2.9）
بَلَاءٌ [名男] 試練
بَلَاغَةٌ [名女] 雄弁さ
بَلَدٌ [名男女: 複 بِلَادٌ ,بُلْدَانٌ] 町・国・ふるさと：اَلْبَلَدُ ٱلْقَدِيـمَةُ 旧市街
بَلْدَةٌ [名女] 町・都市
بَلَدِيَّةٌ [名女: 複 ـــات] 市役所
بَلَعَ [動: I-0 (a), 動名 بَلْعٌ] 飲み込む（～を ه）
بَلَغَ [動: I-0 (u), 動名 بُلُوغٌ]（知らせが）届く（～に ه）
بُلُوغٌ [名男 (動名 < بَلَغَ)] 成人になること・到達
بَلَى [副]（否定疑問に対する肯定の答え ☞ 6.1.4①, 29.4.1）
بَلِيغٌ [形] 相当な：جُرْحٌ بَلِيغٌ 重傷
بِنَاءٌ [名男 (動名 < بَنَى)] 建築：[複 ـــات] 建築作業：[複 أَبْنِيَةٌ] ビル
بِنْتٌ [名女: 複 بَنَاتٌ] 娘・女の子
بَنْكٌ [名男: 複 بُنُوكٌ] 銀行
بَنْغَازِي [名女] ベンガジ
بَنَى [動: I-3 (ī), 動名 بِنَاءٌ] 建てる（～を ه）
بُوجِيه [名男] スパークプラグ（< Fr. bougie）
بَيَاضٌ [名男] 白さ
بَيْتٌ [名男: 複 بُيُوتٌ] 家
بَيْتُ لَحْمُ [名女] ベツレヘム
بيتزا [名女] ピザ
بَيْتِيٌّ [形] 家の
بَيْدَ أَنَّ [接] ～であるにもかかわらず・しかしながら～である（☞ 12.4④）
بِئْسَ [動] 何とひどい～か！（☞ 26.1.6）
بَيْضٌ [名男集: 名女個 بَيْضَةٌ, 複 ـــات] 卵
بَيْنَ [前] ～の間に：بَيْنَمَا ～である一方で

ت

تَ [前]（接尾代名詞を付けることはできない）～にかけて（誓いの言葉「تَٱللّٰهِ 神にかけて」）
تَابَعَ [動: III-0] 続ける・見守る（～を ه）
تَابُوتٌ [名男: 複 تَوَابِيتُ] 棺
تَأَخَّرَ [動: V-0] 遅れる
تَأْدِيبٌ [名男 (動名 < أَدَّبَ): 複 ـــات] しつけ
تَأْرِيخٌ ,تَارِيخٌ
[名男 (動名 < أَرَّخَ): 複 تَوَارِيخُ] 日付・歴史
تَأْسِيسٌ [名男 (動名 < أَسَّسَ)] 基礎作り・設立・創設
تَأَقْلَمَ [動: QII] 慣れる
تَأَكَّدَ [動: V-0] 確信する・確かめる（～について مِن）
تَأَكُّدٌ [名男 (動名 < تَأَكَّدَ)] 確信
تَأْكِيدٌ [名男 (動名 < أَكَّدَ): 複 ـــات] 確認・確実：بِٱلتَّأْكِيدِ 確かに・間違いなく
تاكيرو タケル（日本人男性名）
تَأْلِيفٌ [名男 (動名 < أَلَّفَ): 複 تَآلِيفُ] 著作（物）
تَامٌّ [能分 < تَمَّ] 完全な
تَأَمْرَكَ [動: QII] アメリカ化する
تَأْمِينٌ [名男 (動名 < أَمَّنَ): 複 ـــات] 保険
تَانِكَ [代] あれら２つ（２人）（女双）
تَأَنَّى [動: V-3] ゆっくり行う（～を ه）
تَبَارَكَ [動: VI-0] 祝福される
تَبَلْوَرَ [動: QII] 具体化する
تَبَسُّمٌ [名男 (動名 < تَبَسَّمَ)] 微笑み
تَبِعَ [動: I-0 (a), 動名 تَبَاعَةٌ ,تَبَعٌ] ついていく（～に ه）

تَبَيَّنَ　[動: V-0] 明らかになる
تَثَاءَبَ　[動: VI-0] あくびする
تِجَارَةٌ　[名女: 複 ـَات] 商売
تِجَاهَ, تُجَاهَ
[前] ～に対する・～に向かって
تَجَاهَلَ　[動: VI-0] しらんぷりする・無視する（～を ه هـ）
تَجَاوَزَ　[動: VI-0] 超える・超過する・凌駕する・しのぐ（～を هـ）
تَجَاوُزٌ　[名男 (動名 < تَجَاوَزَ)] 超過・過ぎること・超えること
تَجَمَّعَ　[動: V-0] 集まる
تَجَنَّبَ　[動: V-0] 回避する・避ける（～を هـ ه）
تَجْهِيزٌ　[名男 (動名 < جَهَّزَ): 複 ـَات] 準備
تَجَوَّلَ　[動: V-0] 歩き回る
تَحَادَثَ　[動: VI-0] 語り合う
تَحْتَ　[前] ～の下に：مِنْ تَحْتِ ～の下から
تَحْتُ　[副] 下に
تَحَدَّثَ　[動: V-0] 語る・話す・考える（～について في عن ب／～と مع）
تَحَرَّشَ　[動: V-0] 嫌がらせする（～に ب）
تَحَرُّشٌ　[名男 (動名 < تَحَرَّشَ)] 嫌がらせ・ハラスメント（～への ب）
تَحَرَّكَ　[動: V-0] 動く
تَحَسَّنَ　[動: V-0] 良くなる・改善される
تَحَقَّقَ　[動: V-0] 実現化する
تَحْقِيقٌ　[名男 (動名 < حَقَّقَ): 複 ـَات] 実現化・実現
تَحَكُّمٌ　[名男 (動名 < تَحَكَّمَ)] 制御・コントロール（～の في）
تَحْكِيمِيٌّ　[形] 審判の・審判に関する
تَحَمَّلَ　[動: V-0] 耐える（～に هـ）
تَحِيَّةٌ　[名女 (動名 < حَيَّا): 複 ـَات, تَحَايَا] 挨拶
تَخَصُّصٌ　[名男 (動名 < تَخَصَّصَ): 複 ـَات] 専門性・専門
تَخْطِيطٌ　[名男 (動名 < خَطَّطَ): 複 ـَات] 計画
تَخَلَّى　[動: V-3] 離れる（～から عن）
تَخَيَّلَ　[動: V-0] 想像する（～を هـ）
تَدَخَّلَ　[動: V-0] 介入する（～に في）
تَدَخُّلٌ　[名男 (動名 < تَدَخَّلَ)] 介入
تَدْخِينٌ　[名男 (動名 < دَخَّنَ)] 喫煙
تَدْرِيبٌ　[名男 (動名 < دَرَّبَ): 複 ـَات] 訓練・研修：تَدْرِيبٌ مِهْنِيٌّ インターンシップ
تَذَكَّرَ　[動: V-0] 思い出す（～を هـ）
تَرَاجَعَ　[動: VI-0] 後退する・引っ込む
تَرْبِيَةٌ　[名女 (動名 < رَبَّى): 複 ـَات] 教育
تَرْجَمَ　[動: QI] 訳す（～を هـ）
تَرَدَّدَ　[動: V-0] 躊躇する
تَرَدُّدٌ　[名男 (動名 < تَرَدَّدَ)] 躊躇：بِغَيْرِ تَرَدُّدٍ 躊躇なく
تَرَقُّبٌ　[名男 (動名 < تَرَقَّبَ)] 期待：فِي تَرَقُّبٍ 期待して・期待した状態で
تَرَقَّى　[動: V-3] 昇進する・進級する
تَرَكَ　[動: I-0 (u), 動名 تَرْكٌ] 放っておく（～を ه هـ）
تُرْكِيٌّ　[形: 複 تُرْكٌ, أَتْرَاكٌ] トルコの（トルコ人）
تَرِكَةٌ　[名女: 複 ـَات] 遺産
تُرَى ➔ يَا
تَزَوَّجَ　[動: V-0] 結婚する（～と ه）
تَسَاءَلَ　[動: VI-0] 自問する
تَسْجِيلٌ　[名男 (動名 < سَجَّلَ): 複 ـَات] 登録
تِسْعَةٌ　[数: 女 تِسْعٌ] 9
تَسَلَّمَ　[動: V-0] 受け取る（～を هـ）
تَسْلِيمٌ　[名男 (動名 < سَلَّمَ)] 手渡すこと・受け渡し
تَسَوُّسٌ　[名男: 複 ـَات] 虫歯：تَسَوُّسُ ٱلْأَسْنَانِ 虫歯
تسونامي　[名男] 津波
تَشَاجَرَ　[動: VI-0] 喧嘩する・口論する
تَشَارَكَ　[動: VI-0] 分かち合う

تَشْكِيلٌ [名男 (動名 < شَكَّلَ): 複 ــات] 形成・組み立て

تَصْحِيحٌ [名男 (動名 < صَحَّحَ): 複 ــات] 訂正・修正

تَصَدَّى [動: V-3] 立ち向かう（～に لِ）

تَصَرَّفَ [動: V-0] 振舞う・行動する

تَصَرُّفٌ [名男 (動名 < تَصَرَّفَ): 複 ــات] 振舞い

تَصْرِيحٌ [名男 (動名 < صَرَّحَ): 複 تَصَارِيحُ ,ــات] 認可

تَصْفِيقٌ [名男 (動名 < صَفَّقَ): 複 ــات] 拍手

تَصْمِيمٌ [名男 (動名 < صَمَّمَ): 複 تَصَامِيمُ ,ــات] デザイン

تَصَوَّرَ [動: V-0] 想像する

تَصْوِيتٌ [名男 (動名 < صَوَّتَ)] 投票

تَصْوِيرٌ [名男 (動名 < صَوَّرَ)] 撮影

تَضَايَقَ [動: VI-0] いらいらする・困惑する

تَطَوُّرٌ [名男 (動名 < تَطَوَّرَ): 複 ــات] 発展

تَعَارَكَ [動: VI-0] 喧嘩する・争う（～と مَعَ）

تَعَاطَى [動: VI-3] 摂る（薬・食物などを ـهُ）

تَعَالَ [動] 来い！（☞ 26.1.5）

تَعَاوَنَ [動: VI-0] 協力する（～に مَعَ）

تَعَاوُنٌ [名男 (動名 < تَعَاوَنَ): 複 ــات] 援助・協力

تَعِبَ [動: I-0 (a), 動名 تَعَبٌ] 疲れる

تَعَبٌ [名男 (動名 < تَعِبَ)] 疲れ：فِي غَايَةِ ٱلتَّعَبِ 極度に疲労した

تَعْبِيرٌ [名男 (動名 < عَبَّرَ): 複 تَعَابِيرُ] 表現

تَعَرَّضَ [動: V-0] 遭遇する・身をさらす（～に لِ）

تَعَشَّى [動: V-3] 夕食を食べる

تَعَطَّلَ [動: V-0] 故障する

تَعَفُّنٌ [名男 (動名 < تَعَفَّنَ)] 壊疽

تَعَلَّقَ [動: V-0] かかわる（～と بِ）

تَعَلَّمَ [動: V-0] 習う（～を ـهُ）

تَعَلُّمٌ [名男 (動名 < تَعَلَّمَ)] 学習

تَعْلِيمٌ [名男 (動名 < عَلَّمَ): 複 تَعَالِيمُ ,ــات] 教育

تَعْلِيمِيٌّ [形] 教育的な

تَغْذِيَةٌ [名女 (動名 < غَذَّى)] 栄養

تَغَلَّبَ [動: V-0] 打ち勝つ・乗り越える（～に・～を عَلَى）

تَغَيَّرَ [動: V-0] 変化する・変わる

تَغَيُّرٌ [名男 (動名 < تَغَيَّرَ): 複 ــات] 変化（すること）

تَغْيِيرٌ [名男 (動名 < غَيَّرَ): 複 ــات] 変化（させること）・変えること

تُفَّاحٌ [名男集: 名女個 تُفَّاحَةٌ, 複 ــات] リンゴ

تَفَاوَضَ [動: VI-0] 議論する・協議する

تَفْجِيرٌ [名男 (動名 < فَجَّرَ)] 爆発させること

تَفَرَّجَ [動: V-0] 見る・眺める（～を عَلَى）

تَفَضَّلَ [動: V-0] 恩恵を施す（～に عَلَى）：تَفَضَّلْ どうぞ。

تَفْكِيرٌ [名男 (動名 < فَكَّرَ)] 考え

تَفَوُّقٌ [名男 (動名 < تَفَوَّقَ)] 優秀であること：بِتَفَوُّقٍ 優秀な成績で・優で

تَقَابَلَ [動: VI-0] 会う（～と مَعَ）

تَقَدَّمَ [動: V-0] ①発展する・進展する・進歩する ②先行する

تَقَدُّمٌ [名男 (動名 < تَقَدَّمَ): 複 ــات] 進歩・発展・進展：فِي تَقَدُّمٍ 進歩している

تَقْدِيرٌ [名男 (動名 < قَدَّرَ): 複 تَقَادِيرُ ,ــات] 賞賛

تَقْرِيبٌ [名男 (動名 < قَرَّبَ)] 近づけること：تَقْرِيبًا 大体・ほとんど

تَكَاتَبَ [動: VI-0] 文通する

تَكَلَّمَ [動: V-0] 話す（～を ـهُ）

تَكْيِيفٌ [名男 (動名 < كَيَّفَ)] 調整：تَكْيِيفُ هَوَاءٍ 空調・エアコン

تَلَا [動: I-3 (ū)] ① [動名 تُلُوٌّ] 続く（～に ـهُ） ② [動名 تِلَاوَةٌ] 朗読する

تَلَاقَى [動: VI-3] 出会う

تِلَاوَةٌ [名女 (動名 < تَلَا)] 朗読

تِلِفِزْيُون [名男: 複 ـــات] テレビ
تِلِفُونٌ [名男: 複 ـــات] 電話
تَلَقَّى [動: V-3] 受け取る（～を ه）
تِلْكَ [代] あれ（女単）
تِلْمِيذٌ [名共: 複 تَلَامِيذُ] 生徒
تَمَّ [動: I-G (i), 動名 تَمٌّ] ①完了する・終わる ②～される（☞ 24.1.4）
تَمَامٌ [名男] 完了・完全さ：تَمَامًا 丁度・完全に
تَمَتَّعَ [動: V-0] 楽しむ（～を ب）
تَمْرٌ [名男集: 複 تُمُورٌ; 名女個 تَمْرَةٌ, 複 تَمَرَاتٌ]（乾燥させた）ナツメヤシ（の実）
تَمْرِينٌ [名男 (動名 < مَرَّنَ): 複 ـــات, تَمَارِينُ] 練習
تَمَسْخَرَ [動: QII] 馬鹿にする（～を على）
تَمَشٍّ [名男 (動名 < تَمَشَّى)] 散歩
تَمَكَّنَ [動: V-0] 可能である（～（すること）が من）
تَمَنَّى [動: V-3] 望む（～に ل／～を ه）
تَمْوِيلٌ [名男 (動名 < مَوَّلَ): 複 ـــات] 融資・資金調達・資金供与
تَنَاسَى [動: VI-3] 忘れたふりをする
تَنَاوَلَ [動: VI-0] ①摂取する（～を ه）②取り扱う（～を ه）
تَنْزِيلٌ [名男 (動名 < نَزَّلَ): 複 ـــات] バーゲン
تَنْصِيبٌ [名男 (動名 < نَصَّبَ)] 地位につけること・任命
تَنْظِيفٌ [名男 (動名 < نَظَّفَ)] 清掃・きれいにすること
تَنْفِيذٌ [名男 (動名 < نَفَّذَ)] 実行
تَنَقَّلَ [動: V-0] 移動する
تَهَرَّبَ [動: V-0] 逃げる（～から من）
تَهْرِيبٌ [名男 (動名 < هَرَّبَ)] 密輸
تَوَارَدَ [動: VI-0] 次から次へと来る
تَوَجَّهَ [動: V-0] 直面する（～に إلى）
تَوَسَّطَ [動: V-0] 仲立ちする・仲介する
تَوَسَّعَ [動: V-0] 拡大する・広がる
تَوْسِيمٌ [名男 (動名 < وَسَّمَ)] 叙勲
تَوَفَّى [動: V-3] 神が召す（～を ه）
تَوَقَّعَ [動: V-0] 期待する・予期する（～を ه）
تَوَقَّفَ [動: V-0] 止まる・止む
تُونِس [名女] チュニジア
تُونِسِيٌّ [形: 複 ـــون] チュニジアの（チュニジア人）

ث

ثَالِثٌ [形] 第３の・３番目の（☞ 18.3）
ثَانٍ [形] 第２の
ثَانَوِيٌّ [形] 高等（教育）の・２次的な
ثَانِيَةٌ [名女: 複 ثَوَانٍ] 秒
ثَرْثَرَ [動: QI] おしゃべりする
ثَقَافَةٌ [名女: 複 ـــات] 文化
ثِقَةٌ [名女 (動名 < وَثِقَ)] 信用：عَلَى ثِقَةٍ 確信している（～を من）（＝信頼の上に）
ثَقُلَ [動: I-0 (u), 動名 ثِقْلٌ, ثَقَالَةٌ] 重くなる（～にとって على）
ثَلَاثَةٌ [数: 女 ثَلَاثٌ] 3
ثَلَّاجَةٌ [名女: 複 ـــات] 冷蔵庫
ثَلْجٌ [名男] 雪・氷
ثَمَّ [副] あちらに
ثُمَّ [副] それから・次いで（☞ 29.2.11）
ثَمَانِيَةٌ [数: 女 ثَمَانٍ] 8
ثَمَّةَ [副] あちらに
ثَمَنٌ [名男: 複 أَثْمَانٌ] 価格・値段
ثَوْرٌ [名男: 複 ثِيرَانٌ] 雄牛

ج

جَاءَ [動: I-2 (i/ī), 動名 مَجِيءٌ] 来る・至る

（〜のところに、〜に ه ه）

جَاءٍ [能分 < جَاءَ: 複 ـــون] 来ている

جَازَ [動: I-2 (u/ū), 動名 جَوَازٌ] 許される

جَالِسٌ [能分 < جَلَسَ: 複 جُلُوسٌ, ـــون] 座っている

جَامِعٌ [名男 (能分 < جَمَعَ): 複 جَوَامِعُ] モスク

جَامِعَةٌ [名女: 複 ـــات] 大学：جَامِعَةُ أوساكا 大阪大学：جَامِعَةُ ٱلنَّجَاح ナジャーハ大学（ナブルス）

جَاهِزٌ [能分 < جَهَزَ: 複 ـــون] 準備できた

جَاوَبَ [動: III-0] 答える（〜に ه）

جَائِزَةٌ [名女: 複 جَوَائِزُ] 賞：جَائِزَةُ نوبل ノーベル賞

جَائِعٌ [能分 < جَاعَ: 複 ـــون] 空腹な

جَبَّارٌ [名共: 複 جَبَابِرُ, ـــون] 強力な者・強者

جَبَلٌ [名男: 複 جِبَالٌ] 山

جُثَّةٌ [名女: 複 جُثَثٌ] 死体

جِدًّا [副] とても

جَدِيدٌ [形: 複 جُدُدٌ] 新しい：مِنْ جَدِيدٍ 新たに・再び

جَدِيرٌ [形: 複 جُدَرَاءُ, ـــون] 相応しい・値打ちのある・適切な（〜に ب）

جَرَّ [動: I-G (u), 動名 جَرٌّ] 引っ張る（〜を ه）

جِرَابٌ [名男: 複 أَجْرِبَةٌ] 袋

جِرَاحِيٌّ [形: 複 ـــون] 外科の

جَرَّبَ [動: II-0] 試みる（〜を ه）

جُرْحٌ [名男: 複 جُرُوحَاتٌ, جُرُوحٌ, جِرَاحٌ, أَجْرَاحٌ] 怪我・負傷

جَرَسٌ [名男: 複 أَجْرَاسٌ] ベル：جَرَسُ ٱلتِّلِفُونِ 電話のベル

جَرُؤَ [動: I-0 (u), 動名 جَرَاءَةٌ, جُرْأَةٌ] あえて〜する（〜を أنْ على）

جَرْيٌ [名男 (動名 < جَرَى)] 走ること

جَرِيدَةٌ [名女: 複 جَرَائِدُ] 新聞

جَرِيمَةٌ [名女: 複 جَرَائِمُ] 罪

جُزْءٌ [名男: 複 أَجْزَاءٌ] 部分・一部

جَزَاءٌ [名男 (動名 < جَزَى)] 報酬・報い

جَزِيرَةٌ [名女: 複 جَزَائِرُ] 島

جَزِيلٌ [形] 豊富な

جِسْمٌ [名男: 複 أَجْسَامٌ] 身体

جَعَلَ [動: I-0 (a), 動名 جَعْلٌ] ①〜にする（〜を ه ه／〜に ه） ②（未完了形直説法を従えて）〜し始める（☞ 26.1.2①） ③〜に〜させる（☞ 26.1.3②）

جِلْدٌ [名男] 皮・革

جَلَسَ [動: I-0 (i), 動名 جُلُوسٌ] 座る（〜と إلى）

جِلْسَةٌ [名女] 座り方・座りよう

جَمَاعَةٌ [名女: 複 ـــات] 集団

جَمَاعِيٌّ [形] 集合的な

جَمَالٌ [名男] 美

جَمْعٌ [名男 (動名 < جَمَعَ)] 集めること・収集

جَمَعَ [動: I-0 (a), 動名 جَمْعٌ] ①集める ②足す（〜を ه／〜に مع）

جَمَلٌ [名男: 複 أَجْمَالٌ, جِمَالٌ] オスラクダ

جُمْهُورِيٌّ [形] 共和制の

جُمْهُورِيَّةٌ [名女: 複 ـــات] 共和国

جَمِيعٌ [名男] 全員・全部（☞ 27.2②）：جَمِيعًا 全部で

جَمِيلٌ [形: 複 ـــون] 美しい

جَنْبٌ [名男: 複 جُنُوبٌ, أَجْنَابٌ] 側：جَنْبًا إِلَى جَنْبٍ 並んで

جَنَّةٌ [名女] 天国

جُنْدِيٌّ [名共：複 جُنُودٌ] 兵士

جِنْسِيَّةٌ [名女: 複 ـــات] 国籍

جَهْلٌ [名男 (動名 < جَهِلَ)] 無知

جَهِلَ [動: I-0 (a), 動名 جَهَالَةٌ, جَهْلٌ] 無知である・知らない

جَهَنَّمُ [名男] 地獄

جَوٌّ [名男: 複 أَجْوَاءٌ] ①空気 ②（主に 複 で）雰囲気

جَوَابٌ [名男: 複 أَجْوِبَةٌ] 答え
جِوَارٌ [名男] 周辺・近所：بِجِوَارِ ～の近くに・となりに
جَوَّالٌ [名女: 複 ـــات] 携帯電話
جَوْدَةٌ [名女: 複 ـــات] 質
جَوْعٌ [名男 (動名 < جَاعَ)] 空腹
اَلْجَوْلَانُ [名女] ゴラン（高原）
جَيْبٌ [名男: 複 جُيُوبٌ] ポケット
جَيِّدٌ [形: 複 جِيَادٌ] 良い：جَيِّدًا よく・上手に
جَيْشٌ [名男: 複 جُيُوشٌ] 軍隊

ح

حَاجَةٌ [名女: 複 ـــات] 必要性：بِحَاجَةٍ, فِي حَاجَةٍ 必要としている（～を إِلَى）
حَادٌّ [能分 < حَدَّ] 鋭い
حَادِثٌ [名男 (動名 < حَدَثَ): 複 حَوَادِثُ] 事故
حَادَثَ [動: III-0] 語る・議論する（～と ه）
حَارٌّ [能分 < حَرَّ] 暑い・辛い
حَارِسٌ [名共 (能分 < حَرَسَ): 複 حُرَّاسٌ] 警備員
حَازَ [動: I-2 (u/ū), 動名 حِيَازَةٌ, حَوْزٌ] 得る・獲得する（賞などを ه）
حَاسُوبٌ [名男: حَوَاسِيبُ]コンピューター
حَاضِرٌ [能分 < حَضَرَ] 出席している
حَافَظَ [動: III-0] 保持する・保存する（～を على）
حَافِلَةٌ [名女: 複 ـــات] バス
حَاكُومٌ [名男] リモコン
حَالٌ [名男女: 複 أَحْوَالٌ] 状態・状況：عَلَى كُلِّ حَالٍ いずれにせよ
حَالَةٌ [名女: 複 ـــات] 状況
حَالِيٌّ [形: 複 ـــون] 現在の・現職の・目下の
حَامِلٌ [能分 < حَمَلَ] 運んでいる：حَامِلٌ ذُو أَرْجُلٍ ثَلَاثٍ 三脚
حَانَ [動: I-2 (i/ī), 動名 حَيْنٌ]（時が）来る
حَاوَلَ [動: III-0] 試みる（～を ه）
حَائِطٌ [名男 (< 能分 حَاطَ): 複 حِيَاطٌ, حِيطَانٌ, حَوَائِطُ]壁：حَائِطُ ٱلْبُرَاقِ, حَائِطُ ٱلْمَبْكَى 嘆きの壁（エルサレム旧市街）
حُبٌّ [名男] 愛
حَبَسَ [動: I-0 (i), 動名 حَبْسٌ] 閉じ込める・投獄する（～を ه ه）
حَتْمٌ [名男: 複 حُتُومٌ] 決定：حَتْمًا 絶対に
حَتَّى ① [副] ～さえ ② [前] ～まで ③ [接] ～するために（☞ 14.1.2.2①）・～するまで（☞ 14.1.2.2③）
حَجَرٌ [名男: 複 حِجَارَةٌ, حِجَارٌ, أَحْجَارٌ] 石
حَجَزَ [動: I-0 (i), 動名 حَجْزٌ] 予約する（～を ه）
حَجْمٌ [名男: 複 أَحْجَامٌ, حُجُومٌ] 大きさ・規模・サイズ
حَدٌّ [名男: 複 حُدُودٌ] ①限界 ②（複 で）国境：إِلَى أَقْصَى حَدٍّ かなり・限りなく：إِلَى حَدٍّ مَا ある程度：إِلَى هٰذَا ٱلْحَدِّ これほどまで
حَدَثَ [動: I-0 (u), 動名 حُدُوثٌ] 生じる・起きる
حَدَثٌ [名男: 複 أَحْدَاثٌ] できごと
حَدَّدَ [動: II-0] 定める・限定する
حُدُوثٌ [名男 (動名 < حَدَثَ)] できごと
حَدِيثٌ ① [名男: 複 أَحَادِيثُ] 話 ② [形: 複 حُدَثَاءُ, حِدَاثٌ] 新しい
حَدِيقَةٌ [名女: 複 حَدَائِقُ] 庭：حَدِيقَةٌ عَامَّةٌ 公園
حِذَاءٌ [名男: 複 أَحْذِيَةٌ] 靴
حَذِرَ [動: I-0 (a), 動名 حَذَرٌ] 用心する（～を ه）
حَرَارَةٌ [名女: 複 ـــات] 熱
حَرْبٌ [名女: 複 حُرُوبٌ] 戦争：اَلْحَرْبُ ٱلْعَالَمِيَّةُ ٱلثَّانِيَةُ 第二次世界大戦
حَرَّضَ [動: II-0] そそのかす（～を ه／～するように على）

حِرْفَةٌ [名女: 複 حِرَفٌ] 手工芸

حَرَكَةٌ [名女: 複 ـــات] 動き・動向・運動・動態

اَلْحَرَمُ ٱلشَّرِيفُ [名男] 神殿の丘（エルサレム）

حُرِّيَّةٌ [名女: 複 ـــات] 自由

حِزْبٌ [名男: 複 أَحْزَابٌ] 政党

حَزِينٌ [形: 複 حَزَانَى, حِزَانٌ, حُزَنَاءُ] 悲しい

حِسٌّ [名男] 感覚

حِسَابٌ [名男: 複 ـــات] 計算・お勘定：عَلَى حِسَابِ ～の世話で・～に面倒を見てもらって

حَسَبَ [前] ～に応じて・～に従って

حَسَنٌ [形: 複 حِسَانٌ, 比最 أَحْسَنُ] 良い：مِنَ ٱلْأَحْسَنِ أَنْ ～した方が良い：حَسَنًا よく・首尾よく・よし！

حِصَانٌ [名男: 複 أَحْصِنَةٌ, حُصُنٌ] 雄馬

حَصَلَ [動: I-0 (u), 動名 حُصُولٌ] ①発生する・起きる　②得る（～を على）

حَضَّرَ [動: II-0] 準備する（～を ه）

حَضْرَتُكَ [表現] 貴男様（2人称男性単数の代名詞の丁寧な形）

حَظٌّ [名男: 複 حُظُوظٌ] 運：مِنْ حُسْنِ ٱلْحَظِّ أَنَّ 運のよいことに・幸運にも～だ

حَفِظَ [動: I-0 (a), 動名 حِفْظٌ] 保管する・とっておく（～を ه）

حَفْلٌ [名男] 祝賀

حَفْلَةٌ [名女: 複 حَفَلَاتٌ] パーティー

حَقٌّ [名男: 複 حُقُوقٌ] 権利・真実・正しさ：عَلَى حَقٍّ 正しい・そういわれればそうだ：حَقًّا 本当に：（同族目的語として ☞ 17.3.3）

حَقْلٌ [名男: 複 حُقُولٌ] 畑

حَقِيبَةٌ [名女: 複 حَقَائِبُ] カバン・バッグ：حَقِيبَةُ ظَهْرٍ デイバッグ・リュックサック

حَقِيقَةٌ [名女: 複 حَقَائِقُ] 真実：فِي ٱلْحَقِيقَةِ 実際のところ

حَقِيقِيٌّ [形: 複 ـــون] 本当の

حُكْمٌ [名男 (動名 < حَكَمَ): 複 أَحْكَامٌ] 統治：حُكْمٌ ذَاتِيٌّ 自治

حِكْمَةٌ [名女: 複 حِكَمٌ] 知恵

حُكُومَةٌ [名女: 複 ـــات] 政府

حَكَى [動: I-3 (ī), 動名 حِكَايَةٌ] 語る（～を ه）

حَلٌّ [名男 (動名 < حَلَّ): 複 حُلُولٌ] 解決

حَلَا [動: I-3 (ū), 動名 حَلَاوَةٌ] ①甘くなる　②心地よい（～にとって لِ）

حَلَبُ [名女] アレッポ

حَلْقَةٌ [名女: 複 حَلَقَاتٌ] 輪

حُلْمٌ [名男: 複 أَحْلَامٌ] 夢

حُلْوٌ [形] 甘い・素敵な

حَلِيبٌ [名男] ミルク

حَمٌ [名男: 複 أَحْمَاءٌ] 義父（☞ 7.2.5）

حَمَامٌ [名男集: 名女個 حَمَامَةٌ, 複 ـــات] 鳩

حَمَّامٌ [名男] トイレ・浴室

حَمْدٌ [名男] 賞賛：اَلْحَمْدُ لِلّٰهِ 神に讃えあれ（＝おかげさまで）

حُمْرَةٌ [名女] 赤さ

حُمُّصٌ [名男] ホムス・ひよこ豆

حَمَلَ [動: I-0 (i), 動名 حَمْلٌ] 運ぶ・担ぐ（～を ه）

حَمْلٌ [名男] 妊娠（すること）

حِوَارٌ [名男] 会話

حَوَالَيْ [前] およそ

حَوْلَ [前] ①～の周りに・～にまつわる　②～に関して

حَيٌّ [形: 複 أَحْيَاءٌ] 生きている

حَيَاةٌ [名女] 人生・生活・命

حَيْثُ [副]（場所を表す関係副詞）～するところ（☞ 13.1.8, 30.3）：مِنْ حَيْثُ ～に関して：حَيْثُمَا どこであろうと（☞ 30.2.6）

حَيْفَا [名女] ハイファ

حِينٌ [名男: 複 أَحْيَانٌ] ①時：فِي كَثِيرٍ مِنَ ٱلْأَحْيَانِ 多くの場合 ②حِينَ [接] ～する時に（☞ 29.2.13）

حَيَوَانٌ [名男: 複 ـَات] 動物：حَيَوَانٌ أَلِيفٌ ペット

خ

خَابَ [動: I-2 (i/ī), 動名 خَيْبَةٌ] 失望する

خَارِجَ [前] ～の外に・～の外側で

خَاسِرٌ [能分 < خَسِرَ] 損している・しくじった・負けた

خَاصٌّ [能分 < خَصَّ] 特別な・私的な

خَاصَّةً [副] 特に

خَافَ [動: I-2 (i/ā), 動名 خِيفَةٌ, مَخَافَةٌ, خَوْفٌ] 恐れる（～を مِن）

خَالِدٌ [能分 < خَلَدَ] 永遠の：خَالِدًا مُخَلَّدًا 永久に・未来永劫

خَالِصٌ [能分 < خَلَصَ] 心からの

خَامِسٌ [形] 5番目の

خَانَ [動: I-2 (u/ū), 動名 خَوْنٌ, خِيَانَةٌ] 裏切る（～を ه）

خَاوٍ [能分 < خَوَى] 空の

خَائِفٌ [能分 < خَافَ: 複 ـُون] 怖がっている

خَبَّازٌ [名共: 複 ـُون] パン職人

خَبَرٌ [名男: 複 أَخْبَارٌ] 知らせ・ニュース・情報

خُبْزٌ [名男] パン

خَدٌّ [名男: 複 خُدُودٌ] 頬

خَدَّامَةٌ [名女: 複 ـَات] 女中

خِدْمَةٌ [名女: 複 خِدَمٌ, خِدْمَاتٌ] サービス・奉仕

خَرَبَ [動: I-0 (i), 動名 خَرْبٌ] 破壊する（～を هـ）

خَرَجَ [動: I-0 (u), 動名 خُرُوجٌ] 出る

خُرْطُومٌ [名男: 複 خَرَاطِيمُ] ホース

خُرُوجٌ [名男 (動名 < خَرَجَ)] 出ること

خَرُوفٌ [名男: 複 خِرْفَانٌ] 雄山羊

خَرِيطَةٌ [名女: 複 خَرَائِطُ] 地図

خَسِرَ [動: I-0 (a), 動名 خُسْرَانٌ, خِسَارٌ, خَسَارَةٌ] 損する（～を هـ）

خَشَبِيٌّ [形] 木製の

خَشِيَ [動: I-0 (a), 動名 خَشْيَةٌ] 恐れる（～を هـ）

خَشْيَانُ [形: 女 خَشْيَا, 複 خَشَايَا] 不安な・臆病な

خَطٌّ [名男: 複 خُطُوطٌ] 線・路線・書道：اَلْخُطُوطُ ٱلْجَوِّيَّةُ ٱلْقَطَرِيَّةُ カタール航空

خُطَّةٌ [名女: 複 خُطَطٌ] 計画

خَطَأٌ [名男: 複 أَخْطَاءٌ] 過ち

خِطَابٌ [名男 (動名 < خَاطَبَ): 複 أَخْطِبَةٌ, ـَات] 演説

خَطَرٌ [名男: 複 أَخْطَارٌ] 危険

خَطَّطَ [動: II-0] 計画する（～を هـ）

خَطِيرٌ [形] 危険な

خَطِيئَةٌ [名女: 複 خَطَايَا, ـَات] 過ち

خَطْوَةٌ [名女: 複 خَطَوَاتٌ]（一）歩：خَطْوَةً خَطْوَةً ゆっくりと・一歩ずつ

خَفَّ [動: I-G (i), 動名 خَفٌّ] 軽くなる

خَفِيَ [動: I-3 (ā), 動名 خَفَاءٌ] 隠れる

خَلَا [動: I-3 (ū), 動名 خُلُوٌّ] 欠く（～を مِن）

خِلَالَ [前] ～の期間に：مِنْ خِلَالِ ～を通して・～を通した中から：فِي خِلَالِ ～の期間に・～の間中・～の間に

خَلْفَ [前] ～の背後に・～の後ろに：إِلَى ٱلْخَلْفِ 前方へ：مِنْ خَلْفِ ～の後ろから

خَلَقَ [動: I-0 (u), 動名 خَلْقٌ] 創造する（～を هـ）

خُلُقٌ [名男: 複 أَخْلَاقٌ] 性格

خَلَلٌ [名男] 期間：فِي خَلَلِ, خَلَلَ ～の期間に・～の間中・～の間に

خَلِيجٌ [名男: 複 خُلْجَانٌ, خُلُجٌ] 湾：اَلْخَلِيجُ（ペルシャ）湾
خَلِيطٌ [形] 混合した
خَلِيفَةٌ [名男: 複 خُلَفَاءُ] カリフ
خَمْسَةٌ [数: 女 خَمْسٌ] 5
خَوْفٌ [名男 (動名 < خَافَ)] 恐れ・恐怖
خِيَارٌ [名男] 選択（肢）
خَيْبَةٌ [名女: 複 ـَـاتٌ] 頓挫・失敗
خَيْرٌ ① [形] 良い ② [名男] 善：بِخَيْرٍ 元気な
خَيْلٌ [名集: 複 خُيُولٌ] 馬

د

دَاءٌ [名男] 病気
دَاخِلَ [前] ～の中に
دَارَ [動: I-2 (u/ū), 動名 دَوْرٌ, دَوَرَانٌ] 回る
دَارٌ [名女: 複 دِيَارٌ, دُورٌ] 家
دَاعٍ [名男 (能分 < دَعَا)] 動機・原因となるもの（要因）
دَافِئٌ [能分 < دَفِئَ] 暖かい
دَامَ [動: I-2 (u/ū), 動名 دَوْمٌ, دَوَامٌ] 続く：مَا دَامَ ～する限り（☞ 21.2.8）
دَائِمٌ [能分 < دَامَ] 恒常的な：دَائِمًا いつも
دَبَّاسَةٌ [名女: 複 ـَـاتٌ] ホチキス
دَجَاجٌ [名男集: 名女個 دَجَاجَةٌ, 複 ـَـاتٌ] 雌鶏
دُخَانٌ, دُخَّانٌ
[名男: 複 أَدْخِنَةٌ] 煙・煙草
دَخَلَ [動: I-0 (u), 動名 دُخُولٌ] 入る（～に ـهـ）
دَخْلٌ [名男] 収入
دَخَّنَ [動: II-0] 喫煙する（～を ـهـ）
دُخُولٌ [名男 (動名 < دَخَلَ)] 入場・入ること
دِرَاسَةٌ [名女: 複 ـَـاتٌ] 勉強・研究
دُرْجٌ [名男: 複 أَدْرَاجٌ] 引き出し
دَرَجَةٌ [名女: 複 ـَـاتٌ] レベル・段階
دَرَسَ [動: I-0 (u), 動名 دَرْسٌ] 学ぶ・勉強する（～を ـهـ）
دَرْسٌ [名男 (動名 < دَرَسَ): 複 دُرُوسٌ] 課・レッスン・授業
دِرْهَمٌ [名男: 複 دَرَاهِيمُ]）ディルハム（通貨単位）
دَعَا [動: I-3 (ū), 動名 دُعَاءٌ] 呼ぶ（～を ه）
دُعَابَةٌ [名女: 複 ـَـاتٌ] 冗談
دَعَمَ [動: I-0 (a), 動名 دَعْمٌ] 裏付ける・支持する
دَعْوَةٌ [名女: 複 ـَـاتٌ] 招待（状）
دَعْوَى [名女: 複 دَعَاوَى, دَعَاوٍ] 主張
دَفَعَ [動: I-0 (a), 動名 دَفْعٌ] 支払う（～を ـهـ）
دَفَنَ [動: I-0 (i), 動名 دَفْنٌ] 埋める・埋葬する（～を ه）
دَقَّ [動: I-G (u), 動名 دَقٌّ] 叩く（～を ـهـ）
دَقِيقَةٌ [名女: 複 دَقَائِقُ] 分
دُكَّانٌ [名男: 複 دَكَاكِينُ] 店
دِكْتَاتُورٌ [名共: 複 ـَـاتٌ] 独裁者
دُكْتُورَاه [名女] 博士号
دَلِيلٌ [名男: 複 أَدِلَّةٌ] ①証拠 ②ガイド・ガイドブック
دِمَشْقُ [名女] ダマスカス
دَمْعٌ [名男: 複 دُمُوعٌ] 涙
دَنَا [動: I-3 (ū), 動名 دُنُوٌّ, دَنَاوَةٌ] 近づく（～に مِن）
دَنِيٌّ [形: 複 أَدْنِيَاءُ] 近い
دُنْيَا [名女] 世の中・現世・この世
دَهَسَ [動: I-0 (a), 動名 دَهْسٌ] 轢く（～を ه ـهـ）
دَوَاءٌ [名男: 複 أَدْوِيَةٌ] 薬
دُوَارُ ٱلْبَحْرِ
[名男] 船酔い
دَوْرٌ [名男: 複 أَدْوَارٌ] 順番
دَوْلَارٌ [名男: 複 ـَـاتٌ] ドル（通貨単位）
دَوْلَةٌ [名女: 複 دُوَلٌ] 国家

دَوْلِيٌّ, دُوَلِيٌّ
[形] 国際的な

دَوْمٌ [名男 (動名 < دَامَ)] 継続：دَوْمًا いつでも・常に

دُونَ [前] ①～なしで ②～以下の・～に及ばない ③～に対して ④～を差し置いて：بِدُونِ ～なしで：مِنْ دُونِ ～を差し置いて・～以外の：دُونَ أَنْ ～せずに (☞ 14.1.2.3.1⑥)

دِيكٌ [名男: 複 أَدْيَاكٌ, دُيُوكٌ, دِيَكَةٌ] 雄鶏

دِيمُوغْرَافِيٌّ
[形] 人口の・人口に関する

دَيْنٌ [名男: 複 دُيُونٌ] 借金

دِينَارٌ [名男: 複 دَنَانِيرُ] ディナール（通貨単位）

ذ

ذَاتٌ（☞ 27.2⑧）

ذَاكِرَةٌ [名女: 複 ـَاتٌ] 記憶

ذَاهِبٌ [能分 < ذَهَبَ: 複 ـُونَ] 行くところだ・行っている

ذَانِكَ [代] あれら２つ・２人（男双）

ذَبْحٌ [名男 (動名 < ذَبَحَ)] 屠畜・屠ること

ذَرَّةٌ [名女: 複 ـَاتٌ] 粒

ذَكَاءٌ [名男] 賢さ

ذَكَرَ [動: I-0 (u), 動名 ذِكْرٌ] 言及する・述べる（～を ه）

ذَكَّرَ [動: II-0] 指摘する（～に ه／～を ب）

ذَكَرٌ [名男] 男性

ذِكْرٌ [名男] 言及

ذِكْرَى [名女: 複 ـَاتٌ] 思い出・記念

ذَكِيٌّ [形: 複 أَذْكِيَاءُ] 賢い

ذَلِقٌ [形] 雄弁な

ذٰلِكَ [代] あれ・あの人（男単）・あれは

ذَنْبٌ [名男: 複 ذُنُوبٌ] 罪

ذَهَابٌ [名男 (動名 < ذَهَبَ)] 行くこと

ذَهَبَ [動: I-0 (a), 動名 ذَهَابٌ] 行く（～へ إلى）

ذَهَبٌ [形] 金（きん）

ذَهِلَ [動: I-0 (a), 動名 ذَهْلٌ] 呆然とする

ذُو [名共] 持ち主（☞ 27.2⑧）

ذِئْبٌ [名男: 複 ذُؤْبَانٌ, ذِئَابٌ] オオカミ

ر

رَاجَعَ [動: III-0] 復習する

رَاحَةٌ [名女: 複 ـَاتٌ] 休み・休憩

رَادْيُو [名男: 複 رَادْيُوهَاتٌ] ラジオ

رَأْسٌ [名男: 複 رُؤُوسٌ] 頭：رَأْسُ خَيْطٍ 手がかり

اَلرَّأْسُمَالِيَّةُ
[名女] 資本主義

رَاضٍ [能分 < رَضِيَ: 複 رُضَاةٌ] 満足した（～に ب）

رَاعٍ [能分 < رَعَى: 複 رِعَاءٌ, رُعَاءٌ, رُعْيَانٌ, رُعَاةٌ] 面倒をみている・世話している・保護している

رَافَقَ [動: III-0] 同行する（～に ه）

رَاكِبٌ [名共 (能分 < رَكِبَ): 複 رُكَّابٌ] 乗客

رَامَ [動: I-2 (u/ū), 動名 رَوْمٌ, مَرَامٌ] 望む（～を ه）

رَأَى [動: I-3 (يَرَى)] ① [動名 رُؤْيَةٌ] 見る（～を ه ه） ②[動名 رَأْيٌ] 考える・思う

رَأْيٌ [名男 (動名 < رَأَى): 複 آرَاءٌ] 意見・考え：مَا رَأْيُكَ فِي ...؟ ～についてあなたはどう思うか？

رَائِحَةٌ [名女: 複 رَوَائِحُ] 匂い・香り

رَائِعٌ [能分 < رَاعَ: 複 ـُونَ] 素晴らしい

رَبٌّ [名共: 複 أَرْبَابٌ] 主人：رَبَّةُ بَيْتٍ [名女] 主婦：اَلرَّبُّ 主（神）：يَا رَبِّ おお、神よ！

رَبَا [動: I-3 (ū), 動名 رُبُوٌّ, رَبَاءٌ] 育つ

رِبَاطٌ [名男: 複 ـــات ,رُبُط ,أَرْبِطَةٌ] リボン
رُبْعٌ [名男: 複 أَرْبَاعٌ] 4分の1
رُبَّمَا [副] 恐らく～する・しばしば～する
رَبَّى [動: II-3] 育てる（～を ه）
رَتَّبَ [動: II-0] 整える・整理する（～を هـ）
رُتْبَةٌ [名女: 複 رُتَبٌ] ランク
رَجًا [名男: 複 أَرْجَاءٌ] 側面・側・井戸の内壁
رَجَعَ [動: I-0 (i), 動名 رُجُوعٌ] 戻る・帰る（～に إلى）
رِجْلٌ [名女: 複 أَرْجُلٌ] 足
رَجُلٌ [名男: 複 رِجَالٌ] 男：رَجُلُ أَعْمَالٍ ビジネスマン
رَحَّالَةٌ [名男] 大旅行家
رَحَّبَ [動: II-0] 歓迎する（～を ب）
رِحْلَةٌ [名女: 複 رَحَلَاتٌ ,رِحْلَاتٌ] 旅・フライト
رَحِمَ [動: I-0 (a), 動名 رَحْمَةً] 慈悲を与える（～に ه）
رُخْصَةٌ [名女: 複 رُخَصٌ] 免許・認可：رُخْصَةُ سِيَاقَةٍ 運転免許証
رَخِيصٌ [形] 安い
رَدَّ [動: I-G (u), 動名 رَدٌّ] 返す（～に على／～を هـ）・返事をする
رِدَاءٌ [名男: 複 أَرْدِيَةٌ] 上衣
رَدِيءٌ [形: 複 أَرْدِيَاءُ] 悪い
رَزَقَ [動: I-0 (i), 動名 رَزْقٌ] 恵む・授ける（～を هـ ه）
رِزْقٌ [名男: 複 أَرْزَاقٌ] 糧
رِسَالَةٌ [名女: 複 رَسَائِلُ] 手紙：رِسَالَةٌ إِلِكْتُرُونِيَّةٌ 電子メール
رَسْمِيٌّ [形] 公式の
رَشَّحَ [動: II-0] 候補者として推薦する（～を ه）
رَصَاصَةٌ [名女: 複 ـــات] 弾丸
رَصِيفٌ [名男: 複 أَرْصِفَةٌ] プラットフォーム
رَضِيَ [動: I-3 (ā), 動名 رِضًى] 満足する（～に ب）
رَطْلٌ [名男: 複 أَرْطَالٌ] ラトル（重さの単位）
رَغِبَ [動: I-0 (a), 動名 رَغْبَةٌ] 好む・欲しい（～を في）
رَغْبَةٌ [名女: 複 رَغَبَاتٌ] 欲求（～の في）
رَغْمَ [前] ～にもかかわらず：عَلَى ٱلرَّغْمِ مِنْ ,بِٱلرَّغْمِ مِنْ ～にもかかわらず：رَغْمًا عَنْ ～の意に反して：رَغْمَ أَنَّ ,بِٱلرَّغْمِ مِنْ أَنَّ ～であるにもかかわらず（☞ 12.4④）
رَفَضَ [動: I-0 (u), 動名 رَفْضٌ] 拒否する（～を هـ ه）
رِفْقٌ [名男 (動名 < رَفَقَ)] 親切さ・人当たりの良さ：بِرِفْقٍ 親しげに
رَفِيقٌ [名共: 複 رِفَاقٌ] 仲間
رَقْمٌ [名男: 複 أَرْقَامٌ] 番号
رَقِيَ [動: I-3 (ā), 動名 رَقْيٌ] のぼる
رَكِبَ [動: I-0 (a), 動名 رُكُوبٌ] 乗る（～に هـ）
رَمْلٌ [名男: 複 رِمَالٌ] 砂
رَمَى [動: I-3 (ī), 動名 رَمْيٌ ,رِمَايَةٌ] 投げる（～を هـ）
رِوَايَةٌ [名女: 複 ـــات] 小説
رُوحٌ [名男女: 複 أَرْوَاحٌ] 心・精神・魂
رَوَى [動: I-3 (ī), 動名 رِوَايَةٌ] 語る（～を هـ）
رُؤْيَا [名女] 夢想
رُؤْيَةٌ [名女 (動名 < رَأَى)] 見ること
رِئَاسَةٌ [名女] 首長の職・大統領職・首相職
رِيَاضَةٌ [名女: 複 ـــات] スポーツ
رِيحٌ [名女: 複 رِيَاحٌ] 風
رَئِيسٌ [名共: 複 رُؤَسَاءُ] 首長・長・頭（かしら）رَئِيسُ ٱلْوُزَرَاءِ 首相・総理大臣：رَئِيسُ شَرِكَةٍ 社長
رَئِيسِيٌّ [形: 複 ـــون] 主な・主要な

ز

زَارَ　[動: I-2 (u/ū), 動名 زِيَارَةٌ] 訪問する（〜を ه ه）

زَالَ　[動: I-2 (i/ā), 動名 زَيْلٌ] やめる：لَـمْ يَزَلْ, مَا يَزَالُ, لَا يَزَالُ, مَا زَالَ まだ〜している（☞ 21.2.9）

زَاوِيَةٌ　[名女: 複 زَوَايَا] 角・隅

زَائِدٌ　[能分 < زَادَ] 加えている

زَائِرٌ　[名共 (能分 < زَارَ): 複 زُوَّارٌ, ـــون] 訪問者

زُجَاجٌ　[名男集] ガラス

زُجَاجَةٌ　[名女：複 ـــات] ガラス片・ビン

زِرَاعَةٌ　[名女: 複 ـــات] 植えること・耕作

زَرَعَ　[動: I-0 (a), 動名 زَرْعٌ] 植える・隠す・仕掛ける（〜を ه）

زِفَافٌ　[名男] 結婚式

زُكَامٌ　[名男] 風邪・鼻風邪（インフルエンザではない）

زِلْزَالٌ　[名男: 複 زَلَازِلُ] 地震

زَمَنٌ　[名共: 複 أَزْمِنَةٌ] 時

زَمِيلٌ　[名共: 複 زُمَلَاءُ] 同僚・同級生・同窓生

زَوَاجٌ　[名男] 結婚

زَوَّجَ　[動: II-0 (動名 تَزْوِيجٌ)] 結婚させる（〜と من ه ب ／（娘）を ها）

زَوْجٌ　[名男: 複 أَزْوَاجٌ] 夫

زَوْجَةٌ　[名女: 複 ـــات] 妻

زِيَارَةٌ　[名女: 複 ـــات] 訪問：فِي زِيَارَةٍ 訪問している

زَيْتٌ　[名男: 複 زُيُوتٌ] 油

زَيْتُونٌ　[名男集: 名女個 زَيْتُونَةٌ, 複 ـــات]オリーブ

س

سَـــ　[副] 〜するだろう（未完了形直接法動詞と共に ☞ 11.1.3.3）

سَاحِلٌ　[名男: 複 سَوَاحِلُ] 海岸

سَاخِنٌ　[能分 < سَخُنَ] 熱い

سَارَ　[動: I-2 (i/ī), 動名 سَيْرٌ, سَيْرُورَةٌ] 動く・行く・進む

سَاعَةٌ　[名女: 複 ـــات] ①（1）時間（☞ 20.3）②時計

سَاعَدَ　[動: III-0] 助ける・手伝う（〜を ه）

سَافَرَ　[動: III-0] 旅する・（遠方へ）行く（〜へ إلى）

سَاقٌ　[名女: 複 سِيقَانٌ, سُوقٌ] 足

سَاكِنٌ　[名共 (能分 < سَكَنَ): 複 سُكَّانٌ] 住人：عَدَد سُكَّانٍ 人口

سَأَلَ　[動: I-0 (a), 動名 سُؤَالٌ, مَسْأَلَةٌ, تَسْآلٌ] 尋ねる・質問する（〜に ه）

سَالَ　[動: I-2 (i/ī), 動名 سَيْلٌ, سَيَلَانٌ] 流れる

سَالِبٌ　[能分 < سَلَبَ] マイナス

سَالِمٌ　[能分 < سَلِمَ] 安全な：سَالِمًا 無事に

سَاوَى　[動: III-3] 等しい（〜に ه）

سَائِحٌ　[名共 (能分 < سَاحَ): 複 سُيَّاحٌ, سُوَّاحٌ] 旅行者・観光客

سَائِقٌ　[名共 (能分 < سَاقَ): 複 ـــون, سُوَّاقٌ] 運転手

سِبَاحَةٌ　[名女] 泳ぎ・水泳

سِبَاقٌ　[名女 (動名 < سَابَقَ): 複 ـــات] 競争：سِبَاقُ ٱلْجَرْيِ 徒競走

سَبَبٌ　[名男: 複 أَسْبَابٌ] 理由：بِسَبَبِ 〜故に・〜なので・の理由で

سَبَحَ　[動: I-0 (a), 動名 سَبْحٌ, سِبَاحَةٌ] 泳ぐ

سَبْعَةٌ　[数: 女 سَبْعٌ] 7

سَبَقَ　[動: I-0 (iu), 動名 سَبْقٌ] 先行する（〜に ه ه）：سَبَقَ أَنْ 既に〜していた（☞ 14.1.2.3.3①）

سَبِيلٌ [名男女: سُبُلٌ] 方策・手段

سِتَّةٌ [数: 女 سِتٌّ] 6

سَجَّلَ [動: II-0] 登録する・記録する（～を هـ）

سَحْبٌ [名男 (動名 < سَحَبَ)] 引き出すこと

سُخْفٌ [名男] ばかばかしさ・くだらなさ

سَرَّ [動: I-G (u), 動名 سُرُورٌ] 喜ばせる（～を ه）

سِرٌّ [名男: 複 أَسْرَارٌ] 秘密

سَرَطَانٌ [名男: 複 ـــات] 癌

سُرْعَةٌ [名女] 速さ・スピード：بِسُرْعَةٍ 速く・急いで

سَرَقَ [動: I-0 (i), 動名 سَرِقَةٌ] 盗む（～を هـ）

سَرِقَةٌ [名女 (動名 < سَرَقَ)] 盗み

سُرُورٌ [名男 (動名 < سَرَّ)] 喜び：بِكُلِّ سُرُورٍ 喜んで

سَرِيرٌ [名男: 複 أَسِرَّةٌ, سُرُرٌ, سَرَايِرُ] ベッド

سَرِيرَةٌ [名女] 心

سَرِيعٌ [形] 早い

سَطْحٌ [名男: 複 سُطُوحٌ, أَسْطِحَةٌ] 屋根・地表

سَطْرٌ [名男: 複 سُطُورٌ] 行

اَلسُّعُودِيَّةُ [名女] サウジアラビア

سَعَى [動: I-3 (ā), 動名 سَعْيٌ] 努力する・尽力する

سَعِيدٌ [形: 複 سُعَدَاءُ] 幸せな

سِفَارَةٌ [名女: 複 ـــات] 大使館

سَفَرٌ [名男: 複 أَسْفَارٌ] 旅・旅行

سَفَرِيَّةٌ [名女: 複 ـــات] 旅・旅行

سَقَطَ [動: I-0 (u), 動名 سُقُوطٌ] 落ちる

سَقْفٌ [名男: 複 سُقُوفٌ] 天井

سُكَّرٌ [名男] 砂糖

سَكَنَ [動: I-0 (u)] ① [動名 سَكَنٌ, سُكْنَى] 住む（～に فِي هـ） ② [動名 سُكُونٌ] 静かである

سَكَنٌ [名男 (動名 < سَكَنَ)] 住居：سَكَنُ ٱلطَّلَبَةِ 学生寮

سُكْنَى [名女 (動名 < سَكَنَ)] 住居

سُكُونٌ [名男 (動名 < سَكَنَ)] 静けさ

سِلَاحٌ [名男: 複 أَسْلِحَةٌ] 武器

سَلَامٌ [名男] 平安・平和：يَا سَلَامُ 何と言うことか！

سَلَامَةٌ [名女] 安全

سِلْعَةٌ [名女: 複 سِلَعٌ] 商品：سِلَعٌ صَغِيرَةٌ 雑貨

سَلَّمَ [動: II-0] ①手渡す（～に لِ／～を هـ） ②挨拶する（～に على）

سَمٌّ [名男: 複 سُمُومٌ] 毒

سَمَاءٌ [名男女: 複 سَمَاوَاتٌ] 空（そら）

سَمَحَ [動: I-0 (a), 動名 سَمْحٌ, سَمَاحٌ, سَمَاحَةٌ] 許す（～に ه／～を بِ）：لَوْ سَمَحْتَ すみませんが（謝罪ではなく、人に話しかける時などに用いる）

سِمْسِمٌ [名男] ゴマ

سَمِعَ [動: I-0 (a), 動名 سَمَاعَةٌ, سَمَاعٌ, سَمْعٌ, مَسْمَعٌ] 聞く（～を هـ ه）：اِسْمَعْ ちょっと・あのさあ！（砕けた表現で親しい友人間で用いる）

سَمَكٌ [名男集: 複 أَسْمَاكٌ; 名女個 سَمَكَةٌ, 複 ـــات] 魚

سَمِنَ [動: I-0 (a), 動名 سَمَنٌ, سَمَانَةٌ] 太る

سَمَّى [動: II-3] 名付ける（～を ه／～と هـ）

سَمِينٌ [形: 複 سِمَانٌ] 太った

سِنٌّ [名女] ① [複 أَسْنَانٌ, أَسِنَّةٌ, أَسُنٌّ] 歯 ② [複 أَسْنَانٌ] 年齢

سَنَةٌ [名女: 複 سَنَوَاتٌ, سِنُونَ] 年

سَنَوِيٌّ [形] 年間の

سَهْلٌ [形] 簡単な

سُوءٌ [名男] 悪さ

سُؤَالٌ [名男: 複 أَسْئِلَةٌ] 質問

سَوَاءٌ [名男] سَوَاءً ... أَمْ (أَوْ) ... ～であっても～であっても（☞ 29.2.14）

اَلسُّودَانُ [名男] スーダン

سُورِيَا [名女] シリア

سَوْفَ [副] ～するだろう（☞ 11.1.3.3, 29.4.1）

سُوقٌ [名男女: 複 أَسْوَاقٌ] 市場：

سُوقُ ٱلْعَطَّارِينَ スーク・ルアッターリーン（エルサレム旧市街の地区名）

سَوِيٌّ [形] 真っ直ぐな・平等な：سَوِيًّا 共に・一緒に

اَلسُّوَيْدُ [名女] スウェーデン

سْوِيسْرَا [名女] スイス

سَيِّءٌ [形] 悪い

سِيَاحِيٌّ [形] 観光の

سَيَّارَةٌ [名女: 複 ـــات] 自動車

سِيَاسَةٌ [名女: 複 ـــات] 政治

سِيَاسِيٌّ [形: 複 ـــون] 政治的な（政治家）

سِيَاقَةٌ [名女] 運転

سَيِّدٌ [名男: 複 سَادَةٌ] 主人・紳士：يَا سَيِّدِي（男性に呼びかける時に用いる）：اَلسَّيِّدُ ٱلْمَسِيحُ キリスト

سَيِّدَةٌ [名女: 複 ـــات]（婦人・夫人：يَا سَيِّدَتِي（既婚（にみえる）女性に呼びかける時に用いる）

سَيْطَرَ [動: QI, 動名 سَيْطَرَةٌ] 支配する（～を على）

سَيْطَرَةٌ [名女 (動名 < سَيْطَرَ)] 支配

سَيْلٌ [名男 (動名 < سَالَ)] 流れ

سِينَمَا [名女: 複 سِينَمَاتٌ] 映画

ش

شَاءَ [動: I-2 (i/ā), 動名 مَشِيئَةٌ] 望む（～を ه）

شَابٌّ [名男: 複 شُبَّانٌ, شَبَابٌ, شَبَبَةٌ] 青年・若者

شَابَّةٌ [名女: 複 ـــات, شَوَابُّ, شَبَائِبُ] 若い女性・十代の女性

شَارِعٌ [名男: 複 شَوَارِعُ] 通り

شَارَكَ [動: III-0] 参加する（～に في）

شَاطِئٌ [名男: 複 شَوَاطِئُ] 岸辺

شَاعِرٌ [名共 (能分 < شَعَرَ): 複 شُعَرَاءُ] 詩人

شَاغِرٌ [能分 < شَغَرَ] 空いている

شَأْنٌ [名男: 複 شُؤُونٌ] 事柄：ذُو شَأْنٍ 重要な：هٰذَا لَيْسَ مِنْ شَأْنِكَ 余計なお世話だ！

شَاهَدَ [動: III-0] 見る・観る（～を ه）

شَايٌ [名男] 茶

شَبَكَةٌ [名女: 複 ـــات] 網：شَبَكَةُ ٱلْإنترنت インターネット

شِبْهٌ [名男] 類似のもの（限定詞）（☞ 27.2⑥）

شِتَاءٌ [名男] 冬

شَتَّى [形] 様々な（限定詞）（☞ 27.2③）

شَجَرٌ [名男集: 複 أَشْجَارٌ; 名女個 شَجَرَةٌ, 複 ـــات] 木

شَجَّعَ [動: II-0] 応援する・勇気づける（～を ه）

شَخْصٌ [名男: 複 أَشْخَاصٌ] 人・人物

شَخْصِيَّةٌ [名女: 複 ـــات] 人格

شَدَّ [動: I-G (i), 動名 شَدٌّ] つかむ（～を ه）

شِدَّةٌ [名女] 激しさ：بِشِدَّةٍ 激しく

شَدَّدَ [動: II-0] 強固に主張する（～を على）

شَدِيدٌ [形: 複 أَشِدَّاءُ] 激しい・厳しい

شِرَاءٌ [名男] 買うこと・購入

شَرَابٌ [名男] 酒・ワイン

شَرِبَ [動: I-0 (a), 動名 شُرْبٌ, مَشْرَبٌ] 飲む（～を ه）

شَرَحَ [動: I-0 (a), 動名 شَرْحٌ] 説明する（～を ه）

شُرْطَةٌ [名女] 警察

شَرَعَ [動: I-0 (a), 動名 شَرْعٌ, شُرُوعٌ] ①始める ②（未完了形直説法を従えて）～し始める（☞ 26.1.2①）

شَرْقٌ [名男] 東：اَلشَّرْقُ ٱلْأَوْسَطُ 中東

اَلشَّرْقَاوِي [名男] アッシャルカーウィ（人名）

شَرِكَةٌ [名女: 複 ـــات] 会社

شَرِيكٌ [名共: 複 شُرَكَاءُ] 仲間・同等の者

شَطَّافَةٌ [名女: 複 ـــات] トイレに設置された

排便後洗浄ホース

شَعْبٌ [名男: 複 شُعُوبٌ] 民衆・大衆・国民

شَعْبِيٌّ [形: 複 ـــونَ] 民衆の・人気のある

شَعَرَ [動: I-0 (u), 動名 شُعُورٌ] 感じる（～を ب）

شَعْرٌ [名男集: 複 شُعُورٌ; 名女個 شَعْرَةٌ, 複 ـــات] 髪

شِعْرٌ [名男: 複 أَشْعَارٌ] 詩

شَغَلَ [動: I-0 (a)] 忙殺する（～を ه）

شُغْلٌ [名男: 複 أَشْغَالٌ] 職務・仕事

شَغُوفٌ [形] 夢中になっている（～に ب）

شَفًا [名男: 複 أَشْفَاءٌ] 縁（へり）

شَفَى [動: I-3 (ī), 動名 شِفَاءٌ] 治す（～を ه）：شُفِيَ 治る（～が من）

شَقَّةٌ [名女: 複 شُقَقٌ] アパート：شَقَّةٌ ذَاتُ غُرْفَةٍ وَاحِدَةٍ ワンルームマンション（１戸が１部屋（と台所・浴室）で構成されるアパート）

شَكَّ [動: I-G (u), 動名 شَكٌّ] 疑う（～を ب في）

شَكٌّ [名男: 複 شُكُوكٌ] 疑い・疑念

شَكَا [動: I-3 (ū), 動名 شَكْوَى, شَكْوٌ] 不平を言う（～に対する ه／～に إلى）

شُكْرٌ [名男: 複 أَشْكَارٌ] 感謝

شَكْلٌ [名男: 複 أَشْكَالٌ] 形：... بِشَكْلٍ ～という形で（様々な副詞句を作る）بِشَكْلٍ يَوْمِيٍّ 日常的に：بِشَكْلٍ أَكْثَرَ دِقَّةً より細かく、より繊細に：بِشَكْلٍ تَامٍّ 完全に：بِشَكْلٍ عَامٍّ 一般的に

شِمَالٌ [名男] 北・左：شِمَالًا 左に

شَمْسٌ [名女] 太陽

شَمْسِيَّةٌ [名女: 複 ـــات] 傘

شَنْطَةٌ [名女: 複 شُنَطٌ] かばん

شَهَادَةٌ [名女: 複 ـــات] 学位・証明書・登録証

شَهَرَ [動: I-0 (a)] 有名にする（～を ه ه）

شَهْرٌ [名男: 複 شُهُورٌ, أَشْهُرٌ] （１か）月

شُهْرَةٌ [名女] 名声・評判

شَهِيدٌ [名共: 複 شُهَدَاءُ] 証人・殉教者

شَيْءٌ [名男: 複 أَشْيَاءُ] ①もの ②（否定文で）何も（～しない）：كُلُّ شَيْءٍ 全て・なんでも：شَيْئًا فَشَيْئًا 次第に、段々：بَعْضَ ٱلشَّيْءِ いくらか

شَيْخٌ [名男: 複 شُيُوخٌ] 老人

اَلشُّيُوعِيَّةُ [名女] 共産主義

ص

صَاحَ [動: I-2 (i/ī), 動名 صَيْحٌ, صِيَاحٌ] 叫ぶ

صَاحٍ [能分 < صَحَى] 晴れた

صَاحِبٌ [名共: 複 أَصْحَابٌ] 友人

صَادَفَ [動: III-0] 偶然会う（～と ه）：صَادَفَ أَنْ 偶然～した（☞ 14.1.2.3.3①）

صَارَ [動: I-2 (i/ī), 動名 صَيْرٌ, صَيْرُورَةٌ, مَصِيرٌ] ～になる（☞ 26.1.1①）

صَاعِقَةٌ [名女: 複 صَوَاعِقُ] 雷光

صَافٍ [能分 < صَفَى] 清い・晴れた

صَافَحَ [動: III-0] 握手する（～と ه）

صَالَحَ [動: III-0] 和解する（～と ه）

صَامَ [動: I-2 (u/ū), 動名 صَوْمٌ, صِيَامٌ] 断食する

صِبًا [名男] 幼少期

صَبَاحٌ [名男] 朝：صَبَاحًا 朝に：ذٰلِكَ ٱلصَّبَاحَ その朝に

صَبْرٌ [名男 (動名 < صَبَرَ)] 忍耐・我慢

صَبَرَ [動: I-0 (u), 動名 صَبْرٌ] 耐える・我慢する（～に・～を على）

صَبِيٌّ [名男: 複 صِبْيَةٌ, صَبْيَةٌ, صِبْيَانٌ, صُبْيَانٌ, أَصْبِيَةٌ] 少年

صَبِيَّةٌ [名女: 複 صَبَايَا] 少女

صَحَا [動: I-3 (ū), 動名 صَحْوٌ] 目覚める

صُحْبَةَ [前] ～と共に

صَحَّحَ [動: II-0] 訂正する・修正する

（～を ﻫ）

صَحْرَاءُ [名女: 複 صَحَارٍ, صَحَارَوَات, صَحَارَى] 砂漠

صُحُفِيّ [名共: 複 ـــون] ジャーナリスト

صَحْنٌ [名男: 複 صُحُونٌ] 皿

صِحِّيٌّ [形] 健康的な・ヘルシーな

صَحِيحٌ [形: 複 أَصِحَّاءُ, صِحَاحٌ] 正しい

صَخْرِيٌّ [形] 岩がちな・岩の多い

صُدَاعٌ [名男] 頭痛

صَدَاقَةٌ [名女] 友情

صُدْفَةٌ [名女: 複 صُدَفٌ] 偶然・機会・チャンス：بِٱلصُّدْفَةِ 偶然に

صَدَقَ [動: I-0 (u), 動名 صِدْقٌ, صَدْقٌ] 事実を言う・正しい

صَدَّقَ [動: II-0] 信じる（～を ه ﻫ）

صِدْقٌ [形] 真実

صَدْمَةٌ [名女: 複 صَدَمَاتٌ] ショック

صَدِيقٌ [名共: 複 أَصْدِقَاءُ] 友達・友人

صَرَاحَةٌ [名女] 明瞭さ：بِصَرَاحَةٍ はっきり言って

صَرَخَ [動: I-0 (u), 動名 صَرِيخٌ, صُرَاخٌ] 叫ぶ

صِرَاعٌ [名女 (動名 < صَارَعَ): 複 ـــات] 戦い・闘争

صَرَّافٌ [名男: 複 ـــات] 両替商・両替機：صَرَّافٌ آلِيٌّ ＡＴＭ機

صُرْصُورٌ [名男: 複 صَرَاصِيرُ] ゴキブリ

صَعْبٌ [形: 複 صِعَابٌ] 難しい：مِنَ ٱلصَّعْبِ أَنْ ～するのは困難である（～にとって على）（☞ 14.1.2.3.1⑤）

صَعُبَ [動: I-0 (u), 動名 صُعُوبَةٌ] 困難にある・難しくなる

صُعُوبَةٌ [名女: 複 ـــات] 困難

صَغِيرٌ [形: 複 صِغَارٌ] 小さい・若い・年少の

صَفٌّ [名男: 複 صُفُوفٌ]（ある授業の・教員が担当する）クラス・教室

صَفَّقَ [動: II-0] 拍手する

صَلَاحُ ٱلدِّينِ [名男] サラーフッディーン（サラディン）：شَارِعُ صَلَاحِ ٱلدِّينِ サラーフッディーン通り

صَلَاةٌ [名女: 複 صَلَوَاتٌ] 礼拝

صِلَةٌ [名女 (動名 < وَصَلَ): 複 ـــات] 関係

صَمَّمَ [動: II-0] 計画する（～を ﻫ）

صِنَاعَةٌ [名女: 複 ـــات] 工業・職

صَنْدُوقٌ [名男: 複 صَنَادِيقُ] 箱

صَنَعَ [動: I-0 (a), 動名 صُنْعٌ] 作る・造る（～を ﻫ）

صُنْعٌ [名男 (動名 < صَنَعَ)] 作為

صَنَمٌ [名男: 複 أَصْنَامٌ] 偶像

صَوَّتَ [動: II-0] 投票する（～に ه）

صَوْتٌ [名男: 複 أَصْوَاتٌ] 音・声

صُورَةٌ [名女: 複 صُوَرٌ] 写真・絵

اَلصُّومَالُ [名男] ソマリア

صَيْفٌ [名男] 夏

صِينِيٌّ [形: 複 ـــون] 中国の（中国人）

ض

ضَاحِيَةٌ [名女: 複 ضَوَاحٍ] 郊外

ضَاعَ [動: I-2 (i/ī), 動名 ضِيَاعٌ, ضَيْعٌ] なくなる・失われる

ضَايَقَ [動: III-0] いらいらさせる・困惑させる（～を ه）

ضَبَطَ [動: I-0 (iu), 動名 ضَبْطٌ] 制する・律する（～を ه）

ضَحِكَ [動: I-0 (a), 動名 ضَحْكٌ] 笑う

ضَحْكٌ [名男 (動名 < ضَحِكَ)] 笑い

ضَحِيَّةٌ [名女: 複 ضَحَايَا] 犠牲

ضِدَّ [前] ～に対する

ضَرَبَ [動: I-0 (i), 動名 ضَرْبٌ] ①殴る（～を ه ﻫ） ②かける（計算）（～を ﻫ／～に فِي）

ضَرْبٌ [動名 < ضَرَبَ] ①殴ること・叩くこと ②かけること（計算）

ضَرْبَةٌ [名女: 複 ضَرَبَاتٌ] 殴ること

ضَرُورِيٌّ [形] 必要な・義務的な：مِنَ ٱلضَّرُورِيِّ أَنْ ～する必要がある

ضَرِيرٌ [形] 盲目の

ضَغْطٌ [名男] 圧力

ضَمَّ [動: I-G (u), 動名 ضَمٌّ] 含む（～を ه）

ضَمِنَ [動: I-0 (a), 動名 ضَمَانٌ] 補償する（～を ه）

ضِمْنَ [前] ～に含まれて・～のうちに

ضَمِيرٌ [名男: 複 ضَمَائِرُ] 心

ضَيْفٌ [名共: 複 ضُيُوفٌ] 客

ضَيِّقٌ [形] 狭い

ط

طَابِعَةٌ [名女: 複 ـــات] プリンター

طَابِقٌ [名男: 複 طَوَابِقُ] 階

طَابُورٌ [名男: 複 طَوَابِيرُ] 行列

طَارَ [動: I-2 (i/ī), 動名 طَيَرَانٌ] 飛ぶ

طَارِئٌ [形] 緊急の

طَازِجٌ, طَازَجٌ
[形] 新鮮な

طَاعَةٌ [名女] 服従：عَلَى طَاعَةٍ 従っている

طَاقَةٌ [名女: 複 ـــات] エネルギー

طَالِبٌ [名共 (能分 < طَلَبَ): 複 طَلَبَةٌ, طُلَّابٌ] 学生

طَالَمَا [副] しばしば～する・～する限りは：طَالَمَا أَنَّ [接] ～する限りは

طَاوِلَةٌ [名女: 複 ـــات] テーブル

طَائِرَةٌ [名女: 複 ـــات] 飛行機

طَائِشٌ [形] 粗忽な・うっかりした

طِبَاعٌ [名男] 性格

طَبَخَ [動: I-0 (au), 動名 طَبْخٌ] 調理する（～を ه）

طَبْعٌ [名男 複 طِبَاعٌ, أَطْبَاعٌ] 性質：طَبْعًا 勿論：بِٱلطَّبْعِ 勿論

طَبَقَةٌ [名女: 複 ـــات] 階級・階層

طَبْلٌ [名男: 複 طُبُولٌ, أَطْبَالٌ] 太鼓

طِبِّيٌّ [形] 医学の・医療の

طَبِيبٌ [名共: 複 أَطِبَّاءُ] 医師：طَبِيبُ أَسْنَانٍ 歯科医師

طَبِيعِيٌّ [形] 自然の・自然な

طِرَازٌ [名男: 複 ـــات, طُرُزٌ, أَطْرِزَةٌ] タイプ・様式・形式・機種

طَرَحَ [動: I-0 (a), 動名 طَرْحٌ] ①投げる　②引く（計算）（～から من／～を ه）

طَرْحٌ [動名 < طَرَحَ] ①投げること　②引くこと（計算）

طَرَدَ [動: I-0 (u), 動名 طَرْدٌ] 追い出す（～を ه ٥）

طَرْدٌ ① [名男 (動名 < طَرَدَ)] 追い出すこと・追放　② [名男: 複 طُرُودٌ] 小包

طَرَقَ [動: I-0 (u), 動名 طَرْقٌ] ノックする（～を ه）

طَرِيقٌ [名男女: 複 طُرُقٌ, طُرُقَاتٌ] 道：عَنْ طَرِيقِ ～を通して

طَرِيقَةٌ [名女: 複 طَرَائِقُ] 方法：بِطَرِيقَةٍ أَوْ بِأُخْرَى 何らかの手段で・何とかして

طَعَامٌ [名男: 複 أَطْعِمَةٌ] 料理・食べ物

طَعْمٌ [名男] 味

طِفْلٌ [名共: 複 أَطْفَالٌ] 子供

طِفْلَةٌ [名女: 複 ـــات] 女の子・女児

طُفُولَةٌ [名女] 少年時代・子供時代

طَقْسٌ [名男] 天気

طَلَبَ [動: I-0 (u), 動名 طَلَبٌ] 頼む（～を ه／～に من）

طَلَبٌ [名男 (動名 < طَلَبَ)] 頼み・申請

طَلَعَ [動: I-0 (u), 動名 طُلُوعٌ] 昇る・登る

طَلْعَةٌ [名女] 見た目・外見

طَلَّقَ [動: II-0] 離婚する（～と ٥）

طَلْقَةٌ [名女: 複 طَلَقَاتٌ] 発砲・弾丸の一撃

طَمْأَنَ [動: QI] 安心させる（～を ٥）

طَوَالَ [前] ～の期間に・～の間中

طُولٌ [名男] 身長・長さ・高さ：طُولَ [前] 〜の期間に・〜の間中

طَوِيلٌ [形: 複 طِوَالٌ] 長い：طَوِيلًا 長く

طَيِّبٌ [形: 複 ـــون] 良い

طَيْرٌ [名男: 複 طُيُورٌ] 鳥

طَيَرَانٌ [名男 (動名 < طَارَ)] 飛行機を飛ばすこと・フライト

طِيلَةَ [前] 〜の期間に・〜の間中

ظ

ظَاهِرٌ [名男: 複 ظَوَاهِرُ] 城外

ظَرْفٌ [名男: 複 ظُرُوفٌ] 状況

ظَرِيفٌ [形] 気の利いた・素敵な

ظَرِيفَةُ [名女] ザリーファ（女性名）

ظَلَّ [動: I-G ظَلِلْتَ (a), 動名 ظَلٌّ, ظُلُولٌ] ①残る ②〜のままである・〜し続ける（☞ 26.1.1②）

ظِلٌّ [名男: 複 أَظْلَالٌ, ظُلُولٌ, ظِلَالٌ] 影：فِي ظِلِّ 〜の影で・〜のもとで

ظَلَامٌ [名男] 闇

ظُلْمٌ [名男] 不公平・不正

ظَنَّ [動: I-G (u), 動名 ظَنٌّ] 思う（〜と أَنَّ）

ظَنٌّ [名男 (動名 < ظَنَّ), 複 ظُنُونٌ] 考え

ظَهَرَ [動: I-1 (a), 動名 ظُهُورٌ] 現れる

ظَهْرٌ [名男: 複 ظُهُورٌ, أَظْهُرٌ] 背中：عَلَى ظَهْرِ（船上・馬上）に

ظُهْرٌ [名男] 昼

ع

عَاجِزٌ [能分 < عَجَزَ: 複 ـــون] できない（〜が عن）

عَادَ [動: I-2 (u/ū), 動名 عَوْدٌ, عَوْدَةٌ, مَعَادٌ] 戻る：再び〜する（☞ 21.2.4）

عَادَةٌ [名女: 複 ـــات] 習慣・普段：كَالْعَادَةِ いつものように：عَادَةً 普段は：مِنَ عَادَةِ ه أَنْ 〜は習慣的に〜する（☞ 14.1.2.3.1⑤）

عَادِيٌّ [形: 複 ـــون] 普通の

عَارٍ [能分 < عَرِيَ: 複 عُرَاةٌ] 裸の

عَارَضَ [動: III-0] 反抗する（〜に ه）

عَاشَ [動: I-2 (i/ī), 動名 عَيْشٌ, عِيشَةٌ] 生きる（ある期間を ها）

عَاصِمَةٌ [名女: 複 عَوَاصِمُ] 首都

عَاقِلٌ [能分 < عَقَلَ] 理性のある

عَالٍ [能分 < عَلَا] 高い

عَالَمٌ [名男: 複 عَوَالِمُ, ـــون] 世界

عَالِمٌ [名共 (能分 < عَلِمَ): 複 عُلَمَاءُ] 学者

عَالَمِيٌّ [形] 世界的な

عَامٌ [名男: 複 أَعْوَامٌ] 年

عَامَّةً [副] 概して・一般的に

عَامِلٌ [名共 (能分 < عَمِلَ): 複 عُمَّالٌ] 労働者

عَامَلَ [動: III-0] 扱う（〜を ه）

عَانَقَ [動: III-0, 動名 عِنَاقٌ] 抱擁する（〜を ه）

عَانَى [動: III-3] 苦しむ（〜に ها）

عَائِلَةٌ [名女: 複 ـــات] 家族

عِبَارَةٌ [名女: 複 ـــات] 表現

عَبْدٌ [名男: 複 عَبِيدٌ] 奴隷

عَبَرَ [動: I-0 (u), 動名 عَبْرٌ, عُبُورٌ] 超える・渡る（〜を ها）

عَبَّرَ [動: II-0] 表明する・表現する（〜を عن）

عَبْرَ [前] 〜を通して・〜を超えて

عَبْقَرِيٌّ [形: 複 ـــون, عَبَاقِرَةٌ] 天才的な（天才）

عُبُورٌ [名男 (動名 < عَبَرَ)] 越えること・（道路・川などを）渡ること

عَثَرَ [動: I-0 (u), 動名 عُثُورٌ] 発見する（〜を على）

عُجَّةٌ [名女] オッジャ（北アフリカ料理）

عَجَلٌ [名男] 急ぎ：عَلَى عَجَلٍ 急いで

عَجِيبٌ [形] 不思議な・驚くべき

عَجِينَةٌ [名女]（パンなどの）生地

عَدَّ [動: I-G (u), 動名 عَدٌّ] ①みなす（～を ه ／～と ه） ②数える

مَا عَدَا [表現] ～を除いて（☞ 14.4③）

عَدَّاءٌ [名共: 複 ـــون] 走者・ランナー

عَدَدٌ [名男: 複 أَعْدَادٌ] 数：عَدَدُ ٱلسُّكَّانِ 人口：عَدَدٌ مِنْ ...（漠然と）多数の～・若干数の～・いくつかの～

عَدْلٌ [名男] 公平さ：بِٱلْعَدْلِ 公平に

عَدَمٌ [名男] ～でないこと（☞ 29.3.8）

عَدُوٌّ [名共: 複 أَعْدَاءٌ] 敵

عَذَّبَ [動: II-0] 苦しめる（～を ه ه）

عُذْرٌ [名男: 複 أَعْذَارٌ] 言い訳

اَلْعِرَاقُ [名男] イラク

عَرْبُونٌ [名男: 複 عَرَابِينُ] 手付金

عَرَبِيٌّ [形: 複 عَرَبٌ] アラブの（アラブ人）

عَرْضٌ [名男] 幅

عَرَضٌ [名男: 複 أَعْرَاضٌ] 症状

عَرَفَ [動: I-0 (i), 動名 مَعْرِفَةٌ] 知る（～を ه ه）

عَرَقٌ [名男] 汗

عَرْقَلَ [動: QI] 妨害する

عَرُوسٌ ①[名女: 複 عَرَائِسُ] 花嫁 ②[名男: 複 عُرُسٌ, عِرْسَانٌ] 花婿

عَرُوسَةٌ [名女: 複 عَرَائِسُ] 花嫁

عَرِيسٌ [名男: 複 عِرْسَانٌ] 花婿

عَزْفٌ [名男 (動名 < عَزَفَ)] 演奏（～の على）

عَزِيزٌ [形: 複 أَعِزَّاءُ] 愛しい

عَسَلٌ [名男] ハチミツ

عَسَى [動] عَسَاه, عَسَى أَنْ おそらく～するだろう（☞ 26.1.2③）

عَشَاءٌ [名男] 夕食

عَشَرَةٌ [数: 女 عَشْرٌ] 10

عَصًا [名女: 複 أَعْصٍ, عِصِيٌّ, عُصِيٌّ] 杖

عُصْفُورٌ [名男: 複 عَصَافِيرُ] 小鳥

عَصِيرٌ [名男] ジュース

عَضَّ [動: I-G عَضِضْتَ (a), 動名 عَضٌّ, عَضِيضٌ] 噛み付く（～に ه ه）

عُضْوٌ [名共: 複 أَعْضَاءٌ] メンバー

عِطْرٌ [名男: 複 عُطُورٌ, عُطُورَاتٌ] 香水

عَطِشَ [動：I-0 (a): 動名 عَطَشٌ] 喉が渇く

عَطْشَانُ [形: 女 عَطْشَى, 複 عِطَاشٌ] 喉が渇いた

عُطْلَةٌ [名女: 複 عُطَلٌ, عُطْلَاتٌ] 休暇

عَظَّمَ [動: II-0] 偉大にする（～を ه ه）

عِظَمٌ [名男] 偉大さ・重大さ・重さ

عَظِيمٌ [形: 複 عُظَمَاءُ, عِظَامٌ] 偉大な・並外れた・巨大な

عَقَدَ [動: I-0 (i), 動名 عَقْدٌ] ①結ぶ ②開催する（～を ه）

عُقْدَةٌ [名女: 複 عُقَدٌ] もつれ・結び目

عَقْلٌ [名男: 複 عُقُولٌ] 知性

عَقِيمٌ [形: 複 عِقَامٌ, عُقُمٌ] 不妊の

عَلَا [動: I-3 (ū), 動名 عُلُوٌّ] 上がる（～に ه）

عِلَاجٌ [名男 (動名 < عَالَجَ)] 治療

عَلَاقَةٌ [名女: 複 ـــات] 関係（～との ب）

عَلَّامَةٌ [名男] 大学者

عُلْبَةٌ [名女: 複 عُلَبٌ] 箱

عَلَفٌ [名男: 複 أَعْلَافٌ] 餌

عَلِمَ [動: I-0 (a), 動名 عِلْمٌ] 知る（～を ب ه ه）

عَلَّمَ [動: II-0] 教える（～に ه／～を ه）

عِلْمٌ [名男（動名 < عَلِمَ）] 知識・学問・知っていること・知っているということ

عِلْمِيٌّ [形] 科学的な・学問的な

عَلَى [前]（☞ 30.1.3）～の上に・～の状態に：عَلَى ه أَنْ しなければならない（～は ه）（☞ 14.1.2.3.1②ⓑ）：عَلَى أَنَّ AはBであるにもかかわらず・～として・～であると考えて・～という条件で（☞ 12.4④）：مِنْ عَلَى ～の上から（☞ 30.1.8⑧）：عَلَى كُلِّ حَالٍ いずれにせよ：عَلَى قَيْدِ ٱلْحَيَاةِ 生きてい

る・存命している：عَلَى مَا ～である状態の上に（ある）（☞ 30.1.3②）：عَلَى وَشْكِ ～しようとする（☞ 30.1.11）

عَمٌّ [名男: 複 أَعْمَامٌ] 父方のおじ

عِمَارَةٌ [名女: 複 ـَـات] 建物

عَمَّانُ [名女] アンマン

عُمْدَةٌ [名女] 支援

عُمْرٌ [名男: أَعْمَارٌ] 年齢

عَمِلَ [動: I-0 (a), 動名 عَمَلٌ] 働く：使う（～を ب）

عَمَلٌ [名男: 複 أَعْمَالٌ] 仕事

عَمَلِيَّةٌ [名女: 複 ـَـات] 手術・手順・プロセス・行程・（四則計算 ☞ 22.2）

عَنْ [前] ①～について　②～から離れて

عِنَاقٌ [名男 (動名 < عَانَقَ)] 抱擁

عِنْدَ [前] ①～のところに（☞ 8.1）　②～の折に：عِنْدَمَا [接]（直後に動詞を従えて）～した時に（☞ 29.2.15）

عُنْصُرٌ [名男: 複 عَنَاصِرُ] 要素・本質

عُنْفٌ [名男] 暴力・荒々しさ：بِعُنْفٍ 荒々しく

عُنُقٌ [名男女: 複 أَعْنَاقٌ] 首

عُنْوَانٌ [名男: 複 عَنَاوِينُ] ①住所：عُنْوَانُ ٱلْبَرِيدُ ٱلْإِلِكْتْرُونِيِّ メールアドレス　②題名

عَنَى [動: I-3 (ī), 動名 عِنَايَةٌ] 意図する・意味する（～を ﻫ）：يَعْنِي つまり

عَنِيفٌ [形] 激しい・荒々しい・乱暴な

عَوْدَةٌ [名女 (動名 < عَادَ)] 帰ること

عِيدٌ [名男: 複 أَعْيَادٌ] 祭日：عِيدُ مِيلَادٍ 誕生日

اَلْعِيسَاوِيَّةُ [名女] イーサーウィーヤ（地名）

عَيْنٌ [名女: 複 عُيُونٌ] 目

عَيَّنَ [動: II-0] 任命する（～を ه／～に ﻫ）

عَيِيَ [動: I-3 (未完 يَعْيَا), 動名 عِيٌّ] 能力を欠く（～の عن ب）

غ

غَابَ [動: I-2 (i/ī), 動名 غَيْبٌ, غِيَابٌ] 欠席する・不在にする（～を عن）

غَادَرَ [動: III-0] 出発する・去る（～を ه ﻫ）

غَاضِبٌ [能分 < غَضِبَ: 複 ـُـون] 怒っている

غَائِبٌ [能分 < غَابَ: 複 ـُـون] 欠席した

غَايَةٌ [名女: 複 ـَـات] 目的：لِلْغَايَةِ 極度に

غَدًا [副] 明日：بَعْدَ غَدٍ 明後日

غَدَاءٌ [名男] 昼食

غِذَائِيٌّ [形] 食料・栄養に関する

غَرَضٌ [名男: 複 أَغْرَاضٌ] 目的

غُرْفَةٌ [名女: 複 غُرَفٌ] 部屋

غَرِقَ [動: I-0 (a), 動名 غَرَقٌ] 沈む

غُرُوبٌ [名男] 日没：غُرُوبُ ٱلشَّمْسِ 日没

غَرِيبٌ [形: 複 غُرَبَاءُ] 変な・奇妙な・見慣れない（外国人・異邦人）

غَزَا [動: I-3 (ū), 動名 غَزْوٌ] 襲撃する（～を ه ﻫ）

غَزَارَةٌ [名女] 豊富さ・大量：بِغَزَارَةٍ 大量に・どっと

غَسَلَ [動: I-0 (i), 動名 غَسْلٌ] 洗う（～を ﻫ）

غَضَّ [動: I-G (u), 動名 غَضٌّ, غَضَاضَةٌ] 無視する（～を الطَّرْفَ عَن）

غَضَبٌ [名男 (動名 < غَضِبَ)] 怒り

غَضْبَانُ [形: 女 غَضْبَى, 複 غَضَابَى, غِضَابٌ] 怒った

غَطَّى [動: II-3] 覆う（～を ﻫ）

غَلِطَ [動: I-0 (a), 動名 غَلَطٌ] 間違える

غَلَطٌ [名男 (動名 < غَلِطَ) 複 أَغْلَاطٌ] 誤り・間違い

غَلْيُونٌ [名男: 複 غَلَايِينُ] パイプ

غَنَّى [動: II-3] 歌う（～を ﻫ）

غَنِيٌّ [形: 複 أَغْنِيَاءُ] 裕福な

غِيَابٌ [名男 (動名 < غَابَ)] 欠席・不在

غَيْبُوبَةٌ [名女] 無意識・昏睡

غَيَّرَ [動: II-0] 変える（～を ـهـ）

غَيْرٌ [名男] 他のもの（☞ 29.3.9）：～以外・（形容詞の否定）～でない：مِنْ غَيْرِ ～なしで：مِنْ غَيْرِ أَنْ ～することなしに（☞ 14.1.2.3.1⑥）

غَيْمٌ [名男: 複 غُيُومٌ] 雲

ف

فَـ [接] ①だから・それで　②そうすれば～する（☞ 14.1.2.2④, 29.2.16）：فَلْـ（勧誘・３人称に対する命令）（☞ 12.1.2③④）

فَاتَ [動: I-2 (u/ū), 動名 فَوْتٌ, فَوَاتٌ] 側を通る（～の ه）・過ぎる・過ぎ去る

فَارِسِيٌّ [形: 複 فُرْسٌ] ペルシャの（ペルシャ人）

فَرَاغٌ [名男] 空白・空き：وَقْتُ فَرَاغٍ 暇な時間

فَاسِدٌ [能分 < فَسَدَ] 腐った

فَائِدَةٌ [名女: 複 فَوَائِدُ] 利益・利点・良いこと

فَتِئَ [動: I-0 (a)] مَا فَتِئَ ～のままである・～し続ける（☞ 26.1.1②）

فَتَاةٌ [名女: 複 فَتَيَاتٌ] 少女・女の子

فَتَحَ [動: I-0 (a), 動名 فَتْحٌ] 開く（～を ـهـ）

فَتْرَةٌ [名女: 複 فَتَرَاتٌ] 期間・時期

فَتَّشَ [動: II-0] 検査する（～を ـهـ ه）

فَتًى [名男: 複 فِتْيَانٌ] 男の子

فَحْصٌ [名男 (動名 < فَحَصَ): 複 فُحُوصٌ] 検査・診察：فَحْصٌ طِبِّيٌّ 健康診断

فَخُورٌ [形] 誇りをもった・誇らしい

فِدْيَةٌ [名女: 複 فِدَيَاتٌ, فِدًى] 身代金

فِرَاشٌ [名男: 複 أَفْرِشَةٌ, فُرُشٌ] ベッド

فَرَاغٌ [名男 (動名 < فَرَغَ)] 空になること・空いていること

فَرَحٌ [名男 (動名 < فَرِحَ)] 嬉しさ・喜び

فَرَسٌ [名男女: 複 أَفْرَاسٌ] 馬

فُرْصَةٌ [名女: 複 فُرَصٌ] 機会

فَرْقٌ [名男] 違い・区別

فَرَنْسَا [名女] フランス：شَارِعُ فَرَنْسَا フランス通り

فَرَنْسِيٌّ [形: 複 ـُونَ] フランスの（フランス人）

فَرْوٌ [名男] 毛皮

فَسَّرَ [動: II-0] 説明する（～を ـهـ）

فَسِيحٌ [形] 広い

فَشِلَ [動: I-0 (a), 動名 فَشَلٌ] 失敗する

فَصْلٌ [名男: 複 فُصُولٌ] 季節・章・クラス

فَصِيحٌ [形: 複 فُصَحَاءُ, فِصَاحٌ, فُصُحٌ] 純粋な（アラビア語）

فَضَّلَ [動: II-0] より好む（～を ـهـ ه／～より على）

فَطُورٌ [名男] 朝食

فَظِيعٌ [形] 醜い・酷い・おぞましい

فَعَّالٌ [形] 効果的な

فَعَّالِيَّةٌ [名女: 複 ـَاتٌ] 効果・効率：بِفَعَّالِيَّةٍ 効果的に

فِعْلٌ [名男 (動名 < فَعَلَ)] 行い：بِٱلْفِعْلِ 実際に：فِعْلًا 本当に・実際に・なるほど

فَعَلَ [動: I-0 (a), 動名 فِعْلٌ, فَعْلٌ] する（～を ـهـ）

فِعْلِيٌّ [形] 実効的な・有効な・効果的な

فَغَرَ [動: I-0 (au), 動名 فَغْرٌ] 開ける（口を ـهـ）

فَقَدَ [動: I-0 (i), 動名 فَقْدٌ, فِقْدَانٌ] 失くす（～を ـهـ）

فَقْرٌ [名男 (動名 < فَقَرَ)] 貧しさ・貧困：فِي غَايَةِ ٱلْفَقْرِ 極度に貧しい

فَقِيرٌ [形: 複 فُقَرَاءُ] 貧しい

فَكَّ [動: I-G (au), 動名 فَكٌّ] ほどく（～を ـهـ）

فَكَّرَ [動: II-0] 考える（～について فِي）

فِكْرٌ [名男: 複 أَفْكَارٌ] 考えること・思考

فِكْرَةٌ [名女: 複 فِكَرٌ] アイデア・考え
فُلَانٌ [名共] 何某・某
فُلَانِيٌّ [形] 誰某の・何某の
فِلَسْطِينُ [名女] パレスチナ
فِلَسْطِينِيٌّ [形: 複 ـــون] パレスチナの（パレスチナ人）
فُلُوسٌ [名複] お金
فَمٌ [名男: 複 أَفْوَاهٌ] 口（☞ 7.2.5）
فَنٌّ [名男: 複 فُنُونٌ] 芸術
فَنَّانٌ [名共: 複 ـــون] 芸人・芸能人
فِنْجَانٌ [名男: 複 فَنَاجِينُ] カップ
فُنْدُقٌ [名男: 複 فَنَادِقُ] ホテル
فَهِمَ [動: I-0 (a), 動名 فَهْمٌ, فَهَمٌ] 理解する（～を ه ه）
فَهْمٌ [動名 < فَهِمَ] 理解
فُؤَادٌ [名女: 複 أَفْئِدَةٌ] 心
فَوْرًا [副] すぐに・さっさと
فَوْزٌ [名男 (動名 < فَازَ)] 勝利（スポーツ・選挙など）
فَوْقَ [前] ～の上に（上空に）: مِنْ فَوْقِ ～の上空から
فَوْقُ [副] 上に
فِي [前]（☞ 30.1.5）～に（場所・時間）: فِي نَفْسِ ٱلْوَقْتِ 同時に: فِيمَا ① ～する一方で（☞ 29.2.17） ② ～に従って（☞ 30.1.5④）
فَيْرُوز [名女] ファイルーズ（レバノン人歌手）
فِيلمٌ [名男: 複 أَفْلَامٌ] 映画
فَيْنَةٌ [名女: 複 ـــات] 時: بَيْنَ ٱلْفَيْنَةِ وَٱلْأُخْرَى 時々

ق

قَابَلَ [動: III-0] 会う（～に ه）
قَادَ [動: I-2 (u/ū), 動名 قِيَادَةٌ, قَوْدٌ] 先導する・導く（～を ه ه）
قَادِمٌ [能分 < قَدِمَ: 複 ـــون] 次の・来る・今度の
قَاسَ [動: I-2 (i/ī), 動名 قِيَاسٌ, قَيْسٌ] 計る（～を ه）
قَاضٍ [名共 (能分 < قَضَى): 複 قُضَاةٌ] 裁判官
قَالَ [動: I-2 (u/ū), 動名 قَوْلٌ] 言う（～に ل／～を ه）
قَامَ [動: I-2 (u/ū), 動名 قِيَامٌ] ①立つ ②行う・する（～を ب）（☞ 21.2.6）
قَامَةٌ [名女] 体格・身長
قَامُوسٌ [名男: 複 قَوَامِيسُ] 辞書
قَانُونٌ [名男: 複 قَوَانِينُ] 法律
قَانُونِيٌّ [形] 法的な
قَائِدٌ [名共 (能分 < قَادَ): 複 قَادَةٌ, قُوَّادٌ] 指導者
قَائِمَةٌ [名女: 複 ـــات] メニュー・リスト
قُبَّةٌ [名女: 複 قُبَبٌ, قِبَابٌ] ドーム: قُبَّةُ ٱلصَّخْرَةِ 岩のドーム
قَبْرٌ [名男: 複 قُبُورٌ] 墓
قَبَضَ [動: I-0 (i), 動名 قَبْضٌ] 受け取る・つかむ（～を ه）
قُبَّعَةٌ [名女: 複 ـــات] 帽子
قَبِلَ [動: I-1 (i), 動名 قُبُولٌ, قَبُولٌ] 受け入れる（～を ب ه ه）
قَبْلَ [前] ～の前に（時間）: قَبْلَ أَنْ ～する前に（☞ 14.1.2.3.1⑥）
قَتَلَ [動: I-0 (u), 動名 قَتْلٌ] 殺す（～を ه ه）
قَتْلٌ [名男 (動名 < قَتَلَ)] 殺人・殺すこと・殺し
قَدْ [副] ①完了形動詞と共に使って完了性の強調「～してしまった（لَقَدْ）」（☞ 9.1.6） ②状況構文 وَقَدْ（☞ 9.3.3）: 未完了形直接法動詞と共に使って未完了性の強調「～するだろう・おそらく～する」（☞ 11.1.3.3②）: كَانَ قَدْ（☞ 14.3.1②）: يَكُونُ قَدْ（☞

21.2.7④）：إِنْ كَانَ قَدْ（☞ 14.3.2③）

قُدَّامَ [前] ～の前に（場所）：مِنْ قُدَّامِ ～の前から

قَدَرَ [動: I-1 (ui), 動名 قُدْرَةٌ] 可能である

قَدَّرَ [動: II-0]（神が）運命づける（～を ﻫ）

قَدْرٌ [名男: 複 أَقْدَارٌ] 分量・範囲

قِدْرٌ [名男女: 複 قُدُورٌ] 鍋

قُدْرَةٌ [名女] 力・能力（～の على）

اَلْقُدْسُ [名女] エルサレム

قَدَّمَ [動: II-0] ①提供する・供する（～を ه） ②紹介する（～に ه）

قَدَمٌ [名女: 複 أَقْدَامٌ] 足：عَلَى ٱلْأَقْدَامِ 歩いて

قَدِيرٌ [形] 全能な（～について・～に対し على）

قَدِيمٌ [形: 複 قُدَمَاءُ, قُدَامَى, قَدَائِمُ] 古い

قَرَأَ [動: I-0 (a), 動名 قِرَاءَةٌ] 読む（～を ﻫ）

اَلْقُرْآنُ [名男] コーラン

قِرَاءَةٌ [名女 (動名 < قَرَأَ): ــات] 読むこと

قُرْبَ [前] ～の近くに

قَرَّرَ [動: II-0] 決める（～を ﻫ）

قَرِيبٌ [形: 複 أَقْرِبَاءُ] 近い（～に من）：عَمَّا قَرِيبٍ 近いうちに・近く

قَرْيَةٌ [名女: 複 قُرًى] 村

قُرَيْشٌ [名男] クライシュ（族）

قَسَا [動: I-3 (ū), 動名 قَسَاوَةٌ, قَسْوَةٌ] つらくあたる（～に على）

قَسَمَ [動: I-0 (i), 動名 قَسْمٌ] ①分ける ②割る（計算）（～を ﻫ／～で على）

قِسْمٌ [名男: 複 أَقْسَامٌ] 学科

قِسْمَةٌ [名女] 割ること（計算）

قَسْوَةٌ [名女] 厳しさ

قَصَّ [動: I-G (u), 動名 قَصَصٌ] 語る

قِصَّةٌ [名女: 複 قِصَصٌ] 物語

قَصَدَ [動: I-0 (i), 動名 قَصْدٌ] 目ざす（～を ﻫ）

قَصْدٌ [名男] 目的

قَصُرَ [動: I-0 (u), 動名 قِصَرٌ, قَصْرٌ, قَصَارَةٌ] 短くなる・短い

قَصْرٌ [名男 (動名 < قَصُرَ)] 短さ：قَصْرًا 簡単に言えば・要するに

قَصِيٌّ [形: 複 أَقْصَاءُ] 遠方の

قَصِيرٌ [形: 複 قِصَارٌ] 短い・背が低い

قَضَاءٌ [名男 (動名 < قَضَى)] 過ごすこと

قَضَى [動: I-3 (ī), 動名 قَضَاءٌ] 過ごす（～を ﻫ）

قَضِيَّةٌ [名女: 複 قَضَايَا] 事件・件・問題：اَلْقَضِيَّةُ ٱلْفِلَسْطِينِيَّةُ パレスチナ問題

قَطُّ [副]（完了の否定の文脈で）～したことがない（☞ 29.4.1, 12.1.2①★）

قِطٌّ [名男: 女 قِطَّةٌ, 複 قِطَطٌ] 猫

قِطَارٌ [名男: 複 ــات] 列車

قَطَرُ [名女] カタール

قَطَرِيٌّ [形: 複 ــون] カタールの（カタール人）

قَطْعٌ [名男 (動名 < قَطَعَ)] 切ること・切断

قَلَمٌ [名男: 複 أَقْلَامٌ] ペン

قَلَّمَا [副] めったに～しない

قَلِيلٌ [形: 複 أَقِلَّاءُ, 比最 أَقَلُّ] 少ない：قَلِيلٌ مِنْ الــ … 少しの～・少数の～・少量の～：بَعْدَ قَلِيلٍ しばらくして・間もなく：قَلِيلًا 少し：بِقَلِيلٍ 少しばかりの時間：عَلَى ٱلْأَقَلِّ 少なくとも：مُنْذُ قَلِيلٍ 少し前から

قِمَّةٌ [名女: 複 قِمَمٌ] ①頂上 ②サミット

قَمَرٌ [名男: 複 أَقْمَارٌ] 月

قُنْبُلَةٌ [名女: 複 قَنَابِلُ] 爆弾

قَهْقَهَ [動: QI] ゲラゲラ笑う

قَهْوَةٌ [名女] コーヒー

قُوَّةٌ [名女: 複 ــات] 力：بِقُوَّةٍ 強く

قَوْلٌ [名男 (動名 < قَالَ): 複 أَقْوَالٌ] 言うこと・発言

قَوْمٌ [名集: 複 أَقْوَامٌ] 民・民族・人々

قَوِيَ [動: I-3 (ā), 動名 قُوَّةٌ] 強くなる

قَوِيٌّ [形: 複 أَقْوِيَاءُ] 強い

قِيَامٌ [名男 (動名 < قَامَ)] 立つこと・すること（～を ب）

قَيْدٌ [名男: 複 قُيُودٌ] くびき：عَلَى قَيْدِ ٱلْحَيَاةِ 生きている・存命している

ك

كَ [前](接尾代名詞を付けることはできない) ①～のように：كَأَنَّمَا, كَأَنَّ [接] あたかも～であるように（☞ 12.4④, 30.2.4） ②～として

ـــكَ [代] 貴男の・を

كَاتِبٌ [能分 < كَتَبَ: 複 ـــونَ] 書いている／[名共: 複 كُتَّابٌ] 作家

كَادَ [動: I-2 (i/ā)]（未完了形直説法を従えて）～しそうになる（☞ 26.1.2②）

كاراوكي [名男] カラオケ

كَارِثَةٌ [名女: 複 كَوَارِثُ] 災害：كَارِثَةٌ مِنْ صَنْعِ ٱلْإِنْسَانِ 人災

كَافٍ [能分 < كَفَى] 十分な（～にとって ه）

كَامِلٌ [形] 完全な・全部の：بِٱلْكَامِلِ 完全に

كَانَ [動: I-2 (u/ū), 動名 كَوْنٌ, كِيَانٌ, كَيْنُونَةٌ] ～である（☞ 10.2, 21.2.7） ②（他の動詞との組み合わせ ☞ 14.3.1）：كَانَ يَا مَا كَانَ 昔々

كَأَنَّ ➔ كَ

كاورو カオル（日本人女性名）

كَبَابٌ [名男] カバブ

كَبُرَ [動: I-0 (u), 動名 كِبَرٌ, كُبْرٌ, كِبَارَةٌ] 大きくなる

كِبَرٌ [名男] 老齢

كِبْرِيتٌ [名男集] マッチ

كَبِيرٌ [形: 複 كِبَارٌ, كُبَرَاءُ] 大きい

كِتَابٌ [名男: 複 كُتُبٌ] 本

كَتَبَ [動: I-0 (u), 動名 كَتْبٌ, كِتْبَةٌ, كِتَابَةٌ] 書く（～を ه）

كَتِفٌ [名女: 複 أَكْتَافٌ] 肩

كَثَّرَ [動: II-0] 多くする（～を ه）

كَثِيرٌ [形: 複 ـــونَ, 比最 أَكْثَرُ（☞ 18.2.3）] 多い：كَثِيرًا 多く・沢山：كَثِيرًا مَا しばしば～する・多くの場合～する・大概～する

كَذَبَ [動: I-0 (i), 動名 كَذْبٌ, كَذِبٌ, كِذْبٌ, كَذْبَةٌ, كِذْبَةٌ] 嘘をつく

كَذَّابٌ [名共: 複 ـــونَ] 嘘つき

كَذِبٌ [名男] 嘘

كَذٰلِكَ [副] 同様に・同じように

كَرَاجٌ [名男: 複 ـــاتٌ] ガレージ・車庫・整備工場

كُرَّاسَةٌ [名女: 複 كَرَارِيسُ] ノート

كُرَةٌ [名女: 複 كُرًى, ـــاتٌ] ボール：كُرَةُ ٱلْقَدَمِ サッカー：كُرَةُ ٱلْأَرْضِ 地球

كَرِهَ [動: I-0 (a), 動名 كَرْهٌ, كُرْهٌ, كَرَاهَةٌ, كَرَاهِيَةٌ] 嫌う（～を ه ه）

كُرَوِيٌّ [形] 球状の

كَرِيمٌ ① [形: 複 كِرَامٌ] 高貴な・気前のよい・寛大な ② [名男]カリーム（男性名）

كَرِيهٌ [形] 醜い

كُسْكُسِيٌّ [名男] クスクス（北アフリカ料理）

كَسْلَانُ [形: 女 كَسْلَى, كَسْلَانَةٌ, 複 كَسَالَى, كُسَالَى] 怠惰な

كَشَفَ [動: I-0 (i), 動名 كَشْفٌ] 明らかにする・晒す・むきだしにする（～を عن）

كَعْكَةٌ [名女: 複 ـــاتٌ] ケーキ

كَفَى [動: I-3 (ī), 動名 كِفَايَةٌ] 十分である（～にとって ه）：يَكْفِي 十分だ・もういい！

كُلٌّ [名男] 全て・各々（☞ 14.5.1）：كُلُّ شَيْءٍ 全て・何でも：كُلَّ يَوْمٍ 毎日：كُلَّمَا いつであろうと（～する度に・～すればするほど）（☞ 30.2.6）

كِلَا [名共] 両方の～（☞ 27.2④）

كَلَّا [副] 全然そうではない

كَلَامٌ [名男] ①言葉　②話すこと

كَلْبٌ [名共: 女 كَلْبَةٌ, 複 كِلَابٌ] 犬

كَلَّفَ [動: II-0]（費用が）かかる（～に ه）

كُلْفَةٌ [名女] 形式ばること

كَلِمَةٌ [名女: 複 كَلِمَاتٌ] 単語・ことば

كُلِّيَّةٌ [名女: 複 ـــات] 学部：كُلِّيَّةُ ٱللُّغَاتِ ٱلْأَجْنَبِيَّةِ 外国語学部：كُلِّيَّةُ ٱلْهَنْدَسَةِ 工学部

كَمْ [疑] ①いくつ？（☞ 29.1.6）：كَمْ شَخْصًا؟ 何人ですか？（☞ 12.5.3①ⓐ）：بِكَمْ هٰذَا؟ いくらですか？（☞ 30.1.1⑤）：②どれほど～か！（☞ 25.3③）

ـــكُمْ [代] あなた達の・を

كَمَا ① [副] ～であるように・同様に ② [接] ～するように：كَمَا تَرَى ご覧の通り：كَمَا قُلْتَ 私が言ったように：كَمَا أَنَّ ～であるように・～であると同様に

ـــكُمَا [代] あなた達２人の・を

كَمِّيَّةٌ [名女: 複 ـــات] 量

ـــكُنَّ [代] 貴女達の・を

كَانَدَا [名女] カナダ

كَنِيسَةٌ [名女: 複 كَنَائِسُ] 教会：كَنِيسَةُ ٱلْقِيَامَةِ 聖墳墓教会

كُوبٌ [名男: 複 أَكْوَابٌ] カップ

كُورِيٌّ [形: 複 ـــون] 韓国の（韓国人）

كُومِيدِيٌّ [形: 複 ـــون] コメディーの（コメディアン）

كَوْنٌ [名男（動名 < كَانَ）] 存在（☞ 27.4）：ٱلْكَوْنُ 宇宙・世の中

كَيْ [接] ～するために（☞ 14.1.2.2①）：كَيْلَا ～しないように（☞ 14.1.2.2②）

كَيْفَ [疑] どのように？　どうして？　どうやって？（☞ 29.1.5）：كَيْفَمَا どのようであろうと（☞ 30.2.6）

كِيلُوجرَامٌ [名男: 複 ـــات] キログラム

كيوتو 京都

ل

لَ [副]（強調 ☞ 10.3.2①）：لَئِنْ（☞ 25.1.1②）：لَقَدْ ➔ قَدْ

لِ ①[前]（☞ 30.1.6）～に・～のもの・～のために　② [接] ～するために（☞ 14.1.2.2①）：لِأَنَّ なぜなら～なので（☞ 8.2②, 12.4④）：لِكَيْ ～するために（☞ 14.1.2.2①）：لِكَيْلَا ～しないように（☞ 14.1.2.2②）　③（勧誘・3人称に対する命令）（☞ 12.1.2③④）

لَا [副] ①いいえ　②～しない（☞ 29.3.1）：(لَا) ... وَلَا ... ～でも～でもない：لا ... فَحَسْبُ بَلْ ... أَيْضًا ～だけでなく～も（☞ 29.4.4）：（否定命令）（☞ 12.1.2②）

لَاتِينِيٌّ [形] ラテン語の

لَاجِئٌ [名共（能分 < لَجَأَ）: 複 ـــون] 難民

لَاحَظَ [動: III-0] 観察する（～を هـ）

لَاقَى [動: III-3] 会う（～に ه）

لَاعِبٌ [名男（能分 < لَعِبَ）: 複 ـــون] 選手・競技者

لَبِثَ [動: I-1 (a), 動名 لَبْثٌ, لُبْثٌ, لَبَثٌ, لُبَاثٌ] 躊躇する：مَا لَبِثَ أَنْ すぐさま～する・間髪入れず～する

لَبَنٌ [名男] ミルク

لِبْنٌ [名男集] 煉瓦

لُبْنَانُ [名男] レバノン

لُبْنَانِيٌّ [形: 複 ـــون] レバノンの（レバノン人）

لَحَظَ [動: I-0 (a), 動名 لَحْظٌ, لَحَظَانٌ] 見る・眺める（～を ه هـ）

لَحْظَةٌ [名女: 複 لَحَظَاتٌ] 瞬間・時：

لَحْظَةً ちょっと待って！

لِحَافٌ [名男: 複 أَلْحِفَةٌ, لُحُفٌ] 毛布

لَحِقَ [動: I-0 (a), 動名 لَحَاقٌ, لَحْقٌ] 追いつく・間に合う（〜に ه ه ب）

لَحْمٌ [名男] 肉

لِحْيَةٌ [名女: 複 لِحًى, لُحًى] あごひげ

لَدَى [前] ①〜のところに（☞ 8.1） ②〜の折に

لَذَّةٌ [名女: 複 ـَات] 楽しさ・嬉しさ：بِلَذَّةٍ うれしそうに

لِذٰلِكَ [接] それ故

لَذِيذٌ [形] おいしい

لَزِمَ [動: I-0 (a), 動名 لُزُومٌ] ひきこもる

لِسَانٌ [名男女: 複 أَلْسِنَةٌ] 舌：بِلِسَانٍ وَاحِدٍ 口をそろえて

لَعِبَ [動: I-0 (a), 動名 لَعْبٌ] する（スポーツ・ゲームを ه）

لُعْبَةٌ [名女: 複 لُعَبٌ] ゲーム：لُعْبَةٌ إِلِكْتْرُونِيَّةٌ テレビゲーム

لَعَلَّ [副] きっと〜だ（☞ 8.2①）

لَعَنَ [動: I-0 (a), 動名 لَعْنٌ] 呪う（〜を ه）

لُغَةٌ [名女: 複 ـَات] 言語

لُغْزٌ [名男: 複 أَلْغَازٌ] 謎

لَفَّ [動: I-G (u), 動名 لَفٌّ] 包む（〜を ه）

لِقَاءٌ [名男] 会うこと：إِلَى ٱللِّقَاءِ また会いましょう。

لَقِيَ [動: I-3 (ā), 動名 لِقَاءٌ] 見つける（〜を ه ه）・会う（〜に ه）

لٰكِنَّ [接] しかし（〜は〜だ）（☞ 29.2.20）

لٰكِنْ [接] しかし（☞ 29.2.20）

لَمْ ①[否定辞]（未完了形要求法を従えて）〜しなかった ☞ 10.2.2, 12.1.2①, 12.2.1） ②مَا لَمْ 〜しない限り（☞ 30.2.7）

لِمَ [疑] なぜ？：لِمَ لَا؟ 勿論！そうでないわけがない！

لَمَّا [接]①（完了形を従えて）〜した時に（☞ 29.2.22） ②（未完了形要求法を従えて）まだ〜していない（☞ 29.3.5）

لَمْسٌ [名男 (動名 < لَمَسَ)] 触れること

لَمَسَ [動: I-0 (a), 動名 لَمْسٌ] 触る・触れる（〜に ه）

لَمْسَةٌ [名女: 複 لَمَسَاتٌ] 触れること

لَنْ [否定辞]（未完了形接続法と共に用いて未来の否定を表す ☞ 14.1.2.1）

لَوْ [接] もし〜なら（反実仮想）（☞ 10.3.2）：لَوْ أَنَّ もし〜であるのなら（☞ 12.4④）

لِوَاءٌ [名男: 複 أَلْوِيَةٌ, أَلْوِيَاتٌ] 旗

لَوَاحِقُ [名複] 付属品

لَوْحِيٌّ [形] 板状の

لَوْنٌ [名男: 複 أَلْوَانٌ] 色

لِيبِيٌّ [形: 複 ـُون] リビアの（リビア人）

لِيبِيَا [名女] リビア

لَيْتَ [副] 〜であってくれればなあ（☞ 8.2①）

لَيْسَ [否定辞] 〜でない（☞ 6.1, 30.1.1⑨, 29.3.4①）：لَسْتُ أَدْرِي 私は知らない：لَيْسَ بِٱلشَّيْءِ ٱلْكَبِيرِ 大したことはない

لَيْلٌ [名男] 夜間：لَيْلًا 夜に

لَيْلَةٌ [名女: 複 لَيَالٍ] 夜：لَيْلَةُ ٱلْقَدْرِ みいつの夜：لَيْلَةَ أَمْسِ 昨晩（に）

لَيْلَى [名女] ライラー（女性名）

لَيِّنٌ [形] 柔らかい

م

مَا （☞ 30.2） ①[疑] 何？（☞ 29.1.1）②〜であること・もの（☞ 13.1.7.1①） ③ [否定辞] 〜でない（☞ 30.1.1⑨, 30.2.1）：مَا ... مِنْ 構文（☞ 13.1.7.2）：مَا عَدَا [表現] 〜を除いて：مَا زَالَ ➔ زَالَ, مَا ٱنْفَكَّ ➔ اِنْفَكَّ, مَا فَتِئَ

→ فَتِيَ
مَاءٌ [名男: 複 مِيَاهٌ] 水
مَاتَ [動: I-2 (i/ū), 動名 مَوْتٌ] 死ぬ
مَاذَا [疑] 何が？・何を？（☞ 29.1.1）
مَارٌّ [名共 (能分 < مَرَّ): 複 مَارَّةٌ, ـــون] 通行人
مَارَسَ [動: III-0] 実行する・する（～を ـه）
مَاشٍ [名共 (能分 < مَشِيَ): 複 مُشَاةٌ] 歩行者
مَاضٍ [能分 < مَضَى] 過去の・過ぎたる
مَأْكُولَاتٌ [名複] 食べ物
مَالٌ [名男: 複 أَمْوَالٌ] お金・財産
مَالْطَا [名女] マルタ
مَالِطِيٌّ [形: 複 ـــون] マルタの（マルタ人）
مَانْجُو [名男] マンゴー
مِائَةٌ [名女: 複 مِائَاتٌ] 100：... بِٱلْمِائَةِ ～パーセント
مُبَارَاةٌ [名女: 複 مُبَارَيَاتٌ] 試合
مُبَاشَرَةً [副] 直接
مُبَرْمِجٌ [名共 (能分 < بَرْمَجَ): 複 ـــون] プログラマー
مَبْرُوكٌ [表現] おめでとう
مُبَكِّرٌ [能分 < بَكَّرَ] 早朝の：مُبَكِّرًا 早く・早い時間に
مَبْنًى [名男: 複 مَبَانٍ] 建物
مُتَأَخِّرٌ [能分 < تَأَخَّرَ] 遅れた：مُتَأَخِّرًا 遅く・遅い時間に
مَتَاعٌ [名男: 複 أَمْتِعَةٌ] 荷物・物
مَتَامَا [接] いつであろうと（☞ 30.2.6）
مُتَأَكِّدٌ [能分 < تَأَكَّدَ: 複 ـــون] 確信した（～について من）
مُتَتَابِعٌ [能分 < تَتَابَعَ] 続いた
مَتْجَرٌ [名男: 複 مَتَاجِرُ] 店
مُتَّجِهٌ [能分 < اِتَّجَهَ] 向かっている・むいている
مَتْحَفٌ [名男: 複 مَتَاحِفُ] 博物館
مِتْرٌ [名男: 複 أَمْتَارٌ] メートル
مُتَرْجِمٌ [名共 (能分 < تَرْجَمَ): 複 ـــون] 通訳
مُتَزَوِّجٌ [能分 < تَزَوَّجَ: 複 ـــون] 既婚の（既婚者）
مُتَسَاهِلٌ [能分 < تَسَاهَلَ: 複 ـــون] 寛大な・やさしい
مُتْعَبٌ [受分 < أَتْعَبَ: 複 ـــون] 疲れた
مُتَعَلِّمٌ [能分 < تَعَلَّمَ: 複 ـــون] 教育を受けた者
مُتَفَوِّقٌ [能分 < تَفَوَّقَ: 複 ـــون] 優秀な
مَتْنٌ [名男: 複 مِتَانٌ, مُتُونٌ] 背後・背面・背中：عَلَى مَتْنِ [前]（船上・機上）に
مُتَّهَمٌ [名共 (受分 < اِتَّهَمَ): 複 ـــون] 容疑者
مُتَوَفًّى [受分 < تَوَفَّى: 複 ـــون] 亡くなった
مَتَى [疑] いつ？（☞ 29.1.3）
مَثَابَةٌ [名女] 方法・様態：بِـمَثَابَةِ [前] ～みたいな・～の様な
مُثَقَّفٌ [受分 < ثَقَّفَ: 複 ـــون] 文化人
مِثْلٌ [名男: 複 أَمْثَالٌ] 同等・（名詞を従えて）と同様の（もの）・～のような（もの）：مِثْلَمَا ～であるように
مَثَلٌ [名男: 複 أَمْثَالٌ] 例・類似・諺：مَثَلًا 例えば
مُثِيرٌ [能分 < أَثَارَ] 刺激的な
مُجَامَلَةٌ [名女 (動名 < جَامَلَ)] 儀礼・お世辞
مَجَّانِيٌّ [形] 無料の
مُجْتَمَعٌ [名男 (受分 < اِجْتَمَعَ): 複 ـــات] 社会
مُجْتَمَعِيٌّ [形] 社会的な
مُجْتَهِدٌ [能分 < اِجْتَهَدَ: 複 ـــون] 勤勉な
مُجَرَّدٌ [名男]（限定詞として名詞を従え）単なる～（☞ 14.5.5）
مُجْرِمٌ [名共 (能分 < أَجْرَمَ): 複 ـــون] 犯罪者
مَجْرُوحٌ [受分 < جَرَحَ: 複 ـــون] 負傷した／[名共: 複 مَجَارِيحُ] 負傷者
مَجَلَّةٌ [名女: 複 ـــات] 雑誌
مَجْلِسٌ [名男: 複 مَجَالِسُ] ミーティング・会議：مَجْلِسُ ٱلْوُزَرَاءِ 内閣：مَجْلِسُ ٱلْأَمْنِ（国連）安全保障理事会
مَجْهُولٌ [受分 < جَهِلَ: 複 ـــون] 知られていな

い

مُحَادَثَةٌ [名女 (動名 < حَادَثَ): 複 ـَـات] 会談・話し合い

مُحَاضَرَةٌ [名女 (動名 < حَاضَرَ): 複 ـَـات] 講義

مُحَامٍ [名共 (能分 < حَامَى): 複 ـُـون] 弁護士

مُحَامَاةٌ [名女 (動名 < حَامَى)] 弁護・法律業

مُحَبَّذٌ [受分 < حَبَّذَ] 歓迎された

مَحْبُوسٌ [受分 < حَبَسَ: 複 ـُـون] 捕らえられた・閉じ込められた／[名共: 複 مَحَابِيسُ] 囚人

مُحْتَلٌّ [受分 < اِحْتَلَّ] 占領された：ٱلْأَرَاضِي ٱلْمُحْتَلَّةُ（パレスチナ）占領地

مُحَدَّدٌ [受分 < حَدَّدَ 形] 定められた

مُحَدِّقٌ [能分 < حَدَّقَ] 凝視した

مُحَرِّرٌ [名共 (能分 < حَرَّرَ): 複 ـُـون] 編集者

مَحَطَّةٌ [名女: 複 ـَـات] 駅：مَحَطَّةُ أُوتُوبِيس バス停：مَحَطَّةُ طَاقَةٍ نَوَوِيَّةٍ 原子力発電所

مَحْفَظَةٌ [名女: 複 مَحَافِظُ] 財布

مَحْكَمَةٌ [名女: 複 مَحَاكِمُ] 裁判所

مَحَلٌّ [名男: 複 ـَـات] 場所・店

مُحَمَّدٌ [名男] ムハンマド（男性名）

مُخَادِعٌ [能分 < خَادَعَ: 複 ـُـون] 背徳の・悪徳の

مُخْتَرِقٌ [名共 (能分 < اِخْتَرَقَ): 複 ـُـون] ハッカー

مُخْتَلِفٌ [能分 < اِخْتَلَفَ: 複 ـُـون] 異なっている

مُخَدِّرَاتٌ [名複] 麻薬

مَخْرَجٌ [名女: 複 مَخَارِجُ] 出口

مُخْتَلَقٌ [受分 < اِخْتَلَقَ] 捏造された

مُخْلِصٌ [能分 < أَخْلَصَ: 複 ـُـون] 誠実な・忠実な：صَدِيقٌ مُخْلِصٌ 親友

مَدْخَلٌ [名男: 複 مَدَاخِلُ] 入口

مُدَخِّنٌ [名共 (能分 < دَخَّنَ): 複 ـُـون] 喫煙者

مُدَرِّسٌ [名共 (能分 < دَرَّسَ): 複 ـُـون] 教師

مَدْرَسَةٌ [名女: 複 مَدَارِسُ] 学校

مَدْرَسِيٌّ [形] 学校の

مُدَّةٌ [名女: 複 مُدَدٌ] 回：لِمُدَّةِ [前] ～の期間中

مَدْعُوٌّ [受分 < دَعَا] 招待された・招待客

مَدًى [名男] 範囲：عَلَى مَدَى ～の範囲で

مَدِيدٌ [形] 長い

مُدِيرٌ [名共 (能分 < أَدَارَ): 複 ـُـون, مُدَرَاءُ] 経営者・部長・社長・運営者（組織を運営する人）

مَدِينَةٌ [名女: 複 مُدُنٌ] 町・都市

مُذَكِّرَةٌ [名女: 複 ـَـات] メモ：مُذَكِّرَاتٌ لَاصِقَةٌ 付箋紙

مَرَّ [動: I-G (u), 動名 مُرُورٌ] 経る・通る（～を بِ）

مُرٌّ [形] 苦い

مَرَّةٌ [名女: 複 ـَـات] 回：لِلْمَرَّةِ ٱلْأُولَى 初めて：لِأَوَّلِ مَرَّةٍ, أَوَّلَ مَرَّةٍ 初めて：مَرَّةً أُخْرَى もう一度　مَرَّةً فِي ٱلْأُسْبُوعِ 週 1 回

مِرْآةٌ [名女: 複 مَرَايَا, مَرَاءٍ] 鏡

مُرَبًّى [受分 < رَبَّى: 複 ـُـون] 躾を受けた

مُرَافِقٌ [名共 (能分 < رَافَقَ): 複 ـُـون] 同伴者

مُرَتَّبٌ [受分 < رَتَّبَ] 片付いている・整っている

مَرْتَبَةٌ [名女: 複 مَرَاتِبُ] 順位

مُرْتَبِطٌ [能分 < اِرْتَبَطَ] 結びついた・結びつけられた（～と بِ）

مُرْتَفِعٌ [能分 < اِرْتَفَعَ] 高い・（価格が）高騰している

مَرْجَانٌ [名男] 珊瑚

مَرْحَبًا [表現] こんにちは

مَرْحَلَةٌ [名女: 複 مَرَاحِلُ] 段階

مُرَشَّحٌ [名共 (能分 < رَشَّحَ): 複 ـُـون] 候補者

مُرْشِدٌ [名共 (能分 < أَرْشَدَ): 複 ـُـون] ガイド

مَرِضَ [動: I-0 (a), 動名 مَرَضٌ] 病気になる

مَرَضٌ [名男: 複 أَمْرَاضٌ] 病気：مَرَضٌ عُضَالٌ 不治の病：مَرَضُ ٱلسُّكَّرِ 糖尿病

مَرْكَزٌ [名男: 複 مَرَاكِزُ] ①中央・中心　②ランク・順位
مَرْكَزِيٌّ [形] 中央の
مُرِيحٌ [能分 < أَرَاحَ] 心地よい
مَرِيضٌ [形: 複 مَرْضَى] 病気の（病人）
مَزْرُوعٌ [受分 < زَرَعَ] 耕作された
مُزْعِجٌ [能分 < أَزْعَجَ: 複 ــون] うっとうしい・不快な
مَزِيدٌ [名男] 超過・大量：مَزِيدٌ مِنْ 更なる〜
مَسَّ [動: I-G (a), 動名 مَسٌّ, مَسِيسٌ] 触る（〜に ﻫ）
مَسَاءٌ [名男] 夕方
مَسَاحَةٌ [名女: 複 ــات] 面積
مُسَاعِدٌ [名共 (能分 < سَاعَدَ): 複 ــون] 助手
مُسَاعَدَةٌ [名女 (動名 < سَاعَدَ): 複 ــات] 援助・手伝い・助け
مُسَافِرٌ [名共 (能分 < سَافَرَ): 複 ــون] 旅行者
مَسَافَةٌ [名女: 複 ــات] 距離
مُسَبَّقًا [副] 前もって・先に
مُسْتَحِيلٌ [能分 < اِسْتَحَالَ] 不可能な
مُسْتَشْفًى [名男 (受分 < اِسْتَشْفَى): 複 ــات] 病院
مُسْتَعْمَلٌ [受分 < اِسْتَعْمَلَ] 使われた・中古の
مُسْتَقِيمٌ [能分 < اِسْتَقَامَ] 真っ直ぐな
مُسْتَمِعٌ [名共 (能分 < اِسْتَمَعَ): 複 ــون] 聴取者
مَسْجِدٌ [名男: 複 مَسَاجِدُ] モスク：اَلْمَسْجِدُ ٱلْحَرَامُ ハラーム・モスク（メッカ）：اَلْمَسْجِدُ ٱلْأَقْصَى アクサー・モスク
مُسَجِّلٌ [名男 (能分 < سَجَّلَ): 複 ــات] 録音機
مُسَدَّسٌ [名男 (受分 < سَدَّسَ): 複 ــات] ピストル
مَسْرُورٌ [受分 < سَرَّ: 複 ــون] 嬉しい
مَسْرُوقٌ [受分 < سَرَقَ] 盗まれた
مُسْرِعٌ [能分 < أَسْرَعَ] 急いだ・スピードを出している
مِسْكِينٌ [形: 複 مَسَاكِينُ] かわいそうな

مُسَمَّمٌ [受分 < سَمَّمَ] 毒入りの
مُسَمًّى [受分 < سَمَّى: 複 ــون] 名づけられた
مُسِنٌّ [名共: 複 ــون, مَسَانُّ] 年寄り
مَسْؤُولٌ [名共 (受分 < سَأَلَ): 複 ــون] 責任者（〜の عن）
مَسْؤُولِيَّةٌ [名女: 複 ــات] 責任
مُشَارِكٌ [能分 < شَارَكَ] 参加している（参加者）
مُشَاهَدَةٌ [名女: 複 ــات] 見ること
مُشْتَرٍ [名共 (能分 < اِشْتَرَى): 複 ــون] 購買者
مُشْرِفٌ [名共 (能分 < أَشْرَفَ): 複 ــون]（現場）監督
مَشْرُوبٌ [名男 (受分 < شَرِبَ): 複 ــات] 飲み物
مَشْرُوعٌ [名男 (受分 < شَرَعَ): 複 ــات, مَشَارِيعُ] プロジェクト・企画
مَشْغُولٌ [受分 < شَغَلَ: 複 ــون] 忙しい
مُشْكِلَةٌ [名女: 複 مَشَاكِلُ] 問題
مِشْنَقَةٌ [名女: 複 مَشَانِقُ] 絞首台
مَشْهُورٌ [受分 < شَهَرَ: 複 ــون] 有名な
مَشُوبٌ [形] 損なわれた
مَشَى [動: I-3 (i), 動名 مَشْيٌ] 歩く
مَشْيٌ [名男 (動名 < مَشَى)] 歩き・歩くこと
مُصَالَحَةٌ [名女 (動名 < صَالَحَ)] 和解
مِصْدَاقِيَّةٌ [名女] 信憑性
مَصْدَرٌ [名男: 複 مَصَادِرُ] 典拠
مِصْرُ [名女] エジプト
مَصْرِفِيٌّ [形] 銀行の・銀行に関する
مِصْرِيٌّ [形: 複 ــون] エジプトの（エジプト人）
مُصْطَفًى [受分 < اِصْطَفَى: 複 ــون] 選ばれた
مُضْحِكٌ [能分 < أَضْحَكَ: 複 ــون] 笑わせる・おかしい
مُضْطَرٌّ [受分 < اِضْطَرَّ] 強いられた（〜することを إلى）（☞ 24.2.3）
مُضِيفٌ [名共 (能分 < أَضَافَ)] ホスト・もてなす人
مَضَى [動: I-3 (i), 動名 مُضِيٌّ] ①過ぎる・去る　②（未完了形直説法を従えて）

～し続ける（☞ 26.1.3①）

مَطَارٌ [名男: 複 ـــات] 空港

مَطْبَخٌ [名男: 複 مَطَابِخُ] 台所

مَطَرٌ [名男: 複 أَمْطَارٌ] 雨

مَطْعَمٌ [名男: 複 مَطَاعِمُ] レストラン

مُطْلَقٌ [受分 < أَطْلَقَ] 開放された：مُطْلَقًا 絶対に

مُطَوَّلٌ [受分 < طَوَّلَ] 長引かされた：مُطَوَّلًا 長く・長い間

مُظَاهَرَةٌ [名女 (動名 < ظَاهَرَ): 複 ـــات] デモ

مِظَلَّةٌ [名女: 複 ـــات] 傘

مَعَ [前] ①～と共に ②～にもかかわらず：مَعًا 一緒に：مَعَ أَنَّ ～であるにもかかわらず（☞ 12.4④）

مُعْتَادٌ [能分 < اِعْتَادَ] 慣れた

مُعْتَدِلٌ [能分 < اِعْتَدَلَ] 均一な・適切な

مَعْذِرَةً [表現] ごめんなさい

مَعْرُوفٌ [受分 < عَرَفَ] 知られている

مَعْرِفَةٌ [名女 (動名 < عَرَفَ): 複 مَعَارِفُ] 知っていること・知識

مِعْصَمٌ [名男: 複 مَعَاصِمُ] 手首

مَعْصِيَةٌ [名女] 不服従：عَلَى مَعْصِيَةٍ 背いている・反逆している

مُعَطَّلٌ [受分 < عَطَّلَ] 故障した

مُعْظَمٌ [名男] 大部分（☞ 14.5.4）

مُعَقَّدٌ [受分 < عَقَّدَ] 複雑な

مَعْقُودٌ [受分 < عَقَدَ] 結ばれた

مَعْقُولٌ [受分 < عَقَلَ] 合理的な

مُعَلِّمٌ [名共 (能分 < عَلَّمَ): 複 ـــون] 教師

مَعْلَمٌ [名男: 複 مَعَالِمُ] 場所・サイト・名所

مَعْلُومَةٌ [名女: 複 مَعْلُومَاتٌ] 情報

مَعْنًى [名男: 複 مَعَانٍ] 意味

مَعْهَدٌ [名男: 複 مَعَاهِدُ] 協会・学院・機関

مَعْهُودٌ [受分 < عَهِدَ] 約束された

مُعَيَّنٌ [受分 < عَيَّنَ] 特定の

مُغَادَرَةٌ [名女 (動名 < غَادَرَ)] 出かけること

مَغَارَةٌ [名女: 複 ـــات, مَغَاوِرُ, مَغَايِرُ] 洞窟

اَلْمَغْرِبُ [名男] ①モロッコ ②マグリブ地方

مُغْلَقٌ [受分 < أَغْلَقَ] 閉じられた

مُغَنٍّ [名共 (能分 < غَنَّى): 複 ـــون] 歌手

مُفَاجَأَةٌ [名女 (動名 < فَاجَأَ): 複 ـــات] 驚き・不意に起こること・サプライズ

مِفْتَاحٌ [名男: 複 مَفَاتِيحُ] 鍵

مَفْتُوحٌ [受分 < فَتَحَ] 開かれた

مُفْرِحٌ [能分 < أَفْرَحَ] 喜ばしい

مُفْرَدٌ [受分 < أَفْرَدَ] 単独の：بِمُفْرَدِهِ 彼1人で

مُفَصَّلٌ [受分 < فَصَّلَ] 詳細な

مُفَضَّلٌ [受分 < فَضَّلَ, 比最 أَفْضَلُ] 好ましい・お気に入りの(～にとって عند, لدى)：مِنَ ٱلْأَفْضَلِ أَنْ ～した方が良い（☞ 14.1.2.3.1⑤）

مُفَكِّرٌ [名共 (能分 < فَكَّرَ): 複 ـــون] 思想家

مُفِيدٌ [能分 < أَفَادَ] 便利な・有益な

مُقَابِلَ [前] ①～の向かい側に ②～の代わりに・～と引き換えに

مُقَابَلَةٌ [名女 (動名 < قَابَلَ): 複 ـــات] 面会・直面・インタビュー：مُقَابَلَةَ, بِمُقَابَلَةِ ～の代わりに・～と引き換えに

مَقَالَةٌ [名女: 複 ـــات] 記事・論文

مَقْبَرَةٌ [名女: 複 مَقَابِرُ] 墓地

مُقَدَّسٌ [受分 < قَدَّسَ] 聖別された・神聖化された・神聖な

مَقْدَمٌ [名男] 到来・来ること

مَقْعَدٌ [名男: 複 مَقَاعِدُ] 座席

مَقْلُوبَة [名女] マクルーベ（シリア・パレスチナ地方の料理）

مَقْهًى [名男: 複 مَقَاهٍ] カフェ

مَكَانٌ [名男: 複 أَمَاكِنُ] 場所・立場：فِي مَكَانٍ مَا どこか

مَكْتَبٌ [名男: 複 مَكَاتِبُ] 事務所：مَكْتَبُ ٱلْبَرِيدِ 郵便局

مَكْتَبَةٌ [名女: 複 ـــات] 図書館・書店

مُكْتَظٌّ [能分 < أَكْتَظَّ] 混雑した・渋滞した

مَكْتُوبٌ [名男 (受分 < كَتَبَ): 複 مَكَاتِيبُ] 手紙

مَكَثَ [動: I-0 (u), 動名 مُكُوثٌ, مَكْثٌ] 留まる・住む・泊まる

مَلَّ [動: I-G مَلِلْتَ (a), 動名 مَلَلٌ] 退屈する

مَلَابِسُ [名複] 服

مُلَائِمٌ [能分 < لَاءَمَ] 適切な

مُلْتَقًى [名男: 複 ـــات] 交差点

مَلْجَأٌ [名男: 複 مَلَاجِئُ] 避難所

مِلْحٌ [名男] 塩

مَلْحُوظٌ [受分 < لَحَظَ] 観察された

مِلَفٌّ [名男: 複 ـــات] ファイル

مُلْقًى [受分 < أَلْقَى: 複 ـــون] 投げられた

مَلَكَ [動: I-0 (i), 動名 مُلْكٌ, مِلْكٌ, مَلْكٌ] 所有する（～を ه）

مَلِكٌ [名男: 複 مُلُوكٌ] 王

مَلَكِيٌّ [形] 王制の

مُلُوخِيَّةٌ [名女] モロヘイヤ

مَلِيءٌ [形] いっぱいの（～で ب）

مُمَارَسَةٌ [名女 (動名 < مَارَسَ)] 実行・すること

مُمْتَازٌ ① [能分 < اِمْتَازَ: 複 ـــون] 優秀な ② [名男] 優（成績）

مُمْتَدٌّ [能分 < اِمْتَدَّ] ①広がった・広大な ②伸びた・横たわった

مُمْتِعٌ [能分 < أَمْتَعَ: 複 ـــون] 楽しい・面白い（楽しませてくれる）

مُمَثِّلٌ [名共 (能分 < مَثَّلَ): 複 ـــون] 俳優・役者

مِمْحَاةٌ [名女: 複 مَمَاحٍ] 消しゴム

مَمَرٌّ [名男] 通る所：مَمَرُّ مُشَاةٍ 横断歩道

مُمْطِرٌ [能分 < أَمْطَرَ] 雨の降っている

مُمْكِنٌ [能分 < أَمْكَنَ] 可能な：مِنَ ٱلْمُمْكِنِ أَنْ ～できる（☞ 14.1.2.3.1①ⓑ）

مُمِلٌّ [能分 < أَمَلَّ: 複 ـــون] 退屈な・退屈させる

مَمْلَكَةٌ [名女: 複 مَمَالِكُ] 王国

مَمْنُوعٌ [受分 < مَنَعَ] 禁じられた

مَنْ ①[疑] 誰？（☞ 29.1.2） ②[代] 不定の関係詞（☞ 25.1.3①）

مِنْ [前]（☞ 30.1.8）①～から・～出身の ②～のうちの一つ：مِمَّا（☞ 30.1.8②）：مِنْ أَجْلِ [前] ～のために：مِنْ قَبْلُ 以前から・以前に：مِنْ غَيْرِ أَنْ ,مِنْ غَيْرِ ☞ غَيْرٌ

مُنَادًى [受分 < نَادَى: 複 ـــون] 呼ばれた

مُنَاسِبٌ [能分 < نَاسَبَ] 適合した・似合った（～に لِ）

مُنَاسَبَةٌ [名女 (動名 < نَاسَبَ): 複 ـــات] 機会：بِٱلْمُنَاسَبَةِ ところで

مُنَبِّهٌ [名男: 複 ـــات] 目覚まし時計

مُنْتَجٌ [名男 (受分 < أَنْتَجَ): 複 ـــات] 製品

مُنْتَخِبٌ [名共 (能分 < اِنْتَخَبَ): 複 ـــون] 有権者

مُنْتَصَفٌ [名男 (受分 < اِنْتَصَفَ)] 真ん中：فِي مُنْتَصَفِ ٱللَّيْلِ 深夜に・夜12時に

مَنَحَ [動: I-0 (a), 動名 مَنْحٌ] 与える（～に ه／～を ه）

مُنْحَازٌ [能分 < اِنْحَازَ: 複 ـــون] 味方している・肩を持っている

مَنْدُوبٌ [名共 (能分 < نَدَبَ): 複 ـــون] 代理人・代表者

مَنْدِيلٌ [名男: 複 مَنَادِيلُ] ハンカチ

مُنْذُ [前] ～以来：مُنْذُ أَنْ ～して以来

مَنْزِلٌ [名男: 複 مَنَازِلُ] 家

مَنْصِبٌ [名男: 複 مَنَاصِبُ] 地位

مِنْطَقَةٌ [名女: 複 مَنَاطِقُ] 地域・地区

مَنْظَرٌ [名男: 複 مَنَاظِرُ] 風景

مُنَظَّمَةٌ [名女: 複 ـــات] 組織

مَنَعَ [動: I-0 (a), 動名 مَنْعٌ] 禁じる（～に ه／～を مِن عن）

مَنْكُوبٌ [名共 (受分 < نَكَبَ): 複 ـــون] 被災者

مَنْهَجٌ [名男: 複 مَنَاهِجُ] カリキュラム

مُنَوَّرٌ [受分 < نَوَّرَ] 光り輝く・光に照らされた

مُهْتَمٌّ [能分 < اِهْتَمَّ: 複 ـــون] 関心がある

（~に ب）

مُهِمٌّ [能分 < أَهَمَّ: 複 ـــون] 重要な：مِنَ ٱلْمُهِمِّ أَنَّ ~ということは重要だ

مَهْمَا [接] 何であろうと（☞ 25.1.3, 30.2.6）

مَهَمَّةٌ, مُهِمَّةٌ [名女: 複 مَهَامٌّ] 使命

مِهْنِيٌّ [形] 職業に関する

مُوَاجَهَةٌ [名女 (動名 < وَاجَهَ): 複 ـــات] 対面すること

مُوَافِقٌ [能分 < وَافَقَ] 対応している

مَوْتٌ [名男 (動名 < مَاتَ)] 死

مُؤْتَمَرٌ [名男 (受分 < اِئْتَمَرَ): 複 ـــات] 会議

مَوْجَةٌ [名女: 複 ـــات] 波

مَوْجُودٌ [受分 < وَجَدَ: 複 ـــون] いる・存在している

مَوْرِدٌ [名男: 複 مَوَارِدُ] 源泉・出所・収入源

مُؤَسَّسَةٌ [名女: 複 ـــات] 施設

مُوسَى [名男] ムーサー（男性名）

مُؤَشِّرٌ [名男: 複 ـــات] 指数

مُوَصَّلٌ [受分 < وَصَّلَ] つながっている（~に ب）

مَوْضُوعٌ [名男: 複 ـــات, مَوَاضِيعُ] テーマ・問題・案件

مُوَظَّفٌ [名共 (受分 < وَظَّفَ): 複 ـــون]（特に事務系の）職員

مَوْعِدٌ [名男: 複 مَوَاعِدُ] 約束・決められた時間

مَوْفُورٌ [受分 < وَفَرَ] 満たされた・十分な

مَوْقِعٌ [名男: 複 مَوَاقِعُ]（インターネット）サイト

مَوْقُوتٌ [形 (能分 < وقت)] 時限式の

مُؤَكَّدٌ [受分 < أَكَّدَ] 確かな

مُؤَلِّفٌ [名共 (能分 < أَلَّفَ): 複 ـــون] 著者

مَوْهِبَةٌ [名女: 複 مَوَاهِبُ] 才能

مِيزَانِيَّةٌ [名女: 複 ـــات] 予算

مِيلَادٌ [名男] 誕生：عِيدُ مِيلَادٍ 誕生日

مِيلَادِيٌّ [形] 西暦の

مِينَاءٌ [名男女: 複 مَوَانٍ, مِيَنٌ] 港

ن

نَابُلُسُ [名女] ナブルス（地名）

نَاحِيَةٌ [名女: 複 نَوَاحٍ] 側：مِنْ نَاحِيَةِ ~に関して

نَادٍ [名男 (能分 < نَدَا): 複 نَوَادٍ, أَنْدِيَةٌ] クラブ

نَادِرٌ [能分 < نَدَرَ] 珍しい：نَادِرًا مَا めったに~しない

نَادَى [動: III-3] 呼ぶ（~を ه）

نَاسٌ [名複] 人々

نَاشِطٌ [名共 (能分 < نَشِطَ): 複 نُشَطَاءُ] 活動家

نَافِذَةٌ [名女: 複 نَوَافِذُ] 窓

نَاقَةٌ [名女: 複 ـــات, نِيَاقٌ, نُوقٌ] メスラクダ

نَاقَشَ [動: III-0] 議論する（~を ه）

نَاقِصٌ [能分 < نَقَصَ] 不足した

نَالَ [動: I-2 (i/ā), 動名 نَيْلٌ, مَنَالٌ] 得る（~を ه）

نَامَ [動: I-2 (i/ā), 動名 نَوْمٌ] 寝る

نَائِمٌ [能分 < نَامَ: 複 ـــون] 寝ている：نِصْفُ نَائِمٍ [女 نِصْفُ نَائِمَةٍ] 寝ぼけた

نَبَاتِيٌّ [形: 複 ـــون] 菜食主義の（ベジタリアン）

نَبِيٌّ [名共: 複 أَنْبِيَاءُ] 預言者

نَبِيلٌ [形: 複 نُبَلَاءُ, نِبَالٌ] 高貴な・崇高な

نَتِيجَةٌ [名女: 複 نَتَائِجُ] 結果

نَجَا [動: I-3 (ū), 動名 نَجْوٌ, نَجَاةٌ] 助かる

نَجَاةٌ [名女 (動名 < نَجَا)] 救助・救出

نَجَاحٌ [名男 (動名 < نَجَحَ): 複 ـــات] 成功

نَجَحَ [動: I-0 (a), 動名 نَجَاحٌ] 成功する・合格する（~に فِي）

نَجْدَةٌ [名女: 複 نَجَدَاتٌ] 助け

نَجْمٌ [名男: 複 نُجُومٌ] 星

نَجْمَةٌ [名女: 複 نَجَمَاتٌ] 星・スター（芸能人）

نَحْنُ [代] 私達は

نَحْوٌ [名男: 複 أَنْحَاءٌ] ①方向 ②文法：نَحْوَ [前] ～に向けて

نَحِيفٌ [形: 複 نِحَافٌ] 痩せた

نَدَبَ [動: I-0 (u), 動名 نَدْبٌ] 委任する（～を ه）

نَدَمٌ [名男 (動名 < نَدِمَ)] 後悔

نَذِيرٌ [名共: 複 نُذُرٌ]（神に）献身的な者

نِزَاعٌ [名男] 争い

نَزْعٌ [名男 (動名 < نَزَعَ)] 除去・撤去

نَزَلَ [動: I-0 (i), 動名 نُزُولٌ] 降りる

نُزُولٌ [名男 (動名 < نَزَلَ)] 降りること・下車

نِسَاءٌ [名複] 女性・女性達

نَسَّابٌ [名共: 複 ـــون] 系図学者

نِسْبَةٌ [名女: 複 نِسَبٌ] 関連：بِٱلنِّسْبَةِ لِ ～にとって・～に関して・～について

نِسْبِيًّا [副] 比較的

نَسِيَ [動: I-3 (ā), 動名 نِسْيَانٌ, نَسْيٌ] 忘れる（～を ه ه）

نَشَاطٌ [名男: 複 أَنْشِطَةٌ] 活動

نَشَرَ [動: I-0 (u), 動名 نَشْرٌ] 発表する・公刊する（～を ه）

نَصَّ [動: I-G (u), 動名 نَصٌّ] 表明する・明記する（～を على）

نَصَبَ [動: I-1 (i), 動名 نَصْبٌ] 立てる（～を ه）

نَصَّبَ [動: II-0] ①位につける（～を ه）②添え付ける・取り付ける（～を ه）

نِصْفٌ [名男: 複 أَنْصَافٌ] 半分（☞ 27.2⑤）

نَصِيحَةٌ [名女: 複 نَصَائِحُ] アドバイス

نِطَاقٌ [名男: 複 نُطُقٌ] 範囲

نِظَامٌ [名男: 複 ـــات, نُظُمٌ, أَنْظِمَةٌ] 組織・体制

نَظَرَ [動: I-0 (u), 動名 نَظَرٌ, مَنْظَرٌ] 見る（～を ه ه إِلَى）

نَظَرٌ [名男] 視力

نَظْرَةٌ [名女: 複 نَظَرَاتٌ] 一瞥：أَلْقَى نَظْرَةً عَلَى 目をやる・一瞥する・ちらりと見る

نَظَّفَ [動: II-0] 掃除する（～を ه）

نَظَّمَ [動: II-0] 組織する・整える・調整する（～を ه）

نَظِيفٌ [形: 複 نُظَفَاءُ] 清潔な

نَعْجَةٌ [名女: 複 نِعَاجٌ, نَعَجَاتٌ] 雌羊

نَعْسَانُ [形: 女 نَعْسَى, 複 نِعَاسٌ] 眠い

نِعْمَ [動] 何と素晴らしい～か！（☞ 26.1.6）

نَعَمْ [副] はい

نَفَّذَ [動: II-0] 実行する・実施する（～を ه）

نَفْسٌ [名女: 複 أَنْفُسٌ, نُفُوسٌ] ①自身・魂 ②（限定詞）同じ～（☞ 14.5.3）

نَفْسِيٌّ [形] 精神的な

نَفْطٌ [名男] 石油・原油

نُفُوذٌ [名男] 影響力：ذُو نُفُوذٍ 影響力のある

نَفَى [動: I-3 (ī), 動名 نَفْيٌ] 追放する（～を ه）

نَقَاءٌ [名男 (動名 < نَقِيَ)] 純粋さ・清らかさ

نَقَلَ [動:I-0 (u), 動名 نَقْلٌ] 運ぶ（～を ه）

نَقْلٌ [名男 (動名 < نَقَلَ)] 移動：وَسِيلَةُ نَقْلٍ 交通手段

نُكْتَةٌ [名女: 複 نُكَتٌ] 冗談・ジョーク・小話

نَمَا [動: I-3 (ū), 動名 نُمُوٌّ] 成長する

نَمْلٌ [名男集: 名女個 نَمْلَةٌ, 複 ـــات] 蟻

نَهَارٌ [名男] 日中：نَهَارًا 昼に：طِيلَةَ ٱلنَّهَارِ 昼の間・一日中

نِهَايَةٌ [名女: 複 ـــات] 終わり：فِي نِهَايَةِ ٱلْأَمْرِ 最後に・結局・とうとう

نَهْجٌ [名男: 複 أَنْهُجٌ] ①通り ②方法・やり方

نَهْرٌ [名男: 複 أَنْهُرٌ, أَنْهَارٌ] 川

نَهَضَ [動: I-0 (a), 動名 نَهْضٌ, نُهُوضٌ] 立ち上がる・覚醒する・起き上がる

نَهْضَةٌ　[名男: 複 نَهْضَاتٌ] 復興

نَوَاقِصُ　[名複] 不足

نَوَّرَ　[動: II-0] 照らす

نُورٌ　[名男] 光

نَوْعٌ　[名男: 複 أَنْوَاعٌ] 種類

نَوْمٌ　[名男 (動名 < نَامَ)] 睡眠

نَوَوِيٌّ　[形] 核の・原子力の

نَوَى　[動: I-3 (i), 動名 نِيَّةٌ] 意図する（～を ه）

ـنِي　[代] 私を

ه

ـهُ　[代] 彼の・彼を

ـهَا　[代] 彼女の・彼女を

هَاتِ　[動] 持って来い！（☞ 26.1.4）

هَاتِفٌ　[名男 (能分 < هَتَفَ): 複 هَوَاتِفُ] 電話：هَاتِفٌ ذَكِيٌّ スマートフォン

هَبَّ　[動: I-G (u), 動名 هَبٌّ]（風が）吹く

هِجْرِيٌّ　[形] ヒジュラ暦の

هَدَّدَ　[動: II-0] 脅す（～を ه）

هَدَفٌ　[名男: 複 أَهْدَافٌ] 目的

هَدِيَّةٌ　[名女: 複 هَدَايَا] プレゼント

هَدِيرٌ　[名男] 喚き声

هٰذَا　[代] これ・こちら（男単）

هَاتَانِ　[代] これら２つ（女双）

هٰذَانِ　[代] これら２つ・２人（男双）

هٰذِهِ　[代] これ（女単）

هَرَبَ　[動: I-0 (i), 動名 هَرَبٌ, هُرُوبٌ] 逃げる

هَرَعَ　[動: I-0 (a), 動名 هَرَعٌ] 急ぐ

هٰكَذَا　[副] そのように

هَلْ　[疑] ～か？（Yes-No 疑問文を作る）（☞ 1.1.2①）

هَلَاكٌ　[名男] 死

هَلُمَّ　[感] さあ！行くぞ！

هُمْ　[代] 彼らは

ـهُمْ　[代] 彼らの・を

هَمٌّ　[名男: 複 هُمُومٌ] 心配・関心

هُمَا　[代] 彼ら２人は

ـهُمَا　[代] 彼ら２人の・を

هَمَجِيٌّ　[形] 野蛮な

هُنَّ　[代] 彼女達は

ـهُنَّ　[代] 彼女達の・を

هُنَا　[副] ここに

هُنَاكَ　[副] あちらに

هُنَالِكَ　[副] あちらに

هَنْدَسَةٌ　[名女] 工学

هٰهُنَا　[副] ほらそこに・ほらここに

هٰهُنَاكَ　[副] ほらそこに・ほらあそこに

هُوَ　[代] 彼は

هَوَاءٌ　[名男] 空気

هٰؤُلَاءِ　[代] この人たち（男複）

هُولَنْدَا　[名女] オランダ

هونغ كونغ
[名女] 香港

هُوِيَّةٌ　[名女] アイデンティティ：بِطَاقَةُ هُوِيَّةٍ 身分証明書・IDカード

هِيَ　[代] 彼女は

هَيَّا　[感] さあ！：هَيَّا بِنَا さあ行こう！

و

وَ　① [接] そして（☞ 29.2.24）② [前] ～にかけて وَاللهِ 神にかけて・本当に（☞ 30.1.10）

وَاجِبٌ　[名男 (能分 < وَجَبَ): 複 ـَاتٌ] 義務：وَاجِبَاتٌ مَنْزِلِيَّةٌ 家事

وَاحِدٌ　[形] 1

وَاسِطَةٌ　[名女: 複 وَسَائِطُ] コネ

وَاسِعٌ　[形] 広い

وَاصَلَ　[動: III-0] 続ける（～を ه）

وَاقِعٌ　[名男: 複 وَقَائِعُ, وُقَّعٌ, وُقُوعٌ] 事実

وَافٍ　[能分 < وَفَى] 十分な・豊富な

وَاقِفٌ　① [能分 < وَقَفَ: 複 ـُونَ] 立ってい

る・止まっている　② [名共] 立っている人

وَالِدٌ [名男 (能分 < وَلَدَ): 複 ـــون] 父親

وَالِدَةٌ [名女 (能分 < وَلَدَ): 複 ـــات] 母親

وَثِقَ [動: I-1 (i), 動名 ثِقَةٌ] 信頼する・信頼する（〜を بِ）

وَجَبَ [動: I-1 (i), وُجُوبٌ] 必要である（☞ 14.1.2.3.1②ⓐ）

وَجْبَةٌ [名女: 複 وَجَبَاتٌ] 食事・１人分の食事

وَجَدَ [動: I-1 (i), 動名 وُجُودٌ] みつける（〜を ه ه）・思う（〜を ه／〜と ه）

وَجْنَةٌ [名女: 複 وَجَنَاتٌ] 頬

وَجْهٌ [名男: 複 وُجُوهٌ] ①顔　②表面：وَجْهُ ٱلْأَرْضِ 地上：وَجْهًا لِوَجْهٍ 面と向かって

وُجُودٌ [名男 (動名 < وَجَدَ)] いること・存在・世界

وَحْدَ ... [表現] 〜１人で

وَحْيٌ [名男] 啓示

وَدَّ [動: I-G وَدِدْتَ (a), 動名 وُدٌّ] 好きである・愛する：وَدَّ لَو 〜であることを願う

وَدَاعٌ [名男] 別れ・離別

وَدَعَ [動: I-1 (a), 動名 وَدْعٌ] 放っておく・放棄する・（未完了形直説法を従えて）〜させる（〜に ه）

وَرَاءَ [前] 〜の後に（場所）：إِلَى ٱلْوَرَاءِ 後方へ：مِنْ وَرَاءِ 〜の後ろから

وَرِثَ [動: I-1 (i), 動名 وِرْثٌ] 相続する（〜から عن／〜を ه）

وَرْدٌ [名男集: 複 وُرُودٌ; 名女個 وَرْدَةٌ, 複 ـــات] バラ

وَرَدَ [動: I-1 (i), 動名 وُرُودٌ] 到来する・来る

وَرْطَةٌ [名男: 複 وَرَطَاتٌ] 窮地

وَرَقٌ [名男集: 複 أَوْرَاقٌ; 名女個 وَرَقَةٌ, 複 ـــات] 紙・書類：وَرَقُ ٱلتُّوَالِيت トイレットペーパー

وَزِيرٌ [名共: 複 وُزَرَاءُ] 大臣：وَزِيرُ ٱلْخَارِجِيَّةِ 外務大臣

وَسِخٌ [形] 汚れている・汚い

وَسَطٌ, وَسْطٌ
[名男: 複 أَوْسَاطٌ] 中央・真ん中：وَسَطَ, وَسْطَ 〜の中ほどに

وَسِيلَةٌ [名女: 複 وَسَائِلُ] 手段・方策

عَلَى وَشْكِ ...
[表現]（動名詞を伴って）まさに〜しようとして・あやうく〜しそうな（☞ 30.1.11）

وَصَفَ [動: I-1 (i), 動名 وَصْفٌ] 描写する・処方する（〜に لِ／〜を ه）

وَصَلَ [動: I-1 (i)] ①[動名 وُصُولٌ] 到着する（〜に إِلَى ه ه）　②[動名 صِلَةٌ] つながる（〜と بِ ه）

وَصِيَّةٌ [名女: 複 وَصَايَا] 遺言・言伝

وَضَعَ [動: I-1 (a), 動名 وَضْعٌ] 置く（〜を ه）

وُضُوحٌ [名男] 明瞭さ：بِوُضُوحٍ はっきりと

وَطَنِيٌّ [形] 祖国の・国立の

وَظَّفَ [動: II-0] 雇う（〜を ه）

وَظِيفَةٌ [名女: 複 وَظَائِفُ] 職

وَعَدَ [動: I-1 (i), 動名 وَعْدٌ] 約束する（〜に ه／〜を بِ）

وَفَاةٌ [名女: 複 وَفَيَاتٌ] 死

وَفْقًا لِ [前] 〜に従って・〜に応じて

وَقَاحَةٌ [名女] 無礼さ・失礼さ

وَقْتٌ [名男: 複 أَوْقَاتٌ] 時間：لِبَعْضِ ٱلْوَقْتِ しばし：وَقْتَمَا いつでも（☞ 30.2.6）

وَقْتَئِذٍ [副] その時

وَقِح [形] 無礼な・ぶしつけな

وَقَعَ [動: I-1 (a), 動名 وُقُوعٌ] ①落ちる　وَقَعَ عَلَى ٱلْأَرْضِ 転ぶ：وَقَعَتِ ٱلْحَرْبُ 戦争が勃発する　②（都市などが）位置する

وَقَّعَ [動: II-0] 署名する

وَقَفَ　[動: I-1 (i), 動名 وُقُوقٌ] 止まる
وُقُوعٌ　[名男 (動名 < وَقَعَ)] 陥ること・落ちること
وِلَادَةٌ　[名女 (動名 < وَلَدَ)] 誕生
وِلَايَةٌ　[名女: 複 ـــات] 県・州
وَلَدَ　[動: I-1 (i), 動名 وِلَادَةٌ, لِدَةٌ, مَوْلِدٌ] 産む
وَلَدٌ　[名男: 複 أَوْلَادٌ] 男の子
وَلِيٌّ　[名共: 複 أَوْلِيَاءُ] 友人・親族：وَلِيُّ ٱلْعَهْدِ 王位継承者
وَهْمِيٌّ　[形] 空想の・想像の

ي

ــِي　[代] 私の
يَا　[感]（人に呼びかける時に名前の前に置く）（☞ 4.2, 5.5）：يَا لَـــ ...مِنْ ! 何と〜な〜か！（☞ 25.3②）：يَا سَلَامُ 何と言うことか！：يَا لَلْأَسَفِ それは残念！ يَا تُرَى هَلْ ...؟ はて〜したのだろうか？
اَلْيَابَانُ　[名女] 日本
يَابَانِيٌّ　[形: 複 ـــون] 日本の（日本人）
يَجِبُ ➔ وَجَبَ
يَدٌ　[名女: 複 أَيْدٍ, أَيَادٍ] 手：فِي يَدِكَ 貴男の手の中に：بِٱلْيَدِ 手づから
يَسَارٌ　[名男] 左：يَسَارًا 左に
يَقِينٌ　[名男] 確信・確実性（〜についての ب）：عَلَى يَقِينٍ 確信している（〜を ب）
اَلْيَمَنُ　[名男] イエメン
يَمِينٌ　[名男] 右：يَمِينًا 右に
يَهُودِيٌّ　[形: 複 يَهُودٌ] ユダヤ教の（ユダヤ人・ユダヤ教徒）
يَوْمٌ　[名男: 複 أَيَّامٌ] 日：اَلْيَوْمَ 今日：يَوْمُ ٱلْجُمْعَةِ [名男] 金曜日（曜日☞ 20.3.3②）：كُلَّ يَوْمٍ [副] 毎日：يَوْمًا مَا ある日：يَوْمًا مِنَ ٱلْأَيَّامِ ある日
يَوْمِيٌّ　[形] 日々の・日常の・日刊の

依田　純和（よだ　すみかず）

1964年生まれ。大阪外国語大学修士課程修了（言語・文化学修士）、ヘブライ大学博士課程修了（Ph.D. アラビア語）。大阪大学世界言語研究センター特任助教、同大学院言語文化研究科講師を経て、現在大阪大学大学院言語文化研究科准教授。専門はアラビア語方言論、マルタ語学、近代ユダヤアラビア語。

【主な業績】

The Arabic Dialect of the Jews of Tripoli (Libya) : Grammar, Text and Glossary（Otto Harrassowitz, 2005）

『初歩のアラビア語（'11）』（共著、放送大学教育振興会、2011年）

『アラビア語パレスチナ方言入門』（大阪大学出版会、2011年）

『アラビア語エルサレム方言文法研究』（溪水社、2012年）

『例文で学ぶアラビア語単語集』（共著、大修館書店、2019年）

『世界の言語シリーズ　17　アラビア語』（大阪大学出版会、2021年）

大阪大学外国語学部　世界の言語シリーズ 17

アラビア語 別冊
〔文字編・文法表・語彙集〕

発行日　2021年6月30日　初版第1刷

著　　　者　依田純和

発　行　所　大阪大学出版会
　　　　　　代表者　三成賢次
　　　　　　〒565-0871
　　　　　　大阪府吹田市山田丘2-7　大阪大学ウエストフロント
　　　　　　電話　06-6877-1614
　　　　　　FAX　06-6877-1617
　　　　　　URL　http://www.osaka-up.or.jp/

組　　　版　株式会社トーヨー企画

印刷・製本　株式会社 遊文舎

ⒸSumikazu Yoda 2021　　　　　　　　　Printed in Japan
ISBN 978-4-87259-734-9 C3087

世界の言語シリーズ17　アラビア語

依田純和著　418頁　定価3960円　ISBN978-4-87259-342-6 C3087　A5判並製　2021年3月刊行

アラビア語初級から中級へ向けてのアラビア語入門書。動詞の法、名詞類の格、タンウィーン（不定語尾）などの用法を正確に理解することを目的とする。文法の説明に基づいてハムザなどを含め母音記号などを完全に付ける練習を多数用意した。各課の新出単語は各課の末尾、会話で用いられる単語は会話の後に載せた。CD付き。文字編・語彙集・文法表は本書『大阪大学外国語学部　世界の言語シリーズ17　アラビア語 別冊』を参照。

[世界の言語シリーズ既刊]　A5判並製

1　スワヒリ語
小森淳子著
224頁　定価2860円　ISBN978-4-87259-325-9 C3087

2　中国語
杉村博文，郭修静著
296頁　定価3190円　ISBN978-4-87259-326-6 C3087

3　モンゴル語
塩谷茂樹，中嶋善輝著
370頁　定価3520円　ISBN978-4-87259-327-3 C3087

4　ベトナム語
清水政明著
156頁　定価2750円　ISBN978-4-87259-328-0 C3087

5　ロシア語
上原順一著
298頁　定価3080円　ISBN978-4-87259-329-7 C3087

6　フィリピン語
大上正直，ジェニー・ヨシザワ著
342頁　定価3520円　ISBN978-4-87259-330-3 C3087

7　スペイン語〔改訂版〕
長谷川信弥著
210頁　定価2860円　ISBN978-4-87259-337-2 C3087

8　ハンガリー語
岡本真理著
282頁　定価3300円　ISBN978-4-87259-332-7 C3087

9　タイ語
宮本マラシー，村上忠良著
366頁　定価3850円　ISBN978-4-87259-333-4 C3087

10　デンマーク語
新谷俊裕，トマス・ブラク・ピーザスン，大辺理恵著
398頁　定価3960円　ISBN978-4-87259-334-1 C3087

11　ポルトガル語
平田惠津子，鳥居玲奈，ロジェリオ・アキチ・デゼン著
286頁　定価3300円　ISBN978-4-87259-335-8 C3087

12　スウェーデン語
清水育男，ウルフ・ラーション，當野能之著
364頁　定価3630円　ISBN978-4-87259-336-5 C3087

13　イタリア語
ジュリオ・アントニオ・ベルテッリ，菊池正和著
400頁　定価3960円　ISBN978-4-87259-338-9 C3087

14　インドネシア語
原真由子著
402頁　定価3630円　ISBN978-4-87259-339-6 C3087

15　ペルシア語
竹原新，ベヘナム・ジャヘドザデ著
206頁　定価2860円　ISBN978-4-87259-340-2 C3087

16　トルコ語
宮下遼著
340頁　定価3520円　ISBN978-4-87259-341-9 C3087